The Butterfly Effect

バタフライ・エフェクト ケンドリック・ラマー伝

マーカス・J・ムーア
塚田桂子訳

Marcus J. Moore

How Kendrick Lamar Ignited the Soul of Black America

河出書房新社

バタフライ・エフェクト　ケンドリック・ラマー伝―目次

バタフライ・エフェクト　ケンドリック・ラマー伝

神、そしてアイダ・ハート、レイモンド・ハート、エリック・ハート、ルマンダ・ムーア、トロイ・ペリーマンのスピリットへ

メリーランド州ランドーヴァーとプリンス・ジョージズ郡へ

ブリオナ・テイラー、アハマド・アーバリー、ジョージ・フロイド、そして国家公認の暴力によって失われた、無数の黒人たちの魂に捧ぐ

1　奪われたグラミー賞

世界には数多くのミュージシャンがいるが、ケンドリック・ラマー・ダックワースはまた別格だ。ウェルター級[1]でほんの一六五センチメートル、彼の世代の最も偉大なラッパーというよりは、バプティスト派の若い牧師のように見える。しかし彼は実際に最も偉大なラッパーであり、そうなるためにとてつもなく熱心に努力した。ケンドリックはある種の天才児というわけではなく、マイクと作文練習帳を持って、ほろ付きの揺りかごから降りてきたわけでもなかった。むしろ、彼は単に自分の好きなものを見つけ、それを続けたのだった。創造的に書くことを通して、彼は声に出して言えなかったことを紙の上で言うことができた。彼は内気で、七歳になるまではひとりっ子だった。[*1]
彼は一九八八年——街を支配する警察の蛮行《ポリス・ブルタリティ》とギャング・カルチャーの現実が、ラップグループN.

1　ウェルター級：ボクシングなどの体重別階級で、スーパー・ライト級より上でスーパー・ウェルター級より下の、体重の上限が一四七ポンド（六六・六八キログラム）の階級。

W・A[2]の『Straight Outta Compton』によって世界的に晒《さら》された年——から一〇年も経たない一九九〇年代初期から半ばにかけて、カリフォルニア州コンプトンで育った。幼い黒人とラティーノの子どもたちは、ストリートの掟を十分に理解できるようになる前から、その土地の事情を知り、切り抜けなければならなかった。彼らは間違った決断が生と死の分かれ目を意味する都市で、パイルー[3]とクリップス[4]というギャングの違いをすぐに学ばなければならなかった。ケンドリックは偉大になることを目指してアートに磨きをかけながら、ひとりで時間を過ごした。ケンドリックは詩を書くことを通じて、生まれつき物静かな人たちの常であるように、他人に批判されることなく胸中をさらけだすことができた。その優れた能力は静寂の中から生まれた。

　ケンドリックは、自分らしくあり続け、彼を芸術的に駆り立てるものに忠実であり続けることで、音楽業界のトップの座に就いた。彼は難解で実に風変わりだと呼ばれてきたが、ただ心からヒップホップ、R&B、ファンク——すなわちブラック・ミュージック——に深い崇敬の念を抱く成熟した魂の持ち主であり、生涯を通してコンプトンを心に抱きながら行動する。彼はどこへ行こうと故郷《ホーム》の大切さを強調する。おそらくだからこそ、彼はとても愛されているのだ。

　しかし二〇一〇年代の始めの段階では、ケンドリックは音楽の世界に自身の居場所を見つけようとする、新進気鋭のリリシストにすぎなかった。二〇一七年七月、ケンドリックはまだその存在が多くの人びとに知れ渡る前だったが、万華鏡のような初の公式アルバム『Section.80』をリリースした。これはヒップホップ界の巨匠、ジェイ・Z[5]とカニエ・ウェスト[6]が後に多くの賞賛を集めることになる待望の共作レコード『Watch the Throne』をリリースする、ほんの一カ月前のことだった。『Watch the Throne』が快楽主義と黒人退廃派《デカダンス》の栄光を解き明かしたのに対し、ケンドリックのレコードは何かが違っていた。そこにはすべて——金管楽器のジャズ、ミッドテンポのソウルに、激しく頭を振りたくなるストリート・アンセム——があった。その中には、ハードなドラムとユニークなサンプリング技術のミックスでオルタナティヴ・ラップのアイコンとなった、デトロイト出身の実験的なヒップホップ・プロデューサー、J・ディラや、露骨なリリックでリスナーの心にグサッ

2 N.W.A（Niggaz Wit Attitudes）：グループの概念を打ち出したイージー・E、天才的プロデューサーのドクター・ドレー、リリックを主に担当したアイス・キューブ、そしてDJイェラ、MCレンから成るコンプトン出身（アイス・キューブのみサウス・セントラル）のギャングスタ・ラップを世界に知らしめたグループであり、コンプトンの人びとを襲う警察の蛮行や人種差別などの問題に敵意ある光を当てたラップで世界を魅了した。グループ名は「けんか腰の、主張を持った黒人たち」を意味する。

3 パイルー：クリップスに対抗するLA発祥の二大ギャングのひとつ。ブラッズの一派で、シンボルカラーは赤。一九八六年時点で、ブラッズのメンバーは約二五〇〇〇人いたと言われている。

4 クリップス：LA発祥の二大ギャングのひとつで、シンボルカラーは青。一九八六年時点で、約一五万人のメンバーがいたと言われている。

5 ジェイ・Z：NYブルックリン出身のラッパー、ソングライター、レコード会社幹部、プロ・スポーツチームの所有者等、あらゆるビジネスでトップを極めるヒップホップ界初のビリオネア（億万長者）。ドラッグディーラーから身を立て、キングの名に相応しいウィットとリリシズム、スワガーで、九〇年代から王座に君臨し続けたレジェンド。ホヴァ、ジガの愛称で親しまれる。社会的、経済的に恵まれないコミュニティへの慈善事業、ミーク・ミルと司法制度改正の提唱者としても活動している。妻のビヨンセと共に、パワーカップルと呼ばれている。

6 カニエ・ウェスト：アトランタ生まれ、シカゴ、南京育ちのラッパー、シンガー、プロデューサー、ソングライター、ファッションデザイナー。キャリアの中で六作連続一位のアルバムを制作、グラミー賞に六九回ノミネート、うち二一回受賞。物議を呼ぶ発言や行動で常に注目を浴びる存在でありながら、アルバムをリリースする度にリスナーを驚かせる斬新なアプローチとコンセプトを披露する、ファンでなくとも注目せずにはいられないスーパースター。ヒップホップというジャンルを超えた芸術性の高さで高い評価を受けているツアーの独創性は、他に類を見ない。

っと切り込むヴァージニア・ビーチの強靭なラッパー、プッシャ・Tに抱く、ケンドリックの愛を聴きとることができた。ケンドリックは演劇的なセンスを持ちながら、内向的で知性豊かな人物だった。自分の置かれた環境を注意深く観察し、そこで目にした痛みや葛藤、忍耐を心に響く言葉で紡ぐ静かな若者《キッド》だった。『Section.80』は、地元のステージで積み上げたキャリアがなかったとしても、SNSを通じて相当数のフォロワーを獲得できるようになったヒップホップの時代にあって、ひとつの達成だとみなされた。このアルバムは、ケンドリックの最初のプロジェクトではなかったものの、音楽業界は彼に注目した（彼はそれ以前に五枚のミックステープ[7]——『Hub City Threat: Minor of the Year』〔二〇〇四年〕、『Training Day』〔二〇〇五年〕、『No Sleep Til NYC』〔二〇〇七年、ジェイ・ロックと共作〕、『C4』〔二〇〇九年〕、『Overly Dedicated』〔二〇一〇年〕——をリリースしている）。ケンドリックが持つクリエイティブな才能は、音楽業界からしたら初めて出会う種類のものだったのだ。これからは彼の時代になるということは、誰の目にも明らかだった。

『Section.80』の高い評価は、彼の次の傑作というべき、二〇一二年リリースのアルバム『good kid, m.A.A.d city』の土台を作った。『good kid, m.A.A.d city』は、本人にとっては予想外のことだっただろうが、リリースと同時に傑作として迎えられ、彼は一躍有名になった。シングルカットされた「Backseat Freestyle」、「Swimming Pools (Drank)」、「Bitch, Don’t Kill My Vibe」の人気に支えられ、このケンドリックの二枚目のスタジオアルバムは大ヒットを記録。ほぼ一夜にして、彼は謎の新進気鋭アーティストから、本格的なスーパースターになった。その二年後の二〇一四年、彼は第五六回グラミー賞で盛大な即位式を楽しむだろうと誰もが予想した。しかし、運命は彼に別のタイムラインを用意していた。

二六歳のラッパーは、世界中から絶賛される音楽を次々と着実にリリースし、自身のスター性を最大限に輝かせながら、ステイプルズ・センターへの道を押し進んでいた。ヒップホップのスーパースター、ドレイクや、ヘッドフォン業界に参入し、（Beats by Dr. Dreで）成功を収めたギャングスタ・ラップの先駆者、ドクター・ドレーをゲストに迎え、『good kid, m.A.A.d city』はビルボードのトップR&B／ヒップホップ・アルバムのチャート二位にランクインし、リリース後一週間で二四万枚以上の売り上げを記録した。[*2] ケンドリックはLAの次の偉大なリリシストと称され、地元出身で数十年に亘って成功を収め続けているビッグなラッパーのひとりに数えられるようになった。しかしケンドリックはドレーとは違っていた。彼はアイス・T、[8] アイス・キューブ、[9] スヌープ・ドッグ[10]とも違っていた。この男たちはギャングスタ・ラップの代名詞だった。それは、LAの荒れ狂うギャング・カルチャーと構造的人種差別を焼け付くほど執拗に記録する、リアリティに基づくタイプのヒップホップだ。一方、ケンドリックは『good kid, m.A.A.d city』で、片足をまっとうな暮ら

7　ミックステープ：元々は一九七〇年代にDJが未発表、または既発の楽曲にリミックスを施したカセットテープを路上で販売したところから始まり、その後インディレコード店等でも販売、提供された、ヒップホップ文化を語る上で非常に重要な媒体。その後CD、ダウンロード、ストリーミングと形態は進化したが、現在も一般的にアルバムに近いクオリティと自由な形式であらゆる目的のために制作、発信され続けている。

8　アイス・T：ニュージャージーで生まれ育ち、両親の死後、一二歳でサウス・セントラルに移ったラッパー、ソングライター、俳優。ギャングタ・ラップの創始者スクーリー・Dに影響を受け、ゲットーやギャング、ピンプ、ドラッグ売人の暮らしをイメージ豊かに描写したストーリーテリングが冴えるデビュー作『Rhyme Pays』で一九八〇年代に頭角を現す。ラップとヘヴィメタルを融合したバンド、ボディ・カウントでも活躍、「Cop Killer」という曲で物議を醸した。一九八四年の映画『ブレイクダンス』への出演以降、ハリウッド俳優としての活躍も目覚ましい。

しに、もう片足をストリートに突っ込み、葛藤を抱えた魂の持ち主として登場した。彼はLAのギャング・カルチャーによるストレスを生き延びて、ついには、幼少期に住んでいたウェスト一三七ストリートにある家から二三キロほど離れたLAのダウンタウンで行われる、音楽界の最も熱い夜に到達したのだ。

この時点で、ケンドリックは明らかに噂の的になっていたが、事の重大さに動じるふうではなかった。グラミーにはあらゆる華美なイメージが付きまとうものだが、彼の表情は並外れて落ち着いていた。まるで以前にもその場に来たことがあるかのように、いつもこの環境に身を置いているかのようにみえた。ステージでトロフィーを受け取ろうが受け取るまいが、彼は既に勝利を手にした男の目をしていた。彼はやがて世間から多くの注目を浴び、あらゆる賞を受賞することになるのだが、彼にとってそれは、言うなればおまけのようなものなのだ（彼はどのみち称賛に夢中になるタイプではなかった）。そしてまた、彼の目には若干の諦めが見て取れた。レコーディング・アカデミーはケンドリックのようなアーティストを、少なくともすぐには評価してこなかった。彼らはケンドリックのようなストリート・ラップを知的にブレンドしたアーティストたちはあえて避けるのが常で、受け入れやすいポップス志向の作品を求めた。業界は毎年、賢明な若き詩人による革新的なアートではなく、安全性に褒美を与えたのだ。

しかし、いずれにせよ、彼は長年の恋人であるホイットニー・アルフォードとともに、エレクトリック・ブルーに輝くオーダーメイドのタキシードで着飾ってそこにいた。その夜、早い時間帯にステージに立った彼は、人気沸騰中のロックバンド、イマジン・ドラゴンズをバックに迎え、自身のトラック「m.A.A.d city」のパフォーマンスで観客を沸かせた。多くの才気あふれるパフォーマンスが演じられたその夜にあって、ケンドリックのセットが最も優れたものだったと言ってもいいだろう。それはコンプトン出身のラッパーが、大舞台で定期的に演じることになるパフォーマンスを予示するものとなった。観客席ではテイラー・スウィフト――業界に養成され、カントリー・アーティストからポップスターになったアーティストで、失恋と別れの曲をよく歌う――が楽しそうに踊る姿をカメラが捉えている。その数分後、楽曲がもっとも盛り上がりをみせたころ、クイーン・ラティーファ――スター女優に転身したアフロセントリック・ラップの先駆者――は、楽しそうにステージを見つめていた。彼女の表情には誇りや戸惑い（コンプトンの現実を赤裸々に語るケンドリックのラップがメインストリームに受け入れられている現実に対しての、だと思われる）とともに、純粋な興奮が満ちあふれていた。これは間違いなくケンドリックが音楽業界とクロスオーヴァーした瞬間であり、着実に勢いを増してきたこの三年間にあって、その頂点を示すものだった。

9　アイス・キューブ：N.W.Aの画期的なシングル「Fuck tha Police」のアイディアを出し、グループのリリックを書いた頭脳的存在で、グループの中で唯一大学に進学している。画期的な成功にも関わらず、N.W.Aへの貢献度が彼の収入に反映していないと不満を唱えて一九八九年にグループを去ってソロデビュー、『AmerikKKa's Most Wanted』を筆頭に痛烈な社会的批判が冴えわたるアルバムをリリースした。一九九一年に『ボーイズン・ザ・フッド（Boyz n the Hood）』に出演して映画界にも進出し、俳優、映画監督、脚本家としても頭角を現した。

10　スヌープ・ドッグ：ロングビーチ出身のラッパー、俳優、メディア番組の司会者、フットボールコーチ等をこなす。早くからバトルラッパーとして腕を磨き、一九九〇年にウォーレン・G、ネイト・ドッグと共に213を結成。その後ドクター・ドレーが彼の才能に惚れ込み、名盤『The Chronic』で一六曲中一三曲に客演参加するという快挙を果たす。その後ソロデビュー作『Doggystyle』が大ヒット、数々の名作を世に送り出した。ギャングスタ・ラップのOGにして、コミカルな愛されキャラで様々な業界でそのマルチタレント振りを発揮している。

そもそも、コンプトンの子どもたち《キッズ》は、境界線――街の北西側に位置するウィロウブルック・エリアや、東側に位置するパラマウント・エリア――を越えて、その外に出ることを想定されていなかった。メディアに言わせれば、この子どもたち《キッズ》は生きて脱出することさえ想定されていなかった。この街は、一九八〇年代、九〇年代に凶悪犯罪の中心地だったころとは異なるものの[*3]、いまだギャングの活動が活発な土地だった。二〇一五年までは、連邦政府からの援助を受け、ギャングの暴力や人身売買を防ぐとともに、麻薬と銃の所持が蔓延する問題に対処していたほどだ。そしてケンドリックには、このコンプトンという街と、広大なヒップホップ・カルチャー――ギャングバンガー、大学生、歳を重ねたBボーイたち――とが味方していた。彼は、オールドスクールとニュースクール双方の魅力を絶妙にあわせ持つラッパーで、アンダーグラウンドなサイファーでも、著名なポップスターたちが居並ぶ場でも、鋭敏なライムをスピットできた。「彼こそがキングだ」と語るのは、オーティス・〝マッドリブ〟・ジャクソン・ジュニア――多くのカルト的なファンを持つ、オックスナード出身の著名なヒップホップ・プロデューサー――だ。「『Section.80』を初めて聴いたとき、彼はキングだと分かった。彼はウェストコーストの新しいキングだ。しかもスピリチュアルときてる。ウェストコーストのアーティストには珍しいことにね」。何百万ドルもの予算をかけて作られる見掛け倒しのポップスが支配する現代にあって、ケンドリックのラップは一九九〇年代初期から半ばにかけての〝黄金時代《ゴールデン・エラ》〟の再来だった。それは歌詞の複雑さが、それを支えるトラックよりも重要だった時代だ。ケンドリックは懐かしさ《ノスタルジア》を体現していた。彼の音楽は、ドレーやキューブ、スヌープを聴いて育った者たちにとって、過去と現在のバランスが正しく取れているものであり、驚くほど簡単かつスムーズに、両方の世界を行き来していた。それはただのラップではなかった。ケンドリックは、働きづめの黒人とラティーノの人たちに、圧倒的に不利な状況に対して自分たちと家族のために道を切り開こうと闘う人たちに語りかけていた。たとえ聴衆が少なかったとしても、彼はコミュニティの代弁者だった。

それでもこの晩、別の名前が受賞者として発表されたことは、多くの人にとって意外なことだった。たとえばジェイ・Zやジャスティン・ティンバーレイクが受賞者だったらどうだろう？　もちろん相応しい。彼らはふたりとも、長年にわたって数百万枚のレコードを売り上げる、ラップとポップ・ミュージックにおける正真正銘のスターだ。リアーナだったら？　それであっても間違いない。このポップスターは、記憶にいつまでも残るキャッチーなフックや壮大なダンストラックを聴きとる黄金の耳を持っている。

しかし、名前を呼ばれたのはマックルモアだった。シアトル出身の、地元以外ではまだあまり知られていなかったラッパーだ。二〇〇〇年から楽曲をリリースし始めたこのリリシストは、ドラッグ中毒や鬱病と闘う自分自身の姿を早口のヴァースで表現する能力に長けていた。『Open Your Eyes』（プロフェッサー・マックルモアという名でリリース）、『The Language of My World』、『The Unplanned Mixtape』といったセルフ・リリースのプロジェクトでは、黒人音楽のジャンルに属する白人として、自身のアイデンティティと格闘する姿を描いていた。そして二〇一二年と二〇一三年には、彼

11　ギャングバンガー：ギャングバンギングをする人、ストリート・ギャングのメンバー。ギャングバンギングとは、ライバル・ギャング間の紛争を含むギャング活動や、ドラッグ売買、ポン引きなどのストリート・ビジネス。またはギャング同士でつるむこと。ギャングバンギングをすることをギャングバンギンと言う。

とプロデューサーのライアン・ルイスは、二つの曲でヒットチャートのトップに躍り出てもいた。貧しさのために、お金を節約して過ごす日々を歌った「Thrift Shop」、そして圧倒的に不利な状況の中で忍耐強く生きることを歌った、エネルギッシュなパーティアンセム「Can't Hold Us」だ。「Thrift Shop」は、退廃《デカダンス》の概念を払いのけるものだった。マックルモアとルイスにとって、車や服、あるいは宝石に大金を費やす必要はなかったのだ。だからこそ、このメッセージは景気が低迷している間は共感を呼んだのだが、同時にマックルモアが生計を立てているジャンルそのものを嘲笑っているようにも受け止められた。ヒップホップはブラック・ミュージックであり、こうした曲を（白人の）マックルモアがリリースすることは、ヒップホップという音楽の形式を、そしてケンドリックが代弁するようなマイノリティの存在を軽視しているように感じられたのだ。マックルモアのリスナーのほとんどは白人だったが、音楽を通じて彼らに安全なメッセージをばら撒くことで、マックルモアはジャンルのみならず、ブラック・カルチャーそのものを盗用しているように見えた。

もちろん逆の要素もある。このリリシストは、二〇〇五年に「White Privilege」（白人の特権）という曲をリリースし、ヒップホップにおける自分の存在を率直に疑問視している。黒人の苦境を認めようとしない白人たちを酷評することに長けたヒップホップの世界において、マックルモアが自ら責任を果たそうとした努力はリスペクトに値するものだ。

しかし、ケンドリックは、警察に嫌がらせを受けたり、肌の色が原因でチャンスを奪われてきた者たちを、より直接的にレペゼンしていた。ヒップホップは人種差別のトラウマを記録し、黒人らしさ《ブラックネス》のひとつともいうべき比類なき不屈の精神を称える手段だった。ヒップホップによってN.W.Aのようなグループは警察を告発することができたし、私たちは、ノトーリアス・B.I.G.[12]

のような男の案内で、一九九〇年代の最も荒っぽかったブルックリンを、C列車[13]に足を踏み入れることなく経験することができた。黒人たちはヒップホップを通して日々の困難を光り輝く詩にまとめ上げることができたし、ケンドリックはこの文化のおかげで、現代アメリカに生きる若い黒人男性なら誰でも経験する人生の陰と陽に向き合い、それと格闘する時間を得た。未だ有色人種に対して根強い不快感を抱くこの国にあって、ヒップホップは守るべきコミュニティだった。

だからマックルモアは、ケンドリックを負かすべきではなかった。この日も、これからもだ。しかし実際のところ、彼は負かしてしまった。[*4] 二〇一二年のプロジェクト『The Heist』は、グラミーの最優秀新人賞、最優秀ラップ・パフォーマンス賞、最優秀ラップ・ソング賞、最優秀ラップ・アルバム賞を受賞した。懺悔の形式で展開する『good kid, m.A.A.d city』に比べ、『The Heist』は、ポップスに一九八〇年代のラップを幅広く融合させ、より多くの人に受けいれられるように作られた、メインストリーム向けの作品だった。未だ有色人種がヒップホップ文化の枠を超えて、自分たちの尊厳が認められるよう闘っている時代にあって、マックルモアの肌の色は、彼にブラック・ミュー

12　ノトーリアス・B．I．G．（ビー・アイ・ジー）：ビギー、ビギー・スモールズ、ビッグの愛称で親しまれた、NYブルックリン出身のラッパー。娘のために若くしてドラッグ売人として生計を立てながらも、カリスマ的なフリースタイルが話題を呼び、やがてディディ率いるバッド・ボーイ・エンターテイメントと契約、『Ready To Die』を始めとする名作を発表、現在もトップMCのひとりとして数えられている。いわゆるヒップホップ東西抗争の犠牲となり、ソウル・トレイン・ミュージック・アウォード（LA）のパーティ出席後、何者かに銃撃を受け、一九九七年に他界。

13　C列車：ニューヨーク市マンハッタンのアップタウン、168ストリート駅からこの島の最南端を経由し、隣のブルックリンの奥地、ユークリッド・アヴェニュー駅の間を往復する、ニューヨーク市メトロの地下鉄線。

ジックの舵をとる許可を与え、高齢のリスナーたちに、公然とラップを楽しむ権利を与えた。マックルモアは人びとが共感できるテーマを扱うことで、安全だとみなされたのだ。つまり多くの人びとは、若い黒人男性がセックスをしたくて母親のドッジ・キャラヴァンを町の反対側まで運転し、結局はただ彼の友達と一緒にある家に強盗に入って、友達が殺されるのを目撃する羽目になることを理解できなかった。にもかかわらず、マックルモアも含め、多くのファンは、たとえ一部門だけであったとしても、ケンドリックはグラミー賞を獲得すべきだと考えていた。マックルモア自身にもその思いは強く、ケンドリックに携帯電話でメッセージを送り、そのプライベートなやり取りのスクリーンショットをインスタグラムに投稿したぐらいだ。「君は奪われたんだ。君に勝って欲しかった。君が勝つべきだった」[*5]とマックルモアは書いている。「俺が君から奪うなんて変だし、最悪なことだよ。スピーチでそう言おうとしたんだ。そしたら急に音楽が流れ始めてさ、凍りついたよ。とにかく、言わなくても分かるよな。この一年と君の音楽に、おめでとう。アーティストとして、友達として、君に感謝しているよ」。この画像に添えて、ケンドリックがグラミーで最優秀ラップ・アルバム賞を獲得すべきだったこと、「ましてや（自分が）四つもグラミー賞を獲得するなんて、むちゃくちゃ驚きだ」と書いた。

するとラップ・コミュニティは激しく反発した。グラミー賞以降、そしていまや悪名高きスクリーンショット事件以降数週間に亘って、マックルモアは厳しく批判された。ケンドリックに個人的なメッセージを送るのはまだしも、それを世界中に知らせるのは腹黒い行為だとみなされたのだ。「あれは余計だったと思う」[*6]とケンドリックは二〇一四年一一月にニューヨークのラジオ局ホット97で語っている。「彼があれを送ってきたとき、僕は『わかったよ』って感じだった。彼はいいヤツだからそうしなきゃと感じたのはわかるし、つまり世界から承認をもらうために公開しなきゃいけないって感じたんだろうけどさ、その必要はなかったね」。この反応は、ドレイク[14]も同じだった。彼は『ローリング・ストーン』誌にマックルモアのメッセージは「くそイケてなかった」とコメントしている。「ちゃちな感じがしたね。誠実には思えなかった……彼は、俺やホヴ〔ジェイ・Z〕、カニエ〔・ウェスト〕やケンドリックよりたくさんの人たちを魅了する音楽のブランドを作った。そこに人種的な要因があると言われようとも、あるいは俺たち〔黒人〕が利用できないものを利用したに過ぎないと言われようともだ。事実、カードはそうやって選ばれているんだからさ。自分の作品を認めろよ」[*7]。グラミー賞の前、ホット97に出演したマックルモアは、それは相応しくないと認めながらも、自身が最優秀ラップ・アルバム賞を受賞するだろうと予測していた。「その後、彼がスタジオにきたとき、また同じことを言ったんだ」[*8]と共同司会者のイーブロ・ダーデンは当時のケンドリックに伝えた。「誰もがこの駆け引きの意味を分かっていると思うよ。いってみれば『こいつがトップ40入りを果たして成功を収めた白人の若者《キッド》だ』って感じさ。つまり彼は……投票権を持ったグラミー・アカデミーのお年寄りたちのレーダーにしっかり捕捉されていたってわけだ」。第五

14　ドレイク：カナダ、トロント出身のラッパー、俳優。黒人の父親とユダヤ人の母を持ち、カナダの学園ドラマで俳優として知名度を上げた後、ラッパーに移行。二〇一〇年のデビューアルバムから、ミックステープ三作を含む全アルバムが九作連続一位を記録、グラミー賞を三度受賞、チャートの常連であり、あらゆる賞を総なめして記録を更新し続ける、名実共にアメリカを代表する世界的スーパースター。多様な音楽とのクロスオーヴァーやトレンドを生むダンス、気が利いてユーモアがあり女心をくすぐるリリック、サービス精神満載のライブも人気が高く、トレンドセッターとして天才的な才覚を持つ。

六回グラミー賞の後、ホット97のインタビューに応じたマックルモアは、自分がトロフィーを受け取ったのは人種差別のせいだと語った。彼はまた、そのジャンルに精通していなくても受賞候補者を選ぶことができると言われるグラミーの投票プロセスを激しく非難した。「そのからくりを知っていたから、俺たちが受賞して、つまり実質的にはケンドリックから奪うことになる可能性が高いってことを知っていたんだ」[*9]と語っている。「俺たちは素晴らしいアルバムを作ったけど、ケンドリックはさらに優れたラップ・アルバムを作った。でも、穴埋めのようにして投票用紙に記入する人たちの観点に立ってみると、白人だということで、ラジオで大成功しているということで、不当にも俺たちは有利な立場にいるんだ」。その後のインタビューで、マックルモアはさらに一歩踏み込み、ケンドリックへのメッセージは、もっと違った言葉で表現できたかもしれないと認めている。（グラミー賞後の）二〇一四年一二月に出演したホット97では「俺が使った言葉は間違っていた」[*10]とも語っている。「白人は長い間黒人から強奪し続けてきた——彼らの文化を、音楽を、自由を、命をね」。

ケンドリックとマックルモアのやり取りは、良かれと思ってやったことが失敗に終わった最もドラマチックな例だが、グラミーにおけるこうした事件はこれが最後ではなかった。二〇一七年に、イギリスのシンガー、アデルは『25』で最優秀アルバム賞を獲得したが、その過程でビヨンセの『Lemonade』を打ち負かした。失恋に浸るロマンティックな心情を高らかに歌い上げたピアノ・バラード曲「Hello」に牽引され、『25』は瞬く間にアルバム・チャートを駆け上がると、一〇〇〇万枚以上を売り上げ、アデルの五年ぶりの帰還を記念する作品になった。[*11]しかし、グラミーのスピーチでアデルは涙を流し、ほどんど半狂乱になりながら、ビヨンセにあらゆる賛美を捧げた。賞を受け取れないとすら発言した。「わたしはいつもビヨンセを尊敬してきました。それはこれからも変わりません。『Lemonade』はあまりに画期的な作品です」と声を震わせながら讃えた。「わたしたちはみんな、あなたがふだん見せない側面を見るべきだし、それを見せてくれて感謝しているわ。そしてここにいるわたしたちアーティストはみんな、あなたにむちゃくちゃ憧れてるの。あなたはわたしたちの光……あなたの表現は、わたしの黒人の友達に力を与えてくれているし、立ち上がらせているんだから」。白人アーティストであるアデルが〝黒人の友達〟という言葉を使ったことへの批判もあったし、レコーディング・アカデミーはまたしても黒人アーティストにその最高の栄誉を与えることを避けたと批判する者もいた。世界でもトップクラスのポップスターであるにもかかわらず、ビヨンセが賞を逃したのはこれで三度目だった。批評家たちは、グラミー賞の直後に発行された『ニューヨーク・タイムズ』紙の記事で、黒人ミュージシャンは近いうち授賞式を完全にボイコットするのではないか、と予測した。また人気ラジオ・パーソナリティ、シャーラメイン・ザ・ゴッドが「彼らは絶対に、明らかに間違いを犯した」[*12]と語ったと同紙は報じた。「グラミーの委員たちはみな、一夜明けた今、自分たちを愚かだと感じるべきだね。アデル本人でさえ自分は最優秀アルバム賞を受賞すべきじゃないと認めたんだから」。音楽界で最も人気のあるシンガーソングライターのひとりであるフランク・オーシャンは、二〇一七年のグラミー賞に自身の作品を提出しなかったと述べた。毎年、レコーディング・アカデミーは無分別に白人アーティストに賞を授与してきたが、それはアカデミー内に文化的偏見があるからだ、と。「何よりも人を信じるんだ」[*13]と彼は自身のブログに書いた。「翌日にはYouTubeにアップされているような、あんたらの番組のいいとこ取りをした動画を観ている人たちを信頼すべきだね。なにしろあんたらの実況番組は寝落ちするぐらい退屈だからな。せいぜい古い蓄音機でも使ってちゃんと音楽を聴いてみろよ」。

音楽業界の歴史をさらに振り返ってみると、作品の良し悪しに関係なく、黒人アーティストがあからさまに不公平な扱いを受けた事件には、前例もあった。一九八九年、DJジャジー・ジェフ＆ザ・フレッシュ・プリンスは[15]、彼らのクロスオーヴァーしたヒット曲「Parents Just Don't Understand」が最優秀ラップ・パフォーマンス賞にノミネートされていたものの、アカデミーが授賞シーンをテレビで放映しないと決定したため、授賞式をボイコットした[*14]。結局、賞はこのデュオが獲得したが、彼らとパブリック・エナミー[16]、スリック・リック[17]は授賞式に参加しなかった。

レコーディング・アカデミーによれば、提出されたアルバムは、音楽業界の専門家三五〇人以上が審査し、それぞれ適切なカテゴリーに分類されるよう努めているという[*15]。ラップ、ジャズ、クラシックなどに分類されたアルバムは、会費を納めている会員によって一次投票が行われ、会員は自身の専門分野のみに投票するよう求められている。第一次投票と最終投票の両方が独立した会計事務所によって集計され、受賞者が発表される。

こうしたプロセスにもかかわらず、アカデミーは現代の音楽シーンのなかで本当に人気のある作品からはかけ離れていると批判する者もいる。投票者は芸術的価値に基づいて選ばず、毎年のようにお馴染みの名前にマークを付けるだけだと。しかし、だとしたら、レゲエ・アイコンのボブ・マーリーや、ギターの神様であるジミ・ヘンドリックスが一度もグラミー賞を受賞したことがないことや、ジェイ・Zのような人物が時々トロフィーを受け取らずに帰宅することの説明にはならないだろう。例えば二〇一八年、このラップ界の巨匠は、一三枚目のスタジオ・アルバム『4:44』がグラミー八部門にノミネートされたが、最優秀アルバム賞、最優秀ラップ・アルバム賞、「The Story of O.J.」での最優秀レコード賞を含む、すべてのカテゴリーで受賞を逃している。彼は『ビルボード』誌にこう語った。「（アカデミーのメンバーは）俺たちと同じ人間であり、彼らは彼らが好きなものに投票している。俺たちはそれを気にしない振りもできるけど、実際は難しいね。俺たちはマジで気にしてるよ。だって最高に素晴らしいアーティストがステージに立ってきたのを観ているからさ。俺たちだってそうなりたいと思うのは当然だろ」[*16]。アカデミーの投票メンバーでもある音楽ジャーナリストのロブ・ケナーは、『コンプレックス』誌に寄稿したエッセイの中で、投票プロセスを念入りに調べた結果、無秩序である、と批判している。「他の委員と個人的に会話するなかで、公式のガイドラインに加えて、暗黙のルールが別にあることをすぐに知りました。それは、とても

15　DJジャジー・ジェフ&ザ・フレッシュ・プリンス：ラッパーのザ・フレッシュ・プリンス（ウィル・スミス）とDJのジャジー・ジェフから成る、一九八四年にフィラデルフィアで結成されたヒップホップ・デュオ。大ヒットした「Parents Just Don't Understand（邦題：ティーンエイジャーの主張）」（グラミー賞で最優秀ラップ・パフォーマンス賞を受賞）や「Summertime」など、親しみやすく楽しいラップでお茶の間の人気を呼んだ。

16　パブリック・エナミー：MCのチャック・D、フレイヴァー・フレイヴを中心にしたNY出身のコンシャス・ラップの草分けにして伝説的グループ。スパイク・リー監督の『ドゥ・ザ・ライト・シング』のテーマ曲「Fight the Power」で一躍有名になり、『It Takes a Nation of Millions to Hold Us Back』は現在もヒップホップの最優秀作品の一つとして挙げられ、最も売れた『Fear of a Black Planet』はアメリカ国会図書館の重要保存録音物として永久保存されている。ボム・スクワッドによる初期作品のサンプリングを駆使したサウンドも特徴。

17　スリック・リック：ロンドン生まれ、NYブロンクス育ちの伝説的なラッパーであり、ザ・ルーラーの愛称で親しまれ、ヒップホップ界で今も尊敬される存在。ダグ・E・フレッシュのゲット・フレッシュ・クルーのメンバーとしてデビューし、一九八九年にストーリーテリング術が冴える「Children's Story」がソウル・チャートがヒット曲となり、一躍注目されるも、殺人未遂事件で投獄されてしまう。後にスヌープ・ドッグやノトーリアス・B.I.G.など、数多くのラッパーに影響を与えた。

有名なアーティストの作品がグラミー賞を受賞するのを見たくないのであれば、その作品にゴーサインを出すのは注意すべきだ、というものです。なぜなら、有名な人は、作品のクオリティにかかわらず、無知なアカデミー会員からより多くの票を得る傾向があるからです」。[*17]

一九八五年、ライオネル・リッチーの『Can't Slow Down』がブルース・スプリングスティーンの『Born in the U.S.A.』とプリンスの『Purple Rain』に打ち勝って最優秀アルバム賞を受賞した後、レコーディング・アカデミーは投票者の提出結果を精査する民営委員会を設立している。文化系ウエブサイト『Vox』が指摘するように、「リッチーはその年のベストからは程遠く、彼の受賞はグラミー賞が本当の意味での『いい音楽』から切り離されているという認識を世間に与えた」[*18]のだ。第五六回グラミー賞の前に発表されたエッセイで、ケナーは、ケンドリックの『good kid, m.A.A.d city』のような重要なレコードを抑えて、マックルモア&ライアン・ルイスが最優秀ラップ・アルバムを受賞する可能性が高いと予測していた。「ヒップホップ・ファンのほどんどは、マックルモア&ライアン・ルイスが受賞するぐらいだったら、カニエ・ウェストでも、ジェイ・Zでも、ケンドリック・ラマーでもドレイクでも、誰が受賞してもいいとさえ思ってるだろう。しかし、絶大な商業的成功とメディアへの露出のおかげで、彼らが受賞する可能性が高い」と書いている。

二〇一八年九月、レコーディング・アカデミーは、長年にわたる多様性の問題を解決すべく、九〇〇人の音楽クリエイターを投票メンバーとして招待した。これは、アカデミーの「多様性と包摂のための特別委員会」が同年初めに提言したもので、三九歳以下の女性か有色人種のプロデューサー、作詞家、演奏家、ヴォーカリストを対象にしていた。アカデミーはまた、グラミー賞各部門の最終ノミネート作品を決定する、ノミネート審査委員会の構成も多様化させた。「わたしたちは、これまでの文化を全般的に変革する必要があります」[*19]と特別委員会会長のティナ・チェンは『ビルボード』誌に語った。「わたしたちは、これらの問題についての文化が全国的に変化しているのを目の当たりにしています。音楽業界やレコード・アカデミーもその影響を受けているのです」。

第五六回グラミー賞以降の数年間で、ケンドリックとマックルモアのキャリアは別々の道を歩んだ。マックルモアは、二〇〇五年の「White Privilege」によく似た、「White Privilege II」という曲を二〇一六年にリリースした。彼はこの曲のなかで、自分と似たような機会を持つ白人にはできなかったこと——肌の色のおかげで、黒人には得られないチャンスや安全性を得たという事実——を歌っていた。この曲は黒人と白人の間の緊張感が高まっていたタイミングでリリースされた。アメリカでは、主に白人の警官によって武器を持たないマイノリティが驚異的な頻度で殺されており、スマートフォンを持つ者なら誰でも、銃弾が黒人の身体を貫通する様子を延々と見ることができた。マックルモアは、愛する人を失った人びとや、隣人が何の解決策もなく殺されるのを見てうんざりしている人たちと連帯し、この問題を解決しようとしているように見えた。しかし、曲が進むにつれ、「White Privilege II」は彼がサポートしたい人たちについての曲ではなく、自身のアイデンティティをめぐる葛藤を描く曲になっていった。マックルモアが不正な行為に抵抗する人たちと一緒に歩もうとしていた瞬間は確かにあった。しかし次第に、自身がそこにいるべきだったのかどうかを疑い、傍観するようになっていった。結局のところ、この曲によってマックルモアはそのオーセンティシティ（真正性）を疑問視されることになった。そしてこの曲によって黒人が抱える問題に首を突っ込むべきなのかどうかが問われることになった。というのも、彼の視点は現場で実際に行動する活動家の影を薄くする恐れがあったのだ。それがマックルモアを分析するときのジレンマだ。

つまり、彼は他の白人セレブが触れないテーマに取り組もうとしており、その姿勢は評価に値する。しかし、彼は結局のところ支援する姿を見せ過ぎてしまう。彼はひそかにいいヤツでいるだけでは物足りず、いかにクールであるかを世界にアピールしたくて仕方ないのだ。

程なくして、彼の新作アルバム『This Unruly Mess I've Made』（俺が起こした手に負えないゴタゴタ）が、再びプロデューサーのライアン・ルイスを助手席に迎え、二〇一六年にリリースされた。ラップの先駆者メリー・メル[18]、クール・モー・ディー[19]、グランド・マスター・キャズ[20]や、スターとしての将来を有望視されているアンダーソン・パーク、ジャミラ・ウッズ、レオン・ブリッジズをフィーチャーしたこのアルバムは、「Unruly Mess《手に負えないゴタゴタ》」というタイトルの通り、自分は間違いなくヒップホップ・カルチャーに属しているということをリスナーにアピールしようとしただけの、中途半端な、まさに手に負えないアルバムだった。『Unruly Mess』は、数百万枚を売り上げて彼を彗星のごとく押し上げた『The Heist』に比べ、批評家からの評価は低く、商業的にも失敗に終わった。マックルモアとルイスは——特に説明もないまま——この作品をグラミー賞の審査に提出しなかった。その一年後、マックルモアはひそかに別のアルバム『Gemini』を、今回はプロデューサーのルイスなしでリリースした。このアルバムは、これまでに彼がリリースしたどの作品よりもはるかに政治色が薄いものだった。「これは主に俺が聴きたかった音楽だと思う」[*20]とこのラッパーは『ローリング・ストーン』誌に語った。「必ずしもテーマの核心を突いてなかったとしても、音楽の場合、それも抵抗の一形態になり得るってことを信じてるよ。高揚させたり、踊らせたり、泣かせたり、考えさせたりするものになり得るんだ」。そして今日、マックルモアはアメリカでのスター性が消え失せても、今まで通りツアーを行い、満員のアリーナで何千人ものファンの前でパフォーマンスしている。

一方ケンドリックは、二〇一四年のグラミー賞の後に、南アフリカに旅をして相次いでショウを行った。彼が母なる大地《マザーランド》から得た視点は、彼自身にとって、ラップ・コミュニティにとって、そして世界全体にとって、極めて貴重なものになるのだった。

ネルソン・マンデラは、一八年もの長い年月の間、海に浮かぶとある離島に身を置いていた——

18　メリー・メル：NYブロンクス生まれ、伝説的なグランドマスター・フラッシュ・アンド・ザ・フュリアス・ファイブのリードラッパー。同グループのデビュー作『The Message』収録「The Message」のミュージックビデオは、ヒップホップを生み出した社会の抑圧、人種差別、貧困と犯罪に喘ぐ者たちの暮らしやブロンクスの荒廃ぶりを、初めて視覚的に全米、全世界に見せて衝撃を与えた。また同曲は、アメリカ国会図書館の重要保存録音物として永久保存されている。自身を「MC」（マスター・オブ・セレモニー（儀式の主人））と呼んだ最初の人物としても知られる。

19　クール・モー・ディ：NYハーレム出身のラッパーで、一九七八年にトレチャラス・スリーのメンバーとしてデビュー、一九八〇年代後半にソロに転向。一九八八年に『How Ya Like Me Now』収録の「ワイルド・ワイルド・ウェスト」がヒットし、同年のグラミー賞で最優秀ラップ・パフォーマンス賞を受賞、ラッパーとしては早い時期のグラミー賞受賞者として知られている。一大ブームを起こしたニュージャック・スウィングのプロデューサーであるテディ・ライリーとの共同作業でも知られる。

20　グランド・マスター・キャズ：NYブロンクス出身のラッパー、ソングライター、DJ。一九七〇年代にカサノヴァ・フライ名義でDJディスコ・ウィズと共にマイティ・フォースを結成、後にザ・コールド・クラッシュ・ブラザーズに参加。ヒップホップ初の商業的メガヒット曲「ラッパーズ・ディライト」のオリジナルリリックを執筆していながらも、まさかこの曲がヒットするとは思わずに、同曲を大ヒットさせたシュガーヒル・ギャングのメンバーにリリックを渡していた。ヒップホップ創世記の歴史を語る上で欠かせない人物でありながら、最もクレジットを与えられなかった存在でもある。

南アフリカのテーブル湾沖に浮かぶロベン島だ。この活動家は、その島で重労働をこなし、妻や近しい友人、子供たちに手紙を書いた。

その島は、遠くからはとても魅力的で、爽やかな青い海に囲まれた人里離れた半島のようにみえた。しかし、「とても痛ましい場所です。南アフリカが見えるのに、実際には行けないんですから」とマンデラが刑務所から解放されたときに南アフリカに住んでいた、イリノイ大学のアフリカン・スタディーズの教授テレサ・アン・バーンズは言う。実際にその土地を歩いてみると、遠くから見ているときとはどこか趣が違っていた。苦闘が織り込まれ、政治犯たちの魂が、脅すような煉瓦の塀と湾曲した有刺鉄線の上に重く漂っているのだ。ロベン島は、一言で言えば地獄だった。しかしマンデラ――一九六四年に逮捕され国家反逆罪で終身刑を科せられた南アフリカの博愛主義者――は、平和を武器に、日々の困難に立ち向かった。彼は、アパルトヘイトという非人道的な制度から、島の囚人仲間への弾圧まで、ありとあらゆる不正と闘う戦士だった。マンデラは、信じられないほど強い意思を持つリーダーだった。彼は二七年間も刑務所で過ごしていたのにもかかわらず、その想いは常に本土で抑圧されている人びとと共にあった。彼は抵抗することで心を強く持ち、最も孤独な時も精神的に気丈であり続けた。彼は、小さな独房で孤独に打ちのめされ、その役割を果たすことが困難であったとしても、常に最高の指揮官であり、人びとの親であり続けた。「戦いなさい！」[*21]。一九八〇年にアフリカ民族会議が公表した声明文に、マンデラはこう書いた。「団結した大衆行動という金床（金属を載せて打つ台）と武装闘争というハンマーが、アパルトヘイトを粉砕する！」。アパルトヘイトは一九九四年まで廃止されなかったが、このような逸話はマンデラがいかに今日世界的に知られるマンデラになったかを明らかにしている。彼は一人の人間に過ぎなかったが、目の前のことだけでなく、将来乗り越えるべき課題を重視した。彼の狙いは、それが南アフリカの黒人と白人であろうと、刑務所の受刑者と監督官であろうと、コミュニティを団結させることにあった。彼は自身が人びとに反響を呼び起こす声になることで、将来、人びとに反響を呼び起こすことのできる世代を作ろうとした。現在、ロベン島は受刑者たちが耐え抜いた抵抗の史跡として保存されているが、同時に、アパルトヘイト後の不安定な生活を抱える国を再建するために、抑圧的な束縛から立ち上がった人物の決意の証でもあった。

ケンドリックがロベン島を訪れたのは、悪名高きグラミー賞の式典から間もなくの、二〇一四年の冬のことだった。南アフリカのダーバン、ケープタウン、ヨハネスブルグの三都市で公演することになっていた彼は、音楽業界という装置から離れ、新たな視点を得るための充電期間を必要としていた。ケンドリックにとって、この旅は意義深いものだった。彼はこれまでにアフリカを訪れたことはなかったが、自分自身のために、そしておよそ一六〇二九キロメートル離れた故郷コンプトンにいる友人たちのために、この文化を吸収したいと考えていた。「そこは、アーバン・コミュニティにいる俺たちには思いもよらない場所なんだ」[*22]とケンドリックは、二〇一七年の『インタビュー』誌に掲載された対談で、コメディアンのデイヴ・シャペルに語った。「俺たちはふだんアフリカのことなど夢にも思わない。でも一歩足を下ろすと、すぐにリアルに感じられるんだ」。

シャペルはこの巡礼を理解していた。二〇一五年、彼は超人気番組『Chappelle's Show』の第3シーズンの撮影を中断し、友人サリームを訪ねて南アフリカの都市ダーバンへ赴いていた。彼もまた、再び気力を取り戻す必要があったのだ。人びとは、彼がクラック・コカインをやって精神的に崩壊し、自ら精神病院に入院したというデマを流した。また、ワシントンDC郊外出身の黒人男性であるシャペルは、彼独特のコメディに対する白人の笑い方が気に入らなかったとも伝えられた。彼のコメディは文化的なステレオタイプを嘲笑うためのパロディで、痛烈な人種ネタを核心に据えている。白人たちは彼を笑い、彼と一緒に笑っていないように感じられ、結果として彼の番組の心臓は、その鼓動を失ってしまったのだ。加えて、新たに手に入れた名声による罠も組み合わさった。シャペルは第3シーズンの制作前に五二億五〇〇〇万円（以下、ドルから円の換算は、特記以外は一ドル＝一〇五円で換算した）の契約に署名していたが[*23]、彼が番組から降板した二週間後に『タイム』誌に話した通り、彼の側近のうちの幾人かが変貌し始めていたのだ。「自分の周りにふさわしい人間がいない上に、時速一〇〇万マイル（約一六〇万キロ）で進んでいると、自分を見失わないとも限らない」と彼は同誌に語った。彼が南アフリカに着いたとき、ストレスは溜まりに溜まっていて、新たな創造的なエネルギーを必要としていた。

同じことがケンドリックにも当てはまった。二〇一四年の初めに彼が南アフリカに行ったとき、その名声はまだ比較的新しいものだった。アメリカでは『good kid, m.A.A.d city』が一〇〇万枚以上売れ、実質的にプラチナ・レコードになった。二〇一三年の終わり頃には、カニエ・ウェストの全米ツアー「イーザス・ツアー」で数日間にわたってオープニング・アクトを務めた。当時のウェストは格上の存在で、彼の前座を務めるということは、知名度がさらに高まることを意味していた。ケンドリックはそれまでの一〇年間で、数枚のミックステープやインデペンデント・アルバムを──最初はコンクリート・ジャングル・ミュージックから、そして注目すべきはトップ・ドッグ・エンターテイメント（TDE）から──リリースしてきたが、依然として世間からは、一夜にしてスターになった人物だと思われていた。彼は、こうした状況に慣れていなかった。彼は出しゃばらず、自分の殻に閉じこもっていたいと思っていた。

しかし今や、彼は表舞台に立つ存在になった。成功によって、自身が好むと好まざるとにかかわらず、知名度は高まり、休みなくツアーのスケジュールが組まれ、自分のための時間は少なくなった。彼がスターになったのは、アルバム『good kid』の成功だけが理由ではなく、あるヴァースにも関係していた。二〇一三年八月、ケンドリックはビッグ・ショーン[21]と共に「Control」というトラックに参加し、当時人気のあったほぼすべてのMC、とりわけJ・コール[22]、ジェイ・エレクトロニカ[23]、

21　ビッグ・ショーン：LA生まれ、デトロイト育ちのラッパー。早くからラップバトルに参加してライムスキルを磨き、二〇〇五年にカニエ・ウェストが地元ラジオ局でインタビューに出演することを知り、そのラジオ局の廊下でカニエを待ちぶせラップを披露、その後カニエが主催するレーベル、グッド・ミュージックと契約を結ぶ。ミックステープを経て、二〇一一年のメジャーデビュー作『Finally Famous』でブレイク、数々のヒットアルバムを制作。二〇一三年にケンドリックとジェイ・エレクトロニカ客演で話題を呼んだ「Control」をリリース。

22　J・コール：ノースキャロライナ州出身のラッパー、ソングライター、プロデューサー。黒人の父と白人の母を持つが、父は早くに家庭を去り、郵便局に勤める母に育てられる。二〇〇九年にジェイ・Z主催のロック・ネイションと契約、デビュー作『Cole World: The Sideline Story』はビルボード200で一位を獲得し、続く四作でも一位を記録。知的で哲学的なリリシズムとポジティブなメッセージ、真面目な性格でスーパースターの座を勝ち取り、彼の世代のリーダー的存在の一人。二〇〇七年にドリームヴィルズ・レコーズを設立。バスケの才能でも知られる。

23　ジェイ・エレクトロニカ：ニューオリンズ出身のラッパー、ソングライター、プロデューサー。二〇〇〇年代後半にミックステープ『Act I: Eternal Sunshine (The Pledge)』、「Exhibit C」で注目を浴び、各種レコード会社の争奪戦の末にジェイ・Z主催のロック・ネーションが契約を勝ち取るも、初アルバムがリリースされたのはデビューから実に一三年後、二〇二〇年の『A Written Testimony』。アメリカ黒人のイスラム組織、ネーション・オブ・イスラムのメンバーであり、イスラムの教えに言及した哲学的なリリシズムでも知られる。

ドレイク、プッシャ・T、ミーク・ミル[24]に挑戦する強力なライムをスピットした。それはヒップホップが退屈になっていたタイミングを捉えた、大胆な行動だった。このディス（文句、悪口を言って侮辱すること）は、このジャンルの歴史上の出来事――ヒップホップがまだ道を切り開こうとしていた頃に、アイス・キューブがN.W.Aに毒舌を振るい、KRS・ワン[25]がニューヨーク市の最高の区をめぐってMCシャン[26]と闘ったとき――に似ていた。このヴァースは炎上した。ケンドリックの言葉に攻撃されたと感じた者もいれば、その戦術を称賛した者もいた。「ケンドリック！！！！やっべええええええええ」とディディ[27]はツイートした。「@kendricklamar は誰もディスったはと思わないね」とラッパーのトリニダッド・ジェイムズはツイートした。「彼はただレベルアップしただけさ」と。

この時期のケンドリックは、ツアーの傍ら携帯電話でライムを書き、移動スタジオを備えたツアーバスでレコーディングを重ねていた。こうした環境は、彼の緻密な創作プロセスからすると理想的とは到底言えないものだったが、カニエと出会う前の約三年間、彼はツアーからインスピレーションを得て、自身の時間を最大限に活用していた。しかし二〇一三年一二月、ツアーに訪れたジョージア州アトランタで、彼は新たに手にした成功の重さに気がついた。その日まで、彼は、バスタ・ライムス[28]、ア・トライブ・コールド・クエスト[29]、プッシャ・Tが代わりにカニエのオープニングを務めた数日を別として、四カ月連続でツアーに出て、ほぼ毎晩パフォーマンスをしていた。彼はホームシックにかかり、自身の音楽が世界に大きな影響を与えていることに、幾分幻滅していた。確かに、世界中のリスナーは彼の音楽に共感したが、自分の地元では同じような共感を呼んでいるのだろうか？　ケンドリックは、彼の友人たち――そのうちの何人かは、自力で成功した才能ある

24　ミーク・ミル：フィラデルフィア出身のラッパー、活動家。早くからバトルラッパーとして腕を磨き、数々のミックステープをリリースした後、Ｔ．Ｉ．のグランド・ハッスル・レコーズ、そしてリック・ロスのメイバック・ミュージック・グループと契約を結び、二〇一一年に『ＸＸＬ』誌でフレッシュマン・クラスの一人に選ばれる。二〇一二年に公式デビュー作『Dreams and Nightmares』をリリースしてビルボード２００で初登場2位を獲得。麻薬取引や銃所持の罪で有罪判決となり保護観察処分を受けたが、その後上訴して釈放される。司法制度改正の提唱者としても活動している。

25　ＫＲＳ・ワン：通称ティーチャとして知られるＮＹブルックリン生まれ、ブロンクス育ちの知性派、社会派ＭＣ、プロデューサー。ＫＲＳは「Knowledge Reigns Supreme Over Nearly Everyone（知識がほぼ全ての人を支配する）」の頭文字。元ブギーダウン・プロダクションのメンバーで、ヒップホップ誕生の地を巡り、ジュース・クルー（マーリー・マール、ビッグ・ダディ・ケイン、ビズ・マーキー、ＭＣシャン）と対立したブリッジ・バトルも有名。エデュケーション（教育）とエンターテイメント（娯楽）を組み合わせたエデュテイメントなる造語でも知られる。

26　ＭＣシャン：ＮＹクイーンズ出身のラッパー、Ｒ＆Ｂアーティスト。クイーンズをレペゼンするジュース・クルーのメンバーであり、ヒップホップ史上有名なブリッジ・バトル（ブロンクスがヒップホップ誕生の地と主張するブギーダウン・プロダクションVS．クイーンズこそが誕生の地だと主張するジュース・クルーの対立）のきっかけとなった「The Bridge」をリリース。

27　ディディ：ＮＹハーレム出身のプロデューサー、バッド・ボーイ・エンターテイメントの最高経営責任者、ラッパー、作詞家、アレンジャー、ファッションデザイナー等、様々な業界で成功を収めた起業家。本名ショーン・コムズ、代々パフ・ダディ、Ｐ・ディディ、ディディと名乗ってきた。アップタウン・レコードで研修後にＡ＆Ｒの幹部社員になってメアリー・Ｊ・ブライジの『What's the 411?』等をプロデュース。その後バッド・ボーイ・エンターテイメントを創設し、クレイグ・マック、ノトーリアス・Ｂ．Ｉ．Ｇ．、フェイス・エヴァンス等と契約を交わして大成功、一時代を築く。

28　バスタ・ライムス：ＮＹブルックリン出身のジャマイカ系アメリカ人ラッパー、プロデューサー。リーダーズ・オブ・ザ・ニュー・スクールでの活動の後、個人レーベル、フリップモード・レコードを設立し、デビューシングル「Woo-Hah!! Got You All In Check」、デビューソロアルバム『The Coming』で大ヒットを飛ばす。がなり立てるような声に超高速フロウ、アフロ・セントリックな哲学観、アグレッシブでタフなラップスタイルが特徴。バスタをフィーチャーしたケンドリックの「Rigamortis Remix」も話題を呼んだ。

ミュージシャンだった――が刑務所に入っているか、撃ち殺されているなかにあって、自分だけが地元を脱出したことに罪悪感を抱いていた。二〇一三年から一四年にかけて、最も親しい仲間のうち三人が殺されていた。彼は、自分の家族や亡くなった友人の家族たちと一緒に、故郷にいなければならないと感じていた。

ケンドリックは単に理性の代弁者になりたかったのではなく、生き残った者の罪悪感を緩和する声を必要としていた。友人の弟であるチャド・キートンの銃殺[*24]は、彼にとって最も衝撃的な出来事だった。二〇一三年七月一二日の夜、キートンが道を歩いていると、コムストック・ストリートとパーミリー・アヴェニューの角で、白のセダンが彼の横を通り過ぎた。銃声が鳴り響いてキートンは負傷、彼はその怪我から回復することはなかった。三一日後、彼は病院で亡くなった。ケンドリックはチャドの兄と親しくしていた。彼は服役中だったが、弟には必ずや正しい道を歩ませてくれとケンドリックに頼んでいたのだ。チャドはたまたまその場に居合わせた、善良な若者《グッド・キッド》にすぎなかった。故郷で起きた途方もない絶望に打ちひしがれたケンドリックは、ホテルの部屋で叫び始めた。後年、彼はこの事件を二〇一五年のアルバム『To Pimp a Butterfly』の至るところに織り込んだ詩の土台にしている。「いろいろ積み重なっていたんだよ[*25]」とケンドリックは当時、『ガーディアン』誌に語った。「俺はあの瞬間を封じ込めて、レコードに入れることができたんだ」。

頂点に立ったのにもかかわらず、彼は鬱と劣等感についてラップした。コンプトンには、そしてロサンゼルス全体には何かを訴えることのできる素晴らしいリリシストはたくさんいるが、なぜケンドリックはその誰をも上回る存在になったのか？　この問いは、彼に真っ直ぐにのしかかった。「俺は人としてかなり自信があると思うんだけど、頭のどこかに疑いの欠片があるものなんだ。俺たち、人間だからね」とケンドリックは続けた。ケンドリックは、『good kid, m.A.A.d city』を超えなければならないという非常に大きなプレッシャーに直面していた。この傑作は広く称賛され、中にはこの若きラッパーを〝ウェストコースト・ラップのキング〟と呼ばずにはいられない人もいた。もっとも、ケンドリックはおそらくそんなことは考えていなかっただろうし、考えていたとしても、そう公言することはないだろう。彼は何よりもアートを優先した。自分の音楽が誠実な場所から生まれたものである限り、称賛の声はプラスになった。

南アフリカはケンドリックに、リセットをして自分自身の思考と向き合う機会を与えた。彼は、ケープタウンやヨハネスブルグ、ダーバンの観光客が賑わうエリアからは離れ、荒廃した地区に出向いた。彼は実際にそこに住んでいる子どもたちと時間を過ごし、この旅を、彼らのコミュニティが直面する苦境を学ぶ機会とした。彼がこの大陸で過ごした時間は、『Butterfly』の土台になった。このアルバムは、急成長する自身の名声にのまれないための内なる闘いであると同時に、南アフリカに関するアルバムでもあった。「俺はアフリカに属しているように感じたよ」[*26]とケンドリックは、後にレコーディング・アカデミーに語った。「自分の教わってこなかったあらゆるものを目にした

29　ア・トライブ・コールド・クエスト：Qティップ、ファイフ・ドーグ（二〇一六年に他界）、アリ・シャヒード・ムハマド、ジェロビ・ホワイト（一時脱退）から成る、伝説的なヒップホップ・グループ。ハードコア、ギャングスタ・ラップが主流だった九〇年代に、知的で芸術的なスタイル、哲学的でユーモアのあるメッセージで人気を博し、ジャズとヒップホップを融合させた先駆け的存在でもある。『The Low End Theory』はヒップホップ史上に残る名盤であり、その後の五枚のアルバムと共に世界中に計り知れない影響を与えてきた。デ・ラ・ソウルと共にネイティブ・タンの中心的存在。

んだ。あるひとつの場所がどれほど美しくなり得るのか、といった概念を共有するのは最も難しいことだろうし、それをコンプトンのゲットーに住む人たちに伝えるのも難しい。だから俺は、この経験を音楽に込めようとしたんだ」。このアルバムには、南アフリカの至るところにみられる美しさと対立の両方がさり気なく表現されている。ケンドリックは「Complexion (A Zulu Love)」で様々な肌の色合いを持つ黒人女性を祝福したいと考えた。アメリカの黒人の中には、色の濃い肌より薄い肌を大切にするように教育された人たちがいるが、南アフリカでは、異なる色合いの人びとが言葉で団結している姿を目の当たりにしたからだ。

また、『Butterfly』の素晴らしいクロージング・トラック「Mortal Man」では、ミッドテンポのドラムとくぐもった管楽器によるジャズ・アレンジのトラックに乗せて、ケンドリックは自身のレガシーをマンデラのそれと比べながら熟考している。自分はヒーローとして記憶されるのか、それとも悪役として配役されるのか——そしてケンドリックは次のようにラップする。「俺たちは何人のリーダーを、その存在を必要としながら死へ追いやってきた？／それはモーゼか、ヒューイ・ニュートン[30]か、それともデトロイト・レッド[31]か？」。マンデラ自身は、一九九〇年半ばにはそれが消えることになるのだが、釈放され大統領選挙に出馬する多幸感を経験していた。彼は南アフリカに平等な選挙権をもたらしたが（それはこの国にとって非常に大きな政治的変革だった）、その後も黒人市民の暮らしは著しく向上することはなかった。なかには、マンデラは歴史的にこの国の黒人を苦しめてきた白人たちに甘すぎる、と激しく非難する者もいた。彼は魅力的で、強いカリスマ性を持っていたが、同時に経済的には保守的だった。「マンデラや、彼の指し示す考え方が若い南アフリカ人に称賛されていたかといったら、必ずしもそうじゃないんです」とバーンズ教授は思い起こす。

「彼らは、マンデラが妥協したことによって人々の暮らしが改善したかといえばそうではないと、感じていたのです」。

さらに「Mortal Man」では、当時のケンドリック自身が経験していた、生き残った者の罪悪感について掘り下げている。彼は、一方では自身の価値を認め始めていたが、世界から受け取った愛は本当に信憑性のあるものなのか、疑わずにはいられなかった。広く崇拝されるような状況を当然のこととして受け入れるには、まだ努力が足りなかったのかもしれない。ケンドリックは、コンプトンを念頭にすべての行動を決め、この曲の終わりに、LAのギャング・カルチャーと南アフリカの構造的人種差別を直接結びつけることで、アルバム全体の問いを〝詩〟にまとめ上げた。「俺の大切な仲間が地元で絶え間ない抗争をしている間に、俺は新たなる戦争、アパルトヘイトと差別に基づいた戦争へと突入していった。地元に帰って俺が学んだことをホーミーたちに教えてやりたくなった」。彼にとって、赤と青[32]の闘いはもはや重要ではなく、黒こそが最も重要な色になったのだ。

彼はそのメッセージを、『Butterfly』の終わり近くの攻撃的なアルバムカット「The Blacker the Berry」で明確に打ち出している。彼が参照した南アフリカのズールー族とコーサ族の紛争は「隣に住んでるコンプトン・クリップのギャングたち／パイルースとビーフ[33]して、死のみが恨みを晴らす」ことを思い出させた。若い男性たちが、自分たちが所有すらしていない不動産をめぐってお互いを殺し合っている間に、過去数年間の脅威よりもさらに大きいと思われる、共通の敵が差し迫っ

30　ヒューイ・ニュートン：ブラック・パンサー党の共同創立者で政治活動家。
31　デトロイト・レッド：マルコム・Xの若かりし頃、ハスラー時代のニックネーム。
32　赤と青：赤を象徴するブラッズと青を象徴するクリップスから成るLAの二大ギャング。

ていた。南アフリカの市民は、自分たちの集団的自由を獲得するためには大胆な行動を取ることで知られていた。彼は、コンプトンの黒人男性も同じように行動すべき時がきたと考えた。

ユーゲン・ブラックロックは、ケンドリックが二〇一八年に、大ヒット映画『ブラックパンサー』のサウンドトラックに抜擢した、南アフリカ人ラッパーだ。彼女は、ケンドリックが二〇一四年に祖国を訪れた際に、目に見えて注目を集めていたことを覚えている。大抵のアメリカ人ミュージシャンは、アフリカを訪れると、その土地のサウンドやファッションを利用して私腹を肥やし、文化を奪ってきたが、ケンドリックは実際にアフリカのコミュニティに還元し、インタビューや音楽を通じてその素晴らしさを称賛した。彼は南アフリカの素晴らしさを小声で呟くのではなく、大声で叫んだ。「人びとは気づき始めたのよ、彼が髪を伸ばし始めたときとかにね……黒人はここでは少数派じゃなく、過半数なの。わたしたちはただ髪型や服装が違うだけ。アメリカで起きているような事態とは違うのよ」とブラックロックは思い起こす。ケンドリックはアメリカの細かな文化的制約に縛られることなく、自分らしく生きる自由を南アフリカから得たのだ。長年のコラボレイターであるマーク・〝サウンウェイヴ〟・スピアーズによれば、ケンドリックは南アフリカに行ったことで何かを感じとったという。このラッパーはひとたび帰国すると、それまであったアルバム二〜三枚は作れるであろう素材を破棄し、『Butterfly』という壮大な音の大作へと向かった。

南アフリカでケンドリックが目にしたのは、喜びに満ち溌剌とした黒人たちの顔だった。彼らはみな、それぞれの状況の中で闘っている黒人たちだった。この国はアパルトヘイト廃止からわずか二〇年しか経っておらず、いまだ人種は隔離され、アフリカ系黒人人口の多くはヨハネスブルグ、ケンプトンパーク、ダーバン、ジャーミストンといった都市部の郊外にある黒人居住区に住んでいた。それでも、黒人は他の人種より数が多いということを知っているだけで安心感がある、とブラックロックは言う。「違った種類の力、身体的に圧倒する力があるのよ」そう彼女は断言する。「彼らは、わたしたちの実質的な存在感に勝てやしないって知ってるの」。ブラックロックは、ケンドリックの訪問を人道主義者の訪問に例えている。彼の存在は現地のラッパーたちの心に火をつけたのだ。彼は昔も今も、何よりもまずリリシストであり、あのレベルの技術を持ったMCが成功するということは、同じ志を持ったアーティストも同じように成功できるということを示していた。「彼は、こうした種類のヒップホップがよりオープンに受け入れられるんだってことを見せてくれたのよ。それまではアンダーグラウンドに追いやられていたものをね」とブラックロックは言う。「彼は、もうちょっと中道左派のラップを聴くトレンドを確立したのよ」。「彼はドクター・ドレー並みの予算を持つ、素晴らしいアーティストだった」と二〇一四年二月にヨハネスブルグのスタジアムでケンドリックの前座を務めた、ラッパーのリーズン（ケンドリックが所属するTDEのレーベルメイト）は言う。「観客はそれが分かったんだ。この男はただビッグなだけじゃなく、ただ有名なだけじゃなくて、実際にラップができるってことがね。彼が入ってくると、みんな感動していたよ」。リーズンは、ケンドリックが現地に持ち込んだビジネス手腕の凄さを思い起こす。彼は、ミュー

33

ビーフ：ヒップホップ文化には付き物の、ラッパー同士の喧嘩、文句の言い合い、揉め事、抗争。ラッパーが楽曲を通してお互いを挑発しながらディスり合う（人を侮辱する）行為であり、ゲーム感覚で楽しむ場合もある。名詞だけでなく、動詞としても使われる。ビーフ好きといえば50セントの右に出る者はいないほど、ビーフを仕掛けてあらゆる相手を敵に回してきたが、ビーフで話題を呼んで自分の強さを見せつけ、注目を浴びる手段として利用しているようにも見える。また、東西海岸のラッパー同士のビーフが殺人にまで発展したとされるヒップホップの東西抗争も存在した。

ジシャンが観客のより近くでパフォーマンスすることのできる、いわゆる〝エゴ・ウォーク〟――またはステージから観客まで延びる長いランウェイ――のことを覚えている。それはミュージシャンがより観客の近くで演奏することを可能にする舞台装置であり、観客との繋がりを深め、より親密なショウを提供することができた。「ケンドリック以外はエゴ・ウォークを使ってはいけなかったんだ。でも、もし使用を許可されてたとしても、誰も使わなかっただろうけどさ」そうリーズンは断言する。中にはそれが理由でケンドリックを不快に思う者もいた。「異議を唱えていた人たちもいたよ、『なんでこいつはこんなにデカいエゴ・ウォークを作るんだよ。彼しか使っちゃいけないなんてどういうことだよ？　ここは俺たちの国だろ、なんで使っちゃいけないんだ？』ってさ」。しかし結局その答えは簡単だった――「そういう人たちにはいつだって振り向いて言ってやるのさ、『お前はそれを求めなかった。彼は求めたんだ』、その違いだってね」。

この論争によって、地元のミュージシャンは些細なことも重要視し、契約書に署名するときはより慎重に確認するようになった。「ある意味ゲームのレベルを上げたんだ」とリーズンは言う。「興味深い経験だったけど、ポジティブでいい影響を与えたんだ。その後、大きな変化があったからね」。南アフリカの著名なヒップホップ・ジャーナリスト、サベロ・ンカベラが指摘するように、ケンドリックは、地元のアーティストがそういった機会について考え直し始めたまさにそのときに、この国でパフォーマンスをした。「南アフリカの多くのアーティストは、アメリカのスーパースターの前座を務めることを拒否し始めていたんです」とンカベラは打ち明ける。「バックステージでクソみたいに扱われていますからね」。だからこそ当初はケンドリックと地元のパフォーマーたちの間には険悪な空気が流れていた。しかし、このヘッドライナーがステージにあがると、すべては許されてしまった。「彼はパフォーマンスしては、じっと立ち止まる、ただそれだけをひたすら繰り返すんだ」とリーズンは回想する。特にヨハネスブルグのショウで、ケンドリックは――緑のフーディジャケットに黄褐色のショートパンツ、グレーのTシャツを着ていた――その場のエネルギーを高めるために曲の間の長い休憩をうまく利用し、沈黙をフル活用した。ファンが彼の名を繰り返し唱え始めると、リーズンが言ったように、彼はまさにそのエゴ・ウォークに文字通り立つだけでなにもしなかった。すると期待感は狂乱状態にまで高まった。「観客は興奮してうなり声をたてるんだよ。あまりに騒ぎ立てて、彼が何か言うまで止まらないんだ。それがいかに計算されたショウだったかが分かるよね」。

南アフリカの現代ヒップホップの起源は、アパルトヘイトの構造が解消され、マンデラが民主的に選出された南アフリカ初の大統領に就任した一九九〇年代半ばに、ソウェト[34]の黒人居住区から生まれたハウス・ミュージックの一種であるクワイトまで遡ることができる[*27]。ンバカンガ、クウェラ、八〇年代のバブルガム・ポップ[35]、伝統的な礼拝音楽などの要素が融合したクワイトは、一九八〇年代の南アフリカの分かりやすいラップとは異なるものだった。プロフェッツ・オブ・ザ・シティ（P.O.C.）やブラック・ノイズのようなグループは、ケープタウンとヨハネスブルグでヒップホップの先駆者となり、黒人意識に新しい波をもたらしたと言われている。P.O.C.は、この国で

34　ソウェト：Soweto=South Western Townships の略。南アフリカ、ヨハネスブルグ南西郊外にある地区で、一九九〇年代初期までのアパルトヘイトの時代には、黒人（非白人）居住区だった。

35　バブルガム・ポップ：一九六〇年代後半から一九七〇年代初めに流行した、一〇代の若者向けの単純明快なポップス。

初めてアルバムを録音・リリースしたラップ・グループだ。彼らは海外にファン層を築き、一九九四年のマンデラの大統領就任式でもパフォーマンスした。ブラック・ノイズは、ワーナー・エレクトラ・アトランティックの子会社であるタスク・ミュージックと契約を結び、一九九二年にアルバムをリリースした。ラッパーのエミール・YX?率いるそのグループは、アメリカのヒップホップの基礎的な部分——音楽に乗せて語られるライムと同等にブレイクダンスやグラフィティを重要視する姿勢——に立ち返っていた。クワイトは、少数の白人による支配に嫌気がさし、アパルトヘイトの廃絶を望む、権利を奪われた若者の声となった。しかし大半の人びとはP.O.C.やブラック・ノイズのようなラップグループを、アメリカからきたヒップホップ・サウンドを真似ているだけだと厳しく非難した。

しかし、そうした非難とは裏腹に、クワイトは南アフリカの本物のサウンドだとも評価された。一九九五年、アーサー・マフォカテは「Kaffir」でクワイト初の商業的ヒットを記録した。この曲は南アフリカの白人抑圧者に対する辛辣なリリックを含む活気のあるチューンだ。タイトルは、南アフリカで使われている黒人に対する蔑称を意味しており、マフォカテはこのトラックで、彼のボス(「バース」と発音する)に彼をその名で呼ばないよう要求している。それは、人種を侮辱する言葉を再利用しているとして、すぐにスライ&ザ・ファミリー・ストーンの一九六九年のトラック「Don't Call Me Nigger, Whitey」(俺をニガーと呼ぶな、白んぼ)と比較された(ケンドリックは、『To Pimp a Butterfly』の終盤に収録された「i」で、軽蔑的なNワード[36]を「王」を意味するエチオピアの言葉で代用し、同じ目的を果たしたのだった)。「Kaffir」は流行に敏感な若者たちの耳を満足させ、さらにはマフォカテに影響を受けて独自の曲を作り、人びとに支持された者まで出てきた。マフォカテはキング・オブ・クワイトと称され、以降この音楽は、言わずもがなではあるが、往年の政治的な楽曲に代わるものとして力強く成長した。一九九八年、ブーン・シャカというクワイトのグループが南アフリカ国歌をハウス・ミュージックにアレンジした曲をパフォーマンスして批判を浴びた。オリジナルの聖歌を商業的に破壊していると考える人たちがいたのだ。ブーン・シャカは、そのヴァージョンを養護して、自分たちの曲は若いリスナーを惹きつけるためのものだと主張した。

南アフリカのヒップホップはいまだに企業がらみなものが多く、主要スポンサーとの繋がりがないラッパーは、国内で活動していくのに苦労している。お金を稼ぐための音楽よりも芸術としての音楽を作ることを優先させるMCには、入り込む余地がほとんどないのだ。「この国の黒人アーティストには、芸術のための芸術を作る贅沢はまったく与えられていないのよ」とブラックロックは言う。近年、アフリカ民族会議のメンバーは、自分たちの役割に対する信頼を取り戻そうとヒップホップを利用し、票を集めてきた。その結果、キアナン・〝AKA〟・フォーブスのような有名なラッパーは、先輩たちがしたほどには権力に立ち向かっておらず、真実を語っていないと批判された。[*28]「人びとは彼に疑問を感じているんです」とジャーナリストのンカベラは言う。「彼らは、『あなたは若者なのに、どうして若い黒人への義務を怠っている政党のために選挙運動を行うんですか？』って感じなんです」。いずれにせよ、ケンドリックは、南アフリカの伝統的なリリシストたちのモ

36　Nワード：奴隷制時代に奴隷主人が奴隷を蔑んで呼んでいた「Nigger（ニガー）」という名称。また、ヒップホップ世代の黒人が親愛の情を込めてお互いを呼び合う言葉として使う「Nigga（ニガ）」という名称。どちらの言葉も、非黒人が黒人に対して使用することは社会的にご法度。

チベーションを上げる役割を果たした。彼らはP.O.C.やブラック・ノイズのようなグループに共感を抱き、思慮に富んだリリシズムが、ポップスに焦点を合わせた見掛け倒しのハイブリッドより優先されるときを待ち焦がれていた。ケンドリックはヒップホップのルールをレペゼンし、一九七〇年代のファンクやそれに先行するR&Bなど、あらゆる口語詩《スポークン・ワード》をレペゼンしていた。彼はラジオで話題になっている流行に合わせることなく、本物の音楽を創り出していた。そして南アフリカにおいては、自分が思うままにやって成功したいと願う無名のMCたちにとって、道しるべのような存在となっていた。彼らはクラブに鳴り響く重低音の中で、内容を犠牲にすることなく楽しむことのできる模範的な人物を、深刻な問題――たとえば彼の家族がアルコール依存症を抱えていた歴史など――を議論できる人物をケンドリックに見出していた。多くのラッパーは、概してそれらを両立できなかったが、ケンドリックは同世代のためにその慣習を打ち破ったのだ。

　この国を訪問した四年後、ケンドリックは再び南アフリカに目を向け、四人のラッパーを『Black Panther: The Album』に起用した。このアルバムは大作映画のサウンド・トラックであるだけでなく、母なる大地《マザーランド》に対するケンドリックの幅広い音楽的なヴィジョンを表現していた。彼は南アフリカの大物アーティストを選ぶこともできたが、南アフリカのシーンをより深く掘り下げ、当時台頭しつつあるアーティストにスポットライトを当てた。ケンドリックはブラックロックの他に、ダンスミュージック・アーティストのベイブス・ウドゥモ、ラッパーのサウディ、シンガーのジャヴァを起用し、彼らはアメリカの著名なラッパー、スクールボーイ・Q[37]、2チェインズ[38]、ヴィンス・ステイプルズ[39]と共演することになった。ブラックロックがケンドリックの所属するレーベル、トップ・ドッグ・エンターテイメント（TDE）からこのプロジェクトへの参加依頼を受けたのは、ツアーの真っ最中だったという。南アフリカの音楽を数多く聴いてきたケンドリックとTDEにとって、ブラックロックという、スモーキーな声と精巧なワードプレイができるリリシストは、このアルバムのコンセプトに相応しかった。『Black Panther: The Album』に参加した後、ブラックロックはアメリカやヨーロッパでも聴かれるようになり、彼女のヒップホップ・スタイルは評価されるようになった。ケンドリックの賛同もあって、突如彼女はリスナーからより注目される存在になったのだ。「わたしはメジャー・レーベルに所属するメインストリームのアーティストではなかったから、余計に注目されたの」と二〇一九年にリリースしたアルバム『Anima Mysterium』が高い評価を受けたブラックロックは言う。「テレビに出演していないと、ほとんど存在してないようなものだから、

37 スクールボーイ・Q：ドイツ生まれ、サウス・セントラル育ちのラッパー。一二歳でギャングに入り、ミックステープ『SetBacks』をリリースする直前まで52フーヴァー・クリップスのメンバーだった。ナズや50セント、ジェイ・Zなどに影響を受け、後にエンジニアとなるアリに誘われてTDEに立ち寄ってラップを練習するうちに、二〇〇九年にTDEとの契約に至る。ウィードを称えるアンセムや攻撃性のあるスタイル、茶目っ気のあるキャラを持ち、ケンドリック、ジェイ・ロック、アブ・ソウルと共にブラック・ヒッピーのメンバーでもある。

38 2チェインズ：ジョージア州カレッジパーク出身のラッパー。ティティ・ボーイとしてプレイヤズ・サークルというデュオで活動している際に、当時サウスのラッパーで最も成功していたラッパー、リュダクリスに才能を認められて共にレコーディングを行う。後に2チェインズに改名してミックステープをリリース、話題を呼んで客演に数多く出演、ヒットチャートの常連となる。ソロデビュー作『Based on a T.R.U. Story』で全米チャート初登場一位を獲得して以来、精力的に活動を続ける二〇年以上のキャリアを持つベテラン。

39 ヴィンス・ステイプルズ：南カリフォルニアのコンプトン生まれ、ロングビーチ育ちのラッパー、シンガー、ソングライター、俳優。二〇一〇年代に出現した中で最も才能のあるラッパーの一人で、個性を感じさせる先進的なビート乗せて、ロングビーチのストリートの現実を冷めた態度ながらも鋭く内省的な視点で語っていくスタイルが印象的。

参加できたことはとても大きかったわ。すごくたくさんの機会が与えられた。あのケンドリックにフックアップされたわけだから、驚くほど効果があったわ」。

最終的に、南アフリカはケンドリックのキャリアにとって重要な役割を果たした。彼が南アフリカで過ごした時間は、いろいろな意味でブラック・ミュージックの方向性を変えることになった。もし彼がこの旅に出なかったら、あるいは南アフリカの壮大なる輝きに目を向けることがなければ、『To Pimp a Butterfly』は存在しなかっただろう。フリージャズや前衛的なジャズはいまだ大人数のファンを魅了できず苦労していただろうし、音自体を追求する芸術はいまだに小さな会場でしか活動できなかったかもしれない。南アフリカはケンドリックのより大きな活動の土台になった。また南アフリカのおかげで、彼はすべての始まりに立ち返ることができた。彼は冴えた頭脳と満ち足りた精神と共に、再び動き出したのだ。

2 「カリフォルニア・ラヴ」

世界的に有名なラッパーになる前のケンドリック・ラマーは、ロサンゼルスの荒波をうまく切り抜けようと生きる、内向的な子ども《キッド》だった。彼を知る人に聞いて回れば、きっと同じ話が聞けるだろう。今日、僕たちが目にするケンドリックは、プレティーン（九〜一二歳の子ども）の頃に自転車で近所を漕ぎ回り、ナウ・アンド・レイター・キャンディを食べ、友達とバスケやタックルフットボール[1]をする、一九九〇年代のコンプトンで育った物腰の柔らかい子ども《キッド》と同一人物だ。ケンドリックは巧みなドリブルスキルと確実性の高いジャンプシュートを武器に、バスケのコートで迅速に動き回っていた（後に曲の中で、NBAに行けるほどうまくはなかったと認めている）。経済的に恵まれないコミュニティに住む他の黒人の少年たちと同じように、彼にはプロになる夢があった。コンプトンのようにギャング・カルチャーが蔓延する地域では、黒人やラテン系の子どもはストリートしか行

1　タックルフットボール：ボールを持っている人をタックルして打ち負かす、若者に人気のスポーツ。

き場がなく、音楽かスポーツで成功する以外そこから抜け出す方法はない、という神話がある。そして、確かにギャングに入ったりドラッグを売る者はいる。しかし、そうした話だけにスポットライトを当てるのは、街のサポート体制――若者の指針となるポジティブなイメージを作ろうと努力する母親、父親、活動家、地元のリーダーの存在――を無視することになる。

コンプトンは、昔から現在知られているようなコンプトンだったわけではなかった。第二次世界大戦の以前のこの街の人口は[*1]、黒人が引っ越してくることを禁じた人種差別政策があったため、過半数が白人だった。一九八四年にアメリカ合衆国最高裁判所がこれらの法律に違憲判決を下し、一九五〇年代初期までに黒人の家族が家を買い始めると、既に郊外の居留地[2]に住んでいた白人たちは大いに落胆した。白人は人種統合によって彼らの資産価値が急落することを恐れ、この街から逃げ去った。コンプトンの黒人人口は、一九六〇年には四〇パーセントまで増加し、一〇年後には六五パーセントを占めるまでになった。失業の増大によって犯罪が増え、一九七一年にクリップスと呼ばれるギャングが結成された[*2]。これは、高校生のレイモンド・ワシントンとスタンリー・〝トゥーキー〟・ウィリアムズが、自分たちを悩ませていたサウスLA[3]のギャングと闘うために、個別に存在したギャングたちをまとめようと決意し、結成したものだ。クリップスは間もなく、この街最大のストリートギャングになった。シルヴェスター・スコットとヴィンセント・オーエンズが、一九七二年にコンプトンのパイルー・ストリートに沿ってブラッズを結成し[*3]、すぐにクリップスのライバルギャングとしての地位を確立した。他の地元のグループのメンバーたちは、クリップスに襲われていて、その復讐のためにブラッズに参加したのだ。一九七〇年代初期、中流から上流階級の黒人家庭はカーソンやイングルウッド、ウィンザー・ヒルズなど近隣の街に移り住み始めた。その結果、コンプトンは南カリフォルニアにおける暴力犯罪とギャング活動の中心地となった。

アロンゾ・ウィリアムズは、ワールド・クラス・レッキン・クルー（ドクター・ドレーがギャングスタ・ラップの顔となる前にメンバーだった）を作った、DJ兼ナイトクラブのオーナーであり、今とは違う時代のコンプトンを覚えている。彼はこの街で育ち、今では危険と見なされている地域を、何の問題もなく歩いたものだった。それは一九七〇年代の、コカインがストリートを襲う前のことで、ギャングは存在していたが、彼らとの付き合いはそれほど危険なものではなかった。人びとは近所のギャングと関係を持たずに暮らすことができたし、まだ安全だと感じることができた。「コンプトンは他のどの街とも何ら変わりはなかったんだよ。落ち着いた《クール》もんさ」とウィリアムズは思い出す。「ギャングバンガーは常にいたんだ。ダンスに行けばそこにいた、でも通り過ぎるだけのことでさ。ほとんどの人びとはヤツらと一緒に野球をやったり、一緒に学校に通ったりしていたし、ギャングバンガーには一般市民には手を出さないっていう掟があった。ギャングバンガーはギャングバンガーとしか争わなかった。ヤツらは厄介ごとを起こそうとはしなかったし、人びとはヤツらに手を出したりもしないんだ」。

しかし、クラック・コカインがすべてを変えてしまった。ギャングたちの活動は制御不能になり、金銭が新たなモチベーションになった。ウィリアムズはまた、彼のナイトクラブで状況が大きく変

2 居留地：周りを異なる政治や人種の体制に囲まれた小さな国や地域。ここでは皮肉を込めて使われていると思われる。

3 サウスLA：一九九二年のLA暴動が起こる前はサウス・セントラルと呼ばれていたが、暴動のネガティブなイメージを払拭するために、サウスLAに改名されたと言われている。

わるのを目の当たりにしている。彼が名高いイヴズ・アフター・ダークというパーティー会場を開いた一九七九年には、ギャングと関わっている常連客はほんのわずかしかいなかった。しかしクラックが真っ盛りの一九九〇年頃までには、彼の観客の大半はギャングと関わるようになっていた。「俺は自分の態度やドレスコードを変えなくちゃならなかった。誰もがサグになりたがり、誰もがドープを売りたがっていたんだ」とウィリアムズは言う。「誰もがタフを演じていた。誰かが怒った途端、自分たちのセット[4]を主張した。そうやって人を追い払っていたのさ。ギャンスタになることがファッショナブルになったんだ。単に自分が住んでいる場所を理由にそうしていたし、それが主張できたのさ」。ウィリアムズは、そのメンタリティはいまだに存在すると言う——「最近は、多くの若いヤツらがフッド[5]出身だと主張している。彼らは、『いいか、お前はここに住んでいるから、そこがお前の出身地だ』と言われたからってだけでな。多くのヤツらは別にギャングの一員じゃないのに、ギャングに惹かれていたんだ。二〇一九年になっても、いまだにセットを主張することが流行ってる。昔は、自分がなぜ特定のセットに入ったか分かっていた。今じゃ多くのヤツらは強さを見せつけるためにやっている。ホットなことをやってるように見えるからさ」。

ケンドリックは、最初はイースト・アロンドラ・ブルヴァード沿いのアパートで、次にウェスト一三七ストリートの小さな青い家で、労働者階級の家庭環境で母親のポーラ・オリヴァーと父親のケニー・ダックワースに育てられた。ケンドリックの両親は、彼が生まれる三年前の一九八四年に、シカゴのサウスサイドからコンプトンに引っ越してきた。ケニーはシカゴの悪名高いロバート・テイラー・ホームズ（低級所得者用公営団地）に住み、ギャングスター・ディサイプルズと呼ばれるストリートギャングとつるんでいた。ポーラはケニーが死ぬか刑務所に入ってしまうことを恐れ、彼がグループを辞めなければ、ふたりの関係は終わりだと主張し、断固として譲らなかった。「彼女は言ったんだ、『あんたに向上する気がないんなら、関わってらんないよ』」とケンドリックは二〇一五年に『ローリング・ストーンズ』誌に語っている。「あたしたち、一生ストリートにはいられないんだからね」。

ケニーとポーラは荷物をまとめ、わずか五〇〇ドル（約五万二五〇〇円）を懐に入れ、カリフォルニアに渡った。彼らはさらに東部のサンベルナンディーノに向かったが、ケンドリックのおばのティナが、家計をやりくりできるようになるまでふたりをホテルに入れた後、コンプトンに落ち着いた。何とか自活してやっていくために、ポーラは人びとの髪を結い[6]ながらマクドナルドの仕事に就き、ケニーはケンタッキー・フライド・チキンで働きながら、副業としてストリートで金を稼いだ。厳しい時期ではあったが、彼らはそのうち、より安定した暮らしをするのに十分なお金を貯めることができた。間もなくして、一九八七年六月一七日にケンドリックが生まれた。彼は自分の周りを

4 セット：ギャングの小集団、特に従属するギャングの派閥。

5 フッド：ネイバーフッド（neighborhood）に由来した「地元」を意味するスラング。通常、社会的、経済的に恵まれないインナーシティ内の地元を指すことが多く、そこの住民（特に若者）は自分たちのフッドを名誉を持ってレペゼンし、縄張り（自分たちが所有していない土地をめぐって）や、どのフッドが一番強いかをめぐって闘うマッチョな精神性が背景にある。またはフッドらしい行動を指して、人の立ち振る舞いを表す形容詞としても使用される。

6 人びとの髪を結い：アフリカ系アメリカ人、広くは黒人は、カールの強い独特な髪質を持つことから、それを美しく見せるコーンロウ、ブレイズ、ドレッドロックなどのユニークな髪型があり、美容師の資格がなくとも長年の経験や技術を持つ者が髪を編んだり結ったりする文化がある。美容室に行かずとも、そのような技術を持つ家族や友人、恋人、近所の女性などが、家計をやりくりするという事情で人びとの髪を結うこともある。

静かに観察し、思慮深くさまよい歩くような子どもだった。彼は心ここにあらずというふうではなかったが、日常風景のニュアンスの中からインスピレーションを得る子どもだった。本人が認めているように、彼は部屋の隅に座って何が起こるかを注意深く観察し、その場で起こることを記憶に留めた。彼は幼少の頃から物書きになる素質があったが、中学生になるまでは創造的な作文を書こうとは思わなかった。彼は完璧主義者で、自身の青春時代を綴った詩からもそれがうかがえる。地元のランドマークから、彼が住む街区《ブロック》でよく聞かれた市井の人びとの声まで、彼は地域のことを抜群の精度で描写する。例えば『good kid, m.A.A.d city』では、コミュニティの実在人物――友人や教会に熱心に通う女性、ケンドリックの両親など――が登場し、彼の身の上話に文脈が与えられている。他の作品と同様、この作品においても、彼は善と悪に同等の重みを与えている。彼はクリップスやパイルースと平凡な住民を詩的に繋げることで、彼らがみな仲良く暮らす団結したコンプトンを思い描いているのだ。

ケンドリックが生まれたのは、ギャンスタ・ラップが南カリフォルニア以外のリスナーからも支持され始めた頃だった。彼が生まれた年、ラッパーのアイス・Tが「6 in the Mornin'」という曲をリリースし、クラック・コカインを売るハスラーの生涯を描いている。この曲は、ロナルド・レーガン大統領時代のアメリカで、黒人の若者が危険な目にあっている様子を、鮮やかで叙情豊かな像にすることで表現している。アメリカでは、いわゆる〝麻薬戦争〟が暗黙のうちにインナーシティのマイノリティを標的にし、彼らは次々と投獄されていたのだ。アイス・Tに続いて一九八八年には、コンプトンの五人組、N.W.A（Niggaz Wit Attitudes［けんか腰の、主張を持った黒人たち］）がデビュー・アルバム『Straight Outta Compton』を発表し、市民の絶望感と警察の横暴な権力行使に対し、敵意に満ちた光を当てた。このLAの先駆的なグループは、その頃ニューヨークから発生した物質主義的なラップより、一層深く掘り下げたラップの波をもたらした。もちろん、彼らは『Straight Outta Compton』の中でも多少の誇示はしたが、できる限り荒々しい言葉を使って現実的な問題に取り組もうとしていた。それは荒削りで生々しく、残酷なまでに正直で衝撃的だったが、同時に巨大な世界的現象にまで成長し、この先何年も比較されることになるギャンスタ・ラップの基準になった。グループのメンバー、アイス・キューブは、「N.W.A以降の世界は、N.W.A以前の世界とはまったく違うものになってしまった」[*4]とかつて『ビルボード』誌のインタビューでケンドリックに語っている。

アイス・TやN.W.Aといった、ケンドリックが育った街を記録したアーティストの楽曲は、ケンドリックやLA全体に絶大な影響を与えることになった。一九九五年、当時八歳だったケンドリックは、父と一緒にコンプトン・スワップ・ミート（屋内フリー・マーケット）に出掛け、2パックと、N.W.Aのメンバーでもあるドクター・ドレーを目にしている。彼らは、一九九六年にリリースされた2パックのダブルアルバム『All Eyez on Me』の先行シングル、「California Love」のビデオを撮影していたのだ。それはケンドリックが直接ドレーを見た最初であり、生きているパックを見た最後だった（2パックは一九九六年九月にネヴァダ州ラスヴェガスで起こった口論の後、銃で撃たれて亡くなった）。ケンドリックはその後すぐにライムを書き始めることはなかったが、その瞬間は忘れなかった。彼を揺り動かしたのはもしかすると、コミュニティの連帯意識だったのかもしれない。2パックとドレーはスーパースターだったが、黒く輝くベントレーに乗った彼らの姿は、市井の人びとに一生忘れられない体験を提供した。それはケンドリックに、地元からの愛は世界的な名声より強く、彼がどれほどビッグになって、どんな職業を選ぼうとも、地元で勝利を祝うことができなければ、何の意味もないことを示したのだった。

二〇年後、ケンドリックは、彼が初めてラップへの道に進みたいと思った場所に戻り、パックとドレーの足跡をたどっている。ケンドリックは、二〇一五年に公開された『To Pimp a Butterfly』の三枚目のシングル「King Kunta」のビデオの中で、スワップ・ミートの屋根の上で踊り、その下ではコンプトンの住民が楽しげに飛び跳ねている。それはこの店でCDやカセットテープ、ナイキのスニーカーを買うことに生涯を費やしてきた青年にとって、原点に立ち返った瞬間だった。

ケンドリックは、気が向けば非常によくはしゃぐ青年だった。少年の頃、彼はシャツを脱いで自分の部屋からこっそり抜け出し、両親のハウスパーティに忍び込んだこともあった。彼はよく、両親がかける懐かしいソウルやギャンスタ・ラップに合わせて、部屋の真ん中で踊ったものだ。またある時は、彼は従兄弟と一緒に家の中でビッグウィール（プラスティックの三輪車）に乗って叱られたこともあった。彼は実際の年齢よりあまりに大人びた振る舞いをしたため、親戚は彼に「マン（成人男性）・マン」というあだ名を付けた。

彼の家族はたびたび生活保護を受けていたが、そのような環境でも、食卓に食事を並べたり、クリスマスの日にツリーの下にプレゼントを置くことを怠ったりはしなかった。彼らは時に貧困にあえぎ、食べる物に事欠くこともあったが、そんな時こそ家族の大切さが身に染みた。ケンドリック、ポーラ、ケニーは互いに愛し合い、それが彼らを支えていた。このような時期を過ごさなければ、彼らはここまで仲がいい家族にはならなかっただろう。一九九二年、まだ四歳だったケンドリックは、丸腰の黒人運転手ロドニー・キングを暴行した四人の警察官に無罪判決が下された後に起きた大規模な暴動で、ロサンゼルスの街から煙が上がっているのを目撃した。『ローリング・ストーン』誌に語ったところによると、彼と父親はコンプトンのブリス・ロードを車で下っていたときに、暴動に参加する人びとを目にしたという。「彼らはひたすら走っていた……俺たちが車を止めると、親父はオートゾーン（車用品販売店）に入って、タイヤを四本転がして出てきたんだ。そいつを買ってないのは分かっていた……それから家に着いて、親父とおじさんたちは、『俺たちはこれを手に入れてやる、あれを手に入れてやる。こいつらみーんな手に入れてやるぜ！』って感じだった。でも、それって盗んでるんじゃんって思ってた……それから時間がたつにつれ、ニュースからロドニー・キングやらなんやらについて耳にしたんだ。お袋に言ったよ、『つまり、警察が黒人の男の人を殴ったから、みんな怒ってるんだね？　やっと分かったよ』」。これが「Alright」や「The Blacker the Berry」のような曲を焚きつけることになった人種差別を初めて体験し、自身のアイデンティティやアメリカの人種的格差を理解する最初の一歩となった。

ケンドリックの幼少時代は、LAで人種間の緊張が高まるのと並行していた。彼の七歳の誕生日には、引退したフットボールのスター選手、O.J.シンプソン――過去二〇年間、全世界でメディアのお気に入りだった――が、頭に銃を突き付けられたまま、サンディエゴ高速道路からはるばるブレントウッド[7]の自宅まで北上し、街中の人たちをくぎ付けにした。彼は殺人で指名手配され、その後一年間にわたって裁判が繰り広げられると、LAの人びとは人種の境界線で激しく割れることになった。そしてO.J.は無罪判決を言い渡された。それはロドニー・キング事件の評決と、黒人

7　ブレントウッド：サンディエゴから約二一五キロ北上した、LAで最も裕福な地域の一つ。

が市の警察や司法省から数十年にわたって受けてきた蛮行と差別への報復と見なされた。

LAの街には、このような事件が度々起きていた。一九六五年八月、ワッツでは交通違反取り締まりに怒った住民と白人の警察官との大規模な衝突が起こり、暴動へと拡大した。[*5] 一万四〇〇〇人以上のカリフォルニア州兵の部隊が、この地域を安定させるためにサウスLAに派遣されたが、最終的に三四人が死亡、およそ一〇〇〇人が負傷し、四〇〇〇人が逮捕された。一九九一年、ロドニー・キングを殴打するビデオテープが公開されたほぼ二週間後に、[*6] ヴァーモント・ヴィスタ酒店でラターシャ・ハーリンズという黒人のティーンエイジャーが、韓国系アメリカ人女性に後頭部を撃たれた。トゥ・スンジャというこの韓国系の女性は、ハーリンズがオレンジジュースを盗もうとしたと訴え、カウンターでふたりが取っ組み合いになる前に、このティーンエイジャーは激しく容疑を否定したと非難した。トゥはハーリンズが立ち去るときに発砲したので、ひとりの陪審員がトゥを故殺の罪で有罪とし、禁錮一六年間の最高刑を勧告した。しかし、裁判官はその陪審員の量刑は受け入れず、トゥに五年間の執行猶予と四〇〇時間の社会奉仕活動、五〇〇ドル（約五万二五〇〇円）の罰金を科した。このような大きな犯罪に対しこの刑量というのはあまりに軽すぎるものに思えた。アメリカでは黒人の命は単に尊重されていないという厳しい現実が突きつけられたのだ。この事件は、サウス・セントラルに住む黒人と韓国系アメリカ人の間の緊張を高めることになった。一九九二年の暴動の間に標的にされた商店の多くは、韓国人所有だった。

ケンドリックは五歳のとき、一〇代のドラッグディーラーが彼のアパートの前で撃ち殺されるのを目撃している。「男がそこで麻薬を売っていたら、誰かが散弾銃を持ってやってきて彼の胸を吹っ飛ばしたんだ」[*7] とケンドリックはかつてNPR[8]に語った。「その場ですぐに、何かを感じたんだ。

これは目にしているだけじゃなく、今後慣れていかなくちゃならないことなんだろうなって」。そして八歳のときに、ロナルド・E・マクネア小学校から家に帰る途中、ローズクランズ・アヴェニューのタムズ・バーガーの前を歩いていると、ドライブスルーで食事を注文していた男が撃ち殺される姿を目撃した。子どもの頃のケンドリックは、道徳性とストリートの厄介事の微妙な境界線上にいたのだ。もし何度か間違いを犯していたら、たとえケンドリックであっても――音楽によって全世界を何度も熱狂させることのできる男であっても――地元から脱け出すことはできなかっただろう。振り返ってみれば、ケンドリックの成功は運命だったと言えるのかもしれないが、彼にもいくらかの幸運と、多くの善意、家族や友人からたくさんの支援が必要だった。

ケンドリックには、マクネア小学校の三年生か四年生の同級生として出会った、マット・ジーズィのような友人が必要だった。彼らは同じ地域に住み、他の小さな子どもたちと一緒にバスケをして遊んだ。その友達の中にはギャング絡みが原因で、お互いを殺し合うことになる者もいただろう。しかしマットとケンドリックは、赤や青の違いのことは考えておらず、単に大好きな試合を楽しみたいだけだった。彼らは決してギャンスタではなく、近所のみんなを知っている、生まれながらに人当たりのいい子どもたちだった。「俺とケンドリックは大物でワルなギャンスタじゃなかったから、よくいじめられたよ」とマットは思い返す。[9]「俺たちは彼らとつるんでたし、付き合いもあったけど、彼らは俺たちがギャングバンギンとかそういうのは一切やってないって知ってたんだ。俺たちは女の子によくいじめられたし、男友だちにもよくいじめられたけど、それはコンプトンに住

8 NPR：ナショナル・パブリック・ラジオ。非営利の公共ラジオ放送制作会社。

んで、ギャング・カルチャーの周りで育つことには付き物だったのさ」。コンプトンのような地域では（さらに言えば、ほとんどのインナーシティでは）、公民権運動のリーダーは古い歴史書の中の存在にすぎなかった。彼らは本やYouTubeの中でしか知ることができず、何年も前に彼らが与えた影響を感じるのは難しいことだった。僕たちは、黒板に走り書きされたマルコムやマーティン（キング牧師）の名は目にすることはあっても、ほとんどの黒人の子どもたちは彼らの存在を知らずに育つ。マットとケンドリックは、自分たちのコミュニティの中で暮らすその人たちのことを知っていたし、毎日顔を合わせていた。地元《フッド》におけるギャングとは、権力の最も目に見える象徴で、恐怖と称賛という、まったく異なる源泉を土台にした影響力を持っていた。ギャングバンガーには揺るぎない尊敬の念が寄せられており、コンプトンで成功するには、その文化に魅了されることなく、どうにかして切り抜ける必要があった。ケンドリックの両親は、父親がそこからお金を稼いでいたものの、彼をストリートから守るために最善を尽くした。お蔭で彼は純粋なままでいられたが、彼には心の内に秘めた強い信念を表現する、別のはけ口が必要だった。

　ケンドリックが初めてクリエイティブ・ライティングに出会ったのは、中学一年生のとき、ヴァンガード学習センター[10]で、カリキュラムに詩を取り入れた英語教師レジス・インジと出会ったときだった。学校の中では、緊張感が高まっていた。郡刑務所の中で黒人とラテン系の間のギャング闘争が勃発し、そのわだかまりがコンプトンのストリートへ、そして統一学区へと波及してきていたのだ。人びとの間の衝突は、一夜にして激化したように見えた。生徒たちはお互いに親しくなる日もあれば、まったく交流しない日もあった。インジはその激しさを徐々に沈静化させる手段として、詩を導入した。彼は子どもたちが書くことでいら立ちを表現することができれば、肉体的な暴力の必要性がなくなると考えた。生徒たちはギャング同士の緊張感だけでなく、家庭で起こっている深刻な問題にも直面していた。食べ物を満足に得られない者もいれば、自尊心の問題を抱えている者もいた。中には、警察が家に押し寄せて家族を逮捕した直後に、苦労して学校に歩いて来る者もいた。「生徒たちにとって、詩を書くということは感情を書き留めるということです。それによって怒りの感情に捕らわれたまま登校せずに済んだのです」とインジは思い返す。「朝七時半にはもう、闘う準備ができているような子たちですから」。

それでも詩の授業は、簡単に受け入れられるものではなかった。少年たちにとって、詩とは心をときめかせたり、赤いバラを咲かせるようなものだったからだ。彼らは愛情を表現することに慣れていなかった。そこでインジは詩をヒップホップに結び付け、それは必ずしもそんなに鼻につくものではないと生徒たちに伝えた。彼らのお気に入りのラッパーたちは、単に詩を音楽に乗せながら人生を語っているだけなんだ、と。すると子供たちは飛躍的な進歩を遂げた。教室ではもはや、黒い肌、褐色の肌、赤、青の違いは重要ではなくなった。彼らはお互いを単なる競争相手ではなく、同じ人間として見始めた。「人種間の壁を打ち破ったのです」とインジは言う。「生徒たちは、他の人種の人が作った詩を聴くことで、彼らの間に大した違いはないと気づいたのです」。これらは単なる詩の授業ではなく、心の動揺をいかに克服したらよいかを教えるものだった。中学生の頃のケ

9 ギャングバンギン：ライバル・ギャング間の紛争を含むのギャング活動や、ドラッグ売買、ポン引きなどのストリート・ビジネス。またはギャング同士でつるむこと。

10 ヴァンガード学習センター：コンプトンにある、特定の優秀な生徒に教える学校。「ヴァンガード」は先頭、先駆者を意味する。

ンドリックは信じられないほど内気で、興奮すると顕著な吃音が生じていたが、この授業は彼に絶大な影響を与えた。人前で話すことが苦手だった彼は、授業で生徒たちと話すことで克服していったのだ。

ケンドリックは成績優秀で、クリエイティブ・ライティングに全力を注ぐ堅実な生徒だった。つまり、感情を解き放つ手段を手に入れたのだ――インジ先生がケンドリックの知的成長に重要な役割を果たしたのは間違いなかった。ケンドリックは、自分の技巧《クラフト》を完璧なものに仕上げるために一生懸命努力しなければならず、インジは手加減をしなかった。ケンドリックが学校で作品を提出すると、インジはたびたび、この芽を出しかけた詩人がより深く自身を掘り下げることができるように添削し、彼に戻した。基本的な単語を使うだけでは不十分だった。彼の散文が真に光を放つためには語彙を強化する必要があった。「私はいつも何かしら丸を付けて言ったものです、『ケンドリック、これを変えなさい、これをここに移動しなさい』とね」とインジは言う。

ケンドリックは猛勉強にもへこたれず、むしろそれを向上するためのモチベーションにした。彼はその場しのぎで生きていくのではなく、ベストになりたかったし、それは今まで経験したこともなかったようなレベルで集中することを意味した。それは彼が自身の創造性にすべてを注ぎ込み、それを守るためにあらゆることをやるということを意味した。もし家で詩の課題をやり忘れたら、学校に早く行ってやったものだった。ケンドリックは言葉を書いて表現することに夢中になり、他の授業の課題を終わらせる代わりに、ラップのリリックをノートに殴り書きしていた。リリックは冒瀆的だったが――「『クソ喰らえ《ファック・ユー》』と『能なし《ディック》』」だらけ、と彼の母親が述べたと言われている――それは当時の彼が自分の生い立ちの汚い部分を掘り起こすことで、後によりポジティブなものにたどり着いたということだ。「彼はラップしちゃいけないことについてラップしていたんだ」とマットは言う。「彼はそのとき知っていたことについてラップしていた――つまりドラッグやギャングバンギン、ストリートのことをね。俺たちが大きくなって成熟し始めるにつれて、彼はより深刻に技巧《クラフト》を考えるようになっていったよ」。

ケンドリックは、思春期の青年になると地元の人たちの動向を理解し始め、そのなかで感じた変化を詩にするようになった。彼が他の文化を学び、自分のアートを強化するために彼らの経験を自分のものと比較し始めると、彼の世界に対する理解は飛躍的に深まった。ケンドリックは他人を満足させるために書くことを止めて、代わりに彼の思考を高め、人びとを彼に追いつかせることを選んだ。

ケンドリックが高校に入る頃までには、キャリアの道は固まっていた。彼はラッパーを志し、何があってもその進路を変えたりしなかった。ある日のこと、マット・ジーズィとケンドリックがセンテニアル高校から家に帰る途中、この新進ＭＣがラップを始めると、言葉がとめどなく溢れだした。彼は即席でライムを思い付き、彼とマットがそれぞれの家に近づく四、五ブロック先まで止まらなかった。「二〇分ぐらいラップしてたんじゃないかな」とマットは思い返す。その瞬間、この友人は、ケンドリックにはスターになるために必要な能力があることを知った。彼がすべきことは、ストリートライフの落とし穴を避けることだけだった。「俺は、『くっそー、ケンドリック、ブロ、刑務所の世話にならずに生き続けてさえいれば、お前は成功できるよ』、って感じでさ。俺の口から出てきた言葉は文字どおり、『刑務所に行くな。死ぬな』、だったんだ」。悲しいことに、刑務所と死は彼らの友人の多くを悩ませていたのだ。

一方、ケンドリック自身にも、課題がないわけではなかった。彼は一六歳のときに街の不良とつるみ始め、パーティーをしては酒を飲んだ。それは子どものおふざけに過ぎず、ティーンエイジャーがずっと昔からやってきたことではあった。しかしケンドリックの地元や家族の歴史を考えると、その行動は犯罪やギャングとの関係に巻き込まれる可能性を孕んでいた。ケニーはそれを許さなかった。息子が自分と同じ目に遭うのを見過ごすわけにはいかなかった。「父が言ったんだ、『お前には俺みたいになって欲しくない』ってね」[*8]とケンドリックは二〇一二年に『スピン』誌に語った。「彼は言ったよ、『俺がやってきたこと、犯してきた間違い、お前にはそういう間違いを絶対に犯して欲しくないんだ。街角でドラッグを売る羽目にならないとも限らない』ってね。彼は俺がつるんでる仲間を見て、俺がどんなことになるか分かっていた。彼に敬意を払って、俺はマジで体勢を立て直したんだ」。ケンドリックは、父親と彼の愛情深く単刀直入な態度を敬愛していた。ふたりは2パックとギャンスタ・ラップへの愛を通じて絆を強めた。ケニーはケンドリックに勝利と悲劇の両方を経験させ、息子が道を見失ったときには、本音で語り合って力になった。彼は愛すべき父親からのアドバイスを、〝知性ある無知〟という新語で半分ふざけながら表現している。彼の友人の多くは家庭に父親がいなかったが、ケニーとケンドリックは厳しい教えと産みの苦しみに満ちた固い絆で結ばれていた。彼は、ケンドリックが友達と一緒に地元の家に泥棒に入らないよう警告し、犯罪が起こる前に警察が彼らに声をかけたときには、すぐに現場に行って「だから言っただろ」と言ったものだった。時にケニーは、ケンドリックの友人たちが悪いことをしないように導こうと努めた。しかしケニーはその子どもたちの実の父親ではなかったため、その助言は彼らの心に残らず、中には刑務所に入ることになった者もいた。もちろん、ケニーは非の打ちどころがない人間というわけではなかったが――彼は僕たちと同じように欠点のある人間だ――彼には善良な心があり、真に人びとに対して正しいことをしたいと願っていた。

　ケンドリックは、マット・ジーズィやインジ先生のような支持者を持つことで助けられた。彼らは、この若き詩人がありのままの自分を完全に受け入れるまでにしばらく時間がかかることになったとしても、この青年に光を見出し育んだ。「あの日、俺たちがセンテニアル高校から家に帰るときのことを、あらためて考えているよ」とマットは懐かしそうに思い返す。「それが今の彼と来たらさぁ。今の彼を見てみろよ」。

　ヒップホップの世界では、ラッパーが自分の自慢をするのはよくあることだ。彼らは単に自分がベストだと主張するだけでは物足りない。ヴァースが終わるまでには、水の上を歩き、それをワインに変えるぐらいのことができると、聴き手に知らしめなくてはならないのだ。あるいはまた、史上最強の男でなければならない――ふざけたマネをしてみろよ、撃たれる羽目になるかもな。だからケンドリックの最も初期の頃のライムがどんなに過激であっても、驚くには当たらない。彼は、数千キロメートルも離れたブロンクスでヒップホップが始まって以来、他のラッパーたちのやっていることを聴き、模倣した。YouTubeには十字架のピアスを両耳につけた一〇代のケンドリックが、友人たちに囲まれながら、攻撃的なライムをスピットしているビデオ・クリップがある[*9]。彼はサイファーの途中のあるパンチラインに差し掛かると、カメラから目をそらし、まるで自分がベストだとわかっているかのようにニヤリと笑う。パーカーのフードを引っ張ると、ベリーショートに刈り込んだ頭にかぶる。彼は自信に満ちたベテランのような表情でレンズを見つめている。これはケンドリックにとって、ストリート出身というイメージを打ち出す段階にあった彼にとっての、練習だった。「お前の家に忍び込むぜ、つま先で歩く俺の足音がゆっくりと聞こえてくるだろ」と彼は目を細めながらすきっ歯で断言した。「俺は親父のように賢くて、しかも若いのさ、クソ野郎《マザファッカズ》どもが／俺が本物だ、クソ野郎《マザファッカズ》どもが／それに俺の周りにはハスラーがいるのさ、お前もブツが欲しいのか？　ヤツらは執事《バトラー》のように仕えるぜ」。この主張は友人たちを熱狂させ、ケンドリックはヴァースを終わらせることもできないほどだった。彼は正真正銘の庶民のチャンピオンであり、彼に最も近い者たちが心から彼を応援していることは、その反応を見れば明らかだった。彼はストリート生まれのため、そのライムには信憑性《オーセンティシティ》があった。その頃、ひょっとしたら彼は、よくあなたの家に忍び込んでいたのかもしれない。

しかし、ケンドリックのフロウにはまだ何かが欠けていた――そして欠けていたのは、ケンドリック自身だった。彼はK・ドット名義でラップしていた。それは彼の苛烈な分身だった。K・ドットはコミュニティの向上など望まず、目に見えるものすべてを滅ぼそうとした。この青年は、高度な技能、複雑な構文、自然なリズムまで、何もかも兼ね備えていたが、自身を解き放つ自由さが欠けていた。彼はキャラクターを演じていたのだ。人に注目される一番の早道は、ヒップホップを支配しているより知名度の高いラッパーたちのように聴こえることだったからだ。彼は長期的な展望を持っていなかった。不屈の名声を得るためには、ありのままの自分でいることが一番の近道だということに気づいていなかったのだ。良質で正直な音楽は、必要なときに、必要な人の耳に届くものだ。ケンドリックは数年後になってこれを理解することになるのだが、当時の彼は、自分らしく在り続けるためには何が必要なのかを十分に把握する前に、しきりにトップにのし上がろうとしているように見えた。

ケンドリックのアプローチを理解するには、この頃のヒップホップがどう移り変わっていたかを理解する必要がある。時は二〇〇三年、50セント[11]やアウトキャスト、[12]ディプロマッツ[13]のようなアクトが音楽業界で大きな位置を占めていた。ヒップホップは世界規模のビジネスであり、最も影響力のあるラッパーは、モルトリカー[14]から高級ファッションまで、あらゆる商品の販売に起用された。

11 50セント：NYクイーンズ、サウス・ジャマイカ出身のラッパー、TVプロデューサー、俳優、実業家。ミックステープが話題を呼んでコロムビア・レコードと契約を結ぶも、銃撃事件に巻き込まれて（顔面等に九発銃弾を受けた）契約は破棄に。（訳者談：二〇一一年当時、TDEのスタジオの壁に貼られた規則に「50セントは顔に銃弾を受けて声質が変わったが、それが成功につながった。人生、何が吉と出るか分からない」という一節があった）ドクター・ドレーとエミネムに認められて『Get Rich or Die Tryin'』でデビュー、爆発的なヒットを飛ばした。無類のビーフ好き。

12 アウトキャスト：一九九二年、アンドレ・3000とビッグ・ボーイが結成したアトランタ出身のヒップホップ・デュオ。オーガナイズド・ノイズ（制作チーム）のファンクを効かせた土臭い独特のサウンド、親しみやすいメロディに乗せて、流れるようなラップ、複雑なリリシズム、ポジティブなメッセージ、クリエイティビティ溢れる型破りなスタイルで、東西海岸がヒップホップ界を支配していた時代にサザンラップに新たな推進力をもたらした。二〇〇三年にソース・アウォーズで最優秀新人アーティスト賞、『Speakerboxxx/The Love Below』は二〇〇四年にグラミーで最優秀アルバム賞と最優秀ラップ・アルバム賞を受賞。

13 ディプロマッツ：キャムロン、ジム・ジョーンズ、フリーキー・ジーキー、ジュエルズ・サンタナから成る、一九九七年にNYハーレムで結成されたヒップホップ・ユニット。別名ディプセット。『Diplomatic Immunity』を始めとする三枚のアルバム、大量にリリースされた良質のミックステープでシーンに強烈なインパクトを与えた。このユニットの傘下で各自がザ・U.N、スカル・ギャング、バード・ギャング等のグループ活動をする他、数多くのアーティストが活動した。独自のファッションスタイルでも多大なる影響を与えた、二〇〇〇年代前半を代表するユニット。

そして〃クールさ〃という意味では、ショーン・〃ジェイ・Z〃・カーターよりクールな人物はいなかった[*10]。彼はニュージャージー州イースト・トレントンでクラック・コカインの売人から始まり、世界で最も人気のあるメインストリームのラッパーになった、落ち着きのある言葉巧みなMCだった。さらにジェイ・Zはラッパーであるだけでなく、ビジネス、リリシズム、カッコよさ《スワガー》の模範だった。「俺はビジネスマン（businessman）じゃない、俺がビジネスなのさ、メーン（business, man）」と彼はかつて、カニエ・ウェストの曲「Diamonds from Sierra Leone (Remix)」で主張した。ジェイ・Zは、過去五年間にわたって王座に君臨しており、アルバム『Vol. 2... Hard Knock Life』、『Vol. 3... Life and Times of S. Carter』、『The Blueprint』を通して、ヒップホップ・カルチャーのあらゆる市場を独占していた。彼はファンにありとあらゆるもの――哀愁ただようストリートソング、他のラッパーたちに向けた敵対的なバトルラップ、夏に聴くのにちょうどいい洗練されたポップ寄りのチューン――を与えた。彼は「ビルボード」チャートの頂点に留まり続け、しばらくはその治世が永遠に続くかのように思われた。ジェイを打ち破れる者は誰もいなかった。彼が王冠を失う唯一の方法は、自ら明け渡す場合だけだった。

しかし、二〇〇三年、まさにそれが起きた。ジェイ・Zは、八枚目のスタジオ・レコード『The Black Album』が最後の作品になると発表したのだ。ジェイ自身の言葉を借りれば、彼は音楽業界の激しい出世競争から離れ、ゴルフを楽しみ、カプチーノを飲む生活に向かっていたのである。これはただの引退ではなかった。マイケル・ジョーダンが絶頂期に辞めたようなもので、アメフトのレジェンド、ジム・ブラウンがタンクにまだたくさんガソリンを残したまま去るようなものだった。ジェイ・Zはあまりにも簡単に勝てるようになったので、すっかり飽きてしまったのだ。（実際、当時の）ラップ・ミュージックはあまりに定型化していた。誰のアルバムも似通って聴こえ、彼らがリリースしたシングルの大部分が同じ形式に収まっていた。すべてはあまりにもクリーンすぎて、創造性が感じられなかった。僕たちはサンプリングされた古いソウルに混じる雑音や、痛烈に社会批判が繰り広げられている楽曲の下で鳴っている擦り切れたヴァイナルから生まれるポップノイズやヒスノイズを聴くことができなくなっていた。ラッパーは、以前ほどハングリーではなくなっていた。ヒップホップはメインストリームを支配する勢力になり、彼らはまさに音楽を通してその成功を祝う時代になっていた。

九〇年代初期に、ウータン・クラン[15]やモブ・ディープ[16]のようなグループがラップをダークにしたが、彼らでさえこのジャンルの移り変わりを切り抜けることはできず、九〇年代後半から二〇〇〇

14 モルトリカー：主にアルコール度の高い大麦麦芽のビールで、四〇オウンス（約一・二リットル）瓶で売っていることが多い。安くて量が多く、アルコール度数が高い。

15 ウータン・クラン：NYスタテンアイランド出身、RZAを筆頭にGZA、メソッド・マン、レイクウォン、オール・ダーティ・バスタード（二〇〇四年没）、ゴーストフェイス・キラ、ユーゴッド、カパドナから成る超個性派揃いの伝説的なスーパーグループ。一〇人という大所帯のラップグループなど続くわけがないという噂をよそに、カンフー映画、少林寺拳法等に影響を受けたデビュー作『Enter the Wu-Tang (36 Chambers)』で業界の中心人物に。中毒性のあるトラック、神がかったリリシズム（意味を成さなくてもフロウが強烈にかっこいい）等で、すさまじい勢いで一時代を築いた。

16 モブ・ディープ：NYクイーンズブリッジ出身のプロディジーとハヴォックから成る、ヒップホップ史上最も偉大なヒップホップ・デュオの一つ。一九九〇年代にNYのハードコア・ラップの先駆けとなり、NYの冬の寒空を思わせるようなダークでドープな雰囲気、攻撃的なスタイルで不動の地位を確立。『The Infamous』、『Hell on Earth』、『Murda Muzik』、「Shook Ones Pt.2」、「Survival of the Fittest」、「Hell on Earth」は時代を超えた名作。プロディジーは二〇一七年に持病の鎌状赤血球貧血による合併症で他界。

年初頭には最前線に居続けることに苦戦し、その人気は衰えていった。そんな具合にジェイ・Zはヒップホップの現状を嘆いていたが、彼は一方でヒップホップの終焉を促しもした。彼とショーン・〝パフ・ダディ〟・コムズはラップを輝かしいサウンドにしたが、それはソウルがなくなっていくことでもあった。一九八〇年代のラップがまだ産声を上げたばかりの頃、この音楽は貧しいコミュニティが抱える難題に根ざしており、貧困の中で育つ苦難や、困難に打ち克って生き延びることの難しさを表現していた。ラップ・ミュージックは、発祥の地ニューヨーク市の燃え盛るビルの炎[17]のなかで、苦闘の末に生まれた。それは黒人の音であり、あらゆる喜び、痛み、祝福の音だった。それは大きな夢を抱え、窮屈なアパートの中に閉じ込められた者たちとの会話だった。ラップはすべてであり、発言権を持たない黒人の若者にとって、恐れることなく感情を表す手段となった。ヒップホップは、六〇年代半ばから後半のサイケデリック・ロックや、七〇年代後半のパンクと同様に、カウンター・カルチャーだった。ラップは、評論家がその終焉を予測しようとしたにもかかわらず、その後三〇年にわたって、アメリカで不満を抱えた若者の表現形態として、徐々にロックに取って代わっていったのだった。

ジェイが引退したことで、ゲームは誰にとってもオープンなものになり、ケンドリックは――まだ童顔のルーキーだったが――その地位を欲っした。たとえケンドリックの野心が、自信過剰で虚勢溢れる小節《バー》の中で明確になっていなかったとしても、彼は最初のミックステープ『Hub City Threat: Minor of the Year (Youngest Head Nigga in Charge)』で直接語っている。彼は注目されることを望んだ。彼にはそれが必要だったのだ。さらに、彼は自身のデビュープロジェクトがすぐに注目されるよう、ジェイ・Zのディスコグラフィからのいくつかビートを再利用した。「ジェイは去った、さあ、その王冠をよこせ／後でとかクソ喰らえだぜ、そいつをさっさといただくぜ」とケンドリックは、ジェイがアルバム『The Blueprint 2: The Gift & the Curse』の中で使ったインストゥルメンタルに乗せて、「Hovi Baby」で宣言した。

『Hub City Threat』は、真の意味でケンドリックのデビュー作であり、言葉を繋ぎ合わせる能力を自慢したくてしょうがない新進MCのティーザー広告になった。このテープには、ケンドリックのDJとしてデイヴ・フリーという人物がクレジットされていて、時折、彼の声が主役に寄り添うようにして聴こえてくる。ケンドリックと同様、フリーも音楽業界での成功を目指していた。彼がケンドリックと出会ったのは一〇年生（日本でいう高校一年生）のときで、友人のアントニオから新進気鋭のリリシストがいると聞いたのがきっかけだった。「彼は、センテニアル（高校）に通う最高にクレイジーな友達がいると言っていたんだ[*11]」とかつてフリーは語っている。「興味をそそられたよ。だから彼に言ったんだ、『そいつを連れて来いよ』ってね」。フリーは自宅に簡易のスタジオがあり、そこで初めてケンドリックのラップを聴いたという。「その当時は、誰もがドラッグについて話していたんだ」とフリーは、Google Playが二〇一二年に制作した『good kid, m.A.A.d city』に関する

17

発祥の地ニューヨーク市で燃え上がるビルの炎：一九八〇年代当時、貧困層の黒人やラティーノが多く住んでいたNYのブロンクスやハーレムでは、物価の高騰に反して家主は家賃統制によって長い間家賃を上げることができなかった。住人を追い出すために、保険会社なども加担して賃貸アパートが次々と放火され、荒廃した廃墟が増えたが、NY市は何の対策も施さなかった。社会的影響力を持たない残された住民の若者たちの怒りのはけ口として、ヒップホップが生まれたと言われている。

ドキュメンタリーの中で語った。「でも彼にはこのパンチラインがあって――『俺はピアノみたいにキー（カギ／鍵盤）を送る』[18]――とかそんな感じだったんだけど、年の割に最高に素晴らしいラインだと思ったんだ」。そのラインに引きつけられ、フリーはケンドリックと仕事がしたいと思ったのだった。

そこから、ふたりはラップ・ミュージックとTVドラマ『Martin』――コメディアンのマーティン・ローレンスが主演しカルト的な人気を集めたホームコメディ――への愛で意気投合した。このドラマは低予算で最上のブラック・アートを作り、人々を魅了していたのだ。やがてフリーとケンドリックは、創造的なデュオとして、同じエネルギーを映像制作にも注ぎ込むことになった。彼らはリトル・ホーミーズと名乗り、ビデオに大金を費やす代わりに（少なくとも最初は）、黒人コミュニティにより深いインパクトを与えた広大な景観や深遠なイメージを撮影した。しかし二〇〇三年当時、彼らは音楽で成功したくて仕方なくて――ケンドリックの自白によれば、おそらく熱心すぎた――さらにはコンプトンでの危険な暮らしから脱出するために、『Hub City Threat』をレコーディングした。まだ若いのにもかかわらず、ケンドリックにはジェイ・Z並みの高度な技術と、失うものなど何もない男のような労働論理を持っていた。彼はひたすら自分の技巧《クラフト》を研究し、考え、それと一体となった。

コンプトンから一五キロほど離れたカリフォルニア州カーソンに、アンソニー・〝トップ・ドッグ〟・ティフィスという名の男がいた。彼は、亡くなった住民の名前を刻んだ壁で有名なワッツの悪名高い（低所得者向けの）公営住宅、ニッカーソン・ガーデンズの出身だった。若い頃ハスラーとして過ごしたティフィスは、背が高くストイックで威圧的な男だった。しかし一九九七年頃には、そうしたライフスタイルに嫌気がさし始め、もっと真っ当なことをしたいと思うようになっていた。それに、ストリートは少し激しくなりすぎてもいた。おじのマイク・コンセプシオンが音楽で成功する姿を見ると、自分もやってみようと決めたという。一九九〇年、コンセプシオンは、「We're All in the Same Gang」という曲で、アイス・T、ドクター・ドレー、MCレン、イージー・E、MCハマーなどのラッパーをフィーチャし、反暴力のメッセージを打ち出した。コンセプシオンは、サウス・セントラルのクリップスに所属するオリジナルメンバーだったが、一九八〇年代に足を洗うと、ウェストコーストの最も注目すべき音楽を裏で支える存在になった。「俺がここまで成功できたのは、ほとんどのことをマイクおじさんに助けてもらったからなんだ。彼が音楽ビジネスをする姿を見て、これで脱出できると思ったんだ」[*12]とティフィスはかつて『ヴァイブ』誌に語っている。「ストリートにいる彼を見て、俺もそれをやろうと思ったんだ……彼がやることには何だって奮い立たされたよ。あらゆることを教えてくれたんだ」。コンセプシオンはティフィスに、ひっそり行動することの大切さを教えた。派手に騒ぎ立てるより静かに動くことこそ真の力だからだ。ティフィスはかつて「彼はいつだって『控えめになれ。うるさくすんじゃねえぞ、いいか』って感じだった」[*13]と『ビルボード』誌に語っている。そうしてティフィスは自らを律し、その人望が高まった後も業界内では謎の人物であり続けた。そのため、彼はもうひとりのストイックなレーベルオーナー、

18 『俺はピアノみたいにキー（カギ／鍵盤）を送る』：おそらく二〇〇九年のミックステープ『C4』収録の "Welcome to C4" のラインと思われる。実際は、"I hit the dealership, and tell them hand me keys, like a grand pianist"（車の販売店に行ってキー［カギ／鍵盤］を渡してくれ［hand me］と伝える、グランドピアノ奏者みたいに）。

デス・ロウ・レコーズの最高経営責任者、マリオン・〝シュグ〟・ナイト・ジュニアと、不当にも比較されたこともあった。しかし、シュグが短気で気まぐれなリーダーとして名声を得たのに対し、ティフィスは裏方を演じ、彼が抱えるアーティストを主役にしたのだった。

ティフィスは、カーソンにある自宅の裏にスタジオのスペースを建設すると、有名なラッパーを呼び込むために、高性能のレコーディング機材を設置した。また、すぐに実現はしないとしても、そのスタジオを才能ある新進アーティストの拠点にしようと考えた。しかし、ストリートはいまだにティフィスを引きずり込もうとしていたため[*14]、設備を備えつけてから間もなく、そのスペースを放棄することになった。「活動は休止さ」とティフィスの従兄弟であるテラス・〝パンチ〟・ヘンダーソン・ジュニアは、二〇一二年に『XXL』誌に語った。「トップ・ドッグはトップ・ドッグのやりたいようにやっていたのさ」。

その後、ティフィスは自身の名を冠してトップ・ドッグ・エンターテイメントを設立、音楽に専念するようになるとすぐに、ウェストコーストの強力なレーベル、デス・ロウ・レコーズの専属ビートメイカーとして名声を築いたデメトリウス・シップ・ジュニアは、後に伝記映画でトゥパック・シャクール役を演じている息子、デメトリウス・シップ・ジュニアは、後に伝記映画でトゥパック・シャクール役を演じているが、つまりは業界に広くコネクションを持つ人間だ。彼のおかげで、ティフィスの活動は認知され、間もなくしてザ・ゲーム[19]やジュヴィナイル（ニューオーリンズのヒップホップを全国区にしたサザンラップのレジェンド）のようなラッパーが、この新興スタジオに訪れた。「ゲームがすごく有名になる前に立ち寄ったんだ」とティフィスは『XXL』誌に語った。「ジュヴィナイルが立ち寄って、他にも何人かのラッパーが立ち寄った。俺たちは、彼らにトラックを売りつけようとしていたんだ」。

ティフィスは皆と同じように成功を目指していたが、その仕事ぶりによってアンダーグラウンド・シーンですぐに頭角を現した。彼は、聴いてくれる人なら誰にでもレーベルの音楽を届けたかったし、ハスラーとしての経験があったからこそ、この業界における浮き沈みにも不屈の精神で立ち向かうことができた。そして、デイヴ・フリーも同様に粘り強かった。彼は、トップ・ドッグ・エンターテイメントには、発展し得る会社を構築して維持しようと真剣に取り組む男がいることを知った。ティフィスにはコネクションと共に勝ちたいという意思の力があり、フリーは何としてでもケンドリックの音楽をティフィスに聴かせなければならなかった。

ある日、コンピューター技術者として働いていたフリーは、ティフィスからコンピューターを直して欲しいという連絡を受けた。到着して数分後、フリーはこの重要人物のマシーンを復旧できないことに気づいたが、この機会をみすみす無駄にしたくなかった。こんな機会は二度と訪れない。フリーは仕事をしながら、というより仕事をしているように見せかけながら、ティフィスに聴こえるような大音量でケンドリックの音楽をかけると、仕事が終わる頃までには――フリーがその機器を修理できないと認めたときに――ティフィスはもっと聞きたいと思うようになっていた。ただし

19　ザ・ゲーム：コンプトン出身のラッパー、俳優。暴力や貧困にあえぐ幼少期を過ごし、ドラック取引に失敗したことから真剣にラップの道を目指す。辛辣で大胆なフリースタイルがドクター・ドレーの耳に入り、アフターマスと契約を交わすも、なかなかアルバムリリースにこぎつけずにいたが、50セント（後にビーフに至る）の後押しでデビュー作『The Documentary』リリースに至り、大ヒット。引退をほのめかしたこともあったが、精力的にアルバム、ミックステープを発表し続けている。元ブラッズのメンバー。駆け出しだったケンドリックが憧れていた地元のスターでもあった。

次回は、ライブ環境で、直接そのラッパーの小節《バー》を評価するという。ケンドリックはティフィスのためにフリースタイルを披露して、その場で彼をあっと言わせなければならなかった。

これこそケンドリックが待ち望んでいた挑戦であり、最初の晴れ舞台だった。ケンドリックはいったんヴォーカルブースに入ると、永遠のように感じられる時の中で、断続的にフリースタイルを披露した――「トップは言ったんだ、『これが本当にお前かどうか見せてもらおうか』ってね。それから俺は二時間、頭に浮かんだことをひたすらフリースタイルでラップして、汗水垂らしてがんばったんだ」。ティフィスはケンドリックの能力に心底感服した。わずか一六歳という年齢で、まだ曲の書き方すら具体的に知らないのに、ラッパーとして十分に成長していたからだ。ティフィスは以前『ヴァイブ』誌にこう語っている。「俺は彼をブースに入れて、倍速のビートをかけたんだ。動揺させようと思ってね。そしたら彼はとんでもないフリースタイルを始めてさ！　俺は全然気にしてないって風を装ったんだけど、それに気付いた彼は更にラップのスピードを上げたんだ。俺は『畜生、お前はモンスターだぜ』って感じで顔を上げたよ。翌日には契約書を用意したんだ」。しかし、中にはケンドリックがティフィスと契約を結んだことに驚いた人たちがいた。ケンドリックはコンプトンの西側で育ち[*15]、地元のパイルースはティフィスが所属していたバウンティ・ハンター・ブラッズとビーフを抱えていた。「ワッツ出身でバウンティ・ハンターにも所属していたヤツと契約したケンドリックに、みんな『お前、何やってんだよ？』って目で見ていたな」とマット・ジーズィは言う。「彼らは間違った視点から見ていたんだ」。

二〇〇四年の時点で、ウェストコースト・ラップにはかつてのような真のキングがいなかった。アイス・キューブは俳優業にフォーカスしていた。ドクター・ドレーは音楽をリリースすることより、彼のレコード・レーベル、アフターマス・エンターテイメントを経営することにより大きな関心があった。スヌープ・ドッグはいまだ健在だったが[*16]、ヒップホップよりポン引《ピンプ》きの暮らしに気を取られていた。二〇〇六年の『ローリング・ストーン』誌の記事の中で、彼は、デトロイトのプレイヤーズ・ボールで何人かのポン引《ピンプ》きたちに、「妻のいる家に帰れ」と諭されるまでは、彼の結婚生活はほぼ終わりかけていたことを語っている。実力者たちは、ラップ以外のことに気を取られていたため、地域のトップを競い合う若き才能たちに門戸は開放されていたのだ。ウェストコースト・ラップの中心地は北へ――ロサンゼルスから、ベイエリアのサンフランシスコやオークランドへ――と移動していた。そこではハイフィー、あるいは〝クランク〟・ムーブメントが真っ盛りだった。ヒップホップのトレンドは、ファンクや、激しいダンスを目的にひたすらピッチを速めた〝クランク・ミュージック〟など、ダンス志向の楽曲に重心が移っていた。ウェストコースト・ヒップホップは――当時のヒップホップ・シーン全体としてもそうだが――より大きく、よりうるさく、より大胆不敵なものになっていた。ハイフィーは、ヴァレーホ市のラッパー、マック・ドレーやキーク・ダ・スニークといったベイエリアの先駆者たちの活躍を通して、カリフォルニアを代表するサウンドになった。それはきらびやかでユーモアがあり、ボースティングに溢れたヒップホップのサブジャンルの一つに過ぎないものの、ゆったりとした攻撃性のあるLAギャンスタ・ラップは、ウェストコーストでは一九九〇年代以来初めて、二番手に甘んじることになった。業界は、カリフォルニアのヒップホップを有名にした、人の心をわしづかみにする社会的な主張や強気なリリシズムには興味がないようだった。それでもケンドリックのようなラッパーたちが、過去の栄光を守ろうとする勢いは止まらなかった。

ジェイシオン・テイラーという名のコンプトン生まれのリリシスト――ザ・ゲームとして知られるクリエイター――は、ＬＡラップに新たな光をもたらした救世主として、頭角を現していた。彼はルーツに立ち返ったラッパーと見なされ、その登場は八〇年代から九〇年代のＬＡラップにあった冷静沈着なイメージや、断固として威力を誇示する態度を思い起こさせた。彼はまた、ロサンゼルスでごく少数のラッパーしか受け取ることがないもの――とらえどころのないドクター・ドレーからのフックアップがあった。二〇〇〇年代初めまでに、ドレーは伝説上の人物になっていた。彼の祝福を受けることは、神の右手に触れられたようなものだった。彼の耳は黄金の耳だった。九〇年代初頭、ドレーはまだ実績のない痩せたロングビーチの若者《キッド》を、いくつかの楽曲――脅迫的な「Deep Cover」、「Fuck wit Dre Day (And Everybody's Celebratin')」、そしてシルクのように滑らかな「Nuthin' but a 'G' Thang」など――でラップさせていた。その名はスヌープ・ドギー・ドッグといった。その後九〇年代後半に、ドレーは、舌を噛むほどの高速なフロウを好み、突飛なイメージを持つ才能あふれる白人リリシストとして、アンダーグラウンド界隈で話題を呼んでいた無名のラッパーと契約を結んでいた。その名はエミネムといった。二〇〇五年に、ザ・ゲームはデビュー・アルバム『The Documentary』をリリースし、その商業的な成功はＬＡのギャンスタ・ラップに新たな注目をもたらした。栄光の日々が戻り、彼がビッグな成功を収めることで、今後、志を同じくするラッパーたちが入れるように門戸を開いてくれるような期待感があった。

　ザ・ゲームは、ＬＡリリシストの若い世代にとって指導者としての役目を果たし、しばらくの間、彼はこの都市で中心となって、ケンドリックやニプシー・ハッスル[20]のようなＭＣの面倒を見ていた。ザ・ゲームは、彼の前の世代の地元の英雄たちがそうしてきたように、そしてケンドリックやニプシーがまさにその後数年後にやったように、次世代を支えた。ザ・ゲームは、いつまでも変わらない成功の基盤を築くためには一生懸命努力する必要があると信じ、しのぎを削っていた。同様に、インターネットの噂やつかの間の名声には動じないケンドリックは、永遠なるキングの座に就くことを望んでいた。そしてそれを実現する唯一の方法は、自身のライムを驚くほどシャープにすることだった。彼はまた、今までの音楽業界で通用していた古い成功方法を捨て去ることができる、〝新たなサウンドクラウド時代〟のヒップホップからも恩恵を受けていた。インターネットは巨大な中和剤として機能していたため、Ｗｉ－Ｆｉさえあれば誰でも自分の音楽をサウンドクラウドという人気を集めていたストリーミングサービスにアップロードし、即座にスターの座を手に入れることができた。インターネットは、レコード・レーベルがフィルターをかけたり、流行の仕掛け人が最初にフックアップしなくとも、ファンに迅速なアクセスを提供した。ケンドリックは目立ちたいとは思わなかったし、その考えは彼のキャリアを決定づけることになった。

ケンドリックの存在は、ＬＡ以外の場所に住む僕たちと同じ時期に、ＬＡラップシーンの観察者たちにも紹介された。人びとがこの謎めいた若者《キッド》のサウンドの核心をとらえるのは難しかったが、

20
ニプシー・ハッスル：LA近郊サウス・セントラル出身のラッパー、活動家、起業家。二〇〇〇年代半ばにミックステープ（通常は無料リリース）が話題になり始め、読書家でも知られるニプシーはあるマーケティング戦略の本に触発され、二〇一三年に『Crenshaw』を一枚一〇〇ドル（約一万五〇〇〇円）で販売、スマートなビジネス手腕も見せつけた。数々のミックステープをリリース後、二〇一八年リリースの公式デビューアルバム『Victory Lap』はグラミー賞で最優秀ラップ・アルバムにノミネートされた。コミュニティへの還元に尽力したことでも知られるが、二〇一九年に銃弾に倒れ、他界。

驚くほど耳に心地よいものではあった。しかしその美学は、ケンドリックにとって諸刃の剣だった。確かに彼はライムがうまかったが、彼は一体何者なのだろうか？　どれが本当のケンドリックなのだろうか？　彼にはひと際目立つようなブレイクはなかったのだ。むしろ彼は、コミュニティの口コミを通じてゆっくりと評価を高め、崇拝されるヒーローになったのだった。いやむしろ、その方がよかったのだ。ケンドリックはこのアプローチによって、彼を最もよく知っている人たち、彼をケニーとポーラの息子、地元出身の静かで意欲ある少年として見ていた地元の人たちの前で、創造的な自由を手に入れた。つまり、ありのままで成長したということだ。さらに、彼らはケンドリックにとって最善なことだけを求め、彼が将来、名声や富を手に入れるかどうかに関係なく、この青年の味方に付いたのだ——ほとんどの場合は。つまり、コンプトンはギャンスタ・ラップの支配下にあったため、このMCはこの街で生まれた音楽的な血筋に尊敬の念を抱いていないと非難する者もいた。人びとがこの地域から愛を手に入れるためには、ほぼギャングバンガーでなければならなかったが、ケンドリックはそのライフスタイルに身を投じる直前で止めていた。

ケンドリックは実のところ、ティフィスがレーベル契約を結んだふたり目のミュージシャンだった。二〇〇五年、ティフィスは地元のアーティストとのレコーディングが評判を呼んでいた、同じニッカーソン・ガーデンズ出身ラッパー、ジェイ・ロックと契約を結んでいた。ティフィスはジェイ・ロックの音楽を聴き、彼をスタジオに招待するために、文字どおり車を乗り回してこの新進リリシストを探した。「ヤツを追い回していると、俺が何かくだらないことで懲らしめてやろうとしてると思って、隠れるんだよ」[*17]とティフィスは二〇一七年に『ビルボード』誌に語った。「俺は散髪中のヤツをやっとつかまえた。『おい、お前ラップすんだろ。俺はこいつで一旗揚げようとしてるんだ。行くぞ』」。ジェイはセンテニアル高校に通っていた友達を介してケンドリックのことを知っていて、ケンドリックのところで時間を過ごすためによく学校をサボっていたときに、この契約に足を踏み入れた。しかし、ケンドリックとジェイの地元の間にはビーフがあり、お互いにどう対応していいか分からなかったため、最初の頃のふたりには若干の緊張感があった。「俺はビッグホーミー（O.G.／オリジナル・ギャングスタ）だから、お前たちはフッド間のギャップを埋められるんだ。今や世界に向かって話し掛けることができるんだからな。いくらかカネを稼いで、ギャングバンギンのあらゆるたわ言を変えることができるんだ」とかつてティフィスは言った。ふたりの間の冷たい雰囲気は程なくして溶け、すぐに彼らはティフィスのスタジオで何時間も時間を費やすようになり、後に「ハウス・オブ・ペイン」[21]というニックネームを付けて、この小さく控えめなスペースでお互いの小節《バー》を試し合った。ジェイはよく、初めてこのコンプトン出身の桁外れの才能を垣間見たときの、創造的なやり取りについて話している。「俺は紙にラインを書いていたんだけど、二〜三行書くのにクソ三〇、四〇分近くはかかったんだ」と彼は思い起こした。「それなのにケンドリックときたら、ブースに五分入るだけで、リリックの中に俺の名前やら何やらを入れちまうんだ……俺は、『ちっくしょう、書いてきてもないのにそこに入るだけでどうやってリリックが出来上がるんだ?』って感じさ。そのとき以来、彼は特別だって分かったよ」。

その年、ケンドリックはK・ドット名義で『Training Day』というタイトルの二枚目のミックステープをリリースし、その頃には、より多くの実体験を曲に生かせるようになっていた。その小節《バー》

21 ハウス・オブ・ペイン：「痛みの家、痛みの中で成長する家」を意味するティフィスのスタジオのニックネーム。

はそれほど作為的ではなく、彼の個性が現れ始めていた。彼はティフィスのスタジオで本領を発揮した。そこはケンドリックとジェイ・ロックが腕を磨く実験場であり、外の世界で起こっていた現実から逃れることのできる避難所となった。二〇〇五年だけでも[*18]、コンプトンでは七二人が殺害され、この街の過去一〇年間で最悪の死者数を記録した。報道によれば、ひとりの住人が自宅で撲殺され、ある女性——妊娠八カ月だった——が撃ち殺された。しかもそれらは軽度な事件にすぎなかった。保安官事務所のギャング関連の担当者は、その年の大半を通してコンプトンで二八二件の銃撃や殺人未遂があったと報告し、多くの人たちは、市や郡の指導者はコンプトンで起こっていることに無関心だと信じるようになった。まさにN.W.Aのおかげで、コンプトンで起きていた社会悪が世間の注目を浴びたにもかかわらず、人びとは、政府は単にこの街の黒人やラティーノの命など気に掛けていないと認識するようになった。若い黒人男性は異常な早さで死亡するか、刑務所に入っていた。ケンドリックとジェイはティフィスのところまでたどり着くことさえできれば、ワッツやコンプトンの不安定な暮らしを活かして、この先何年も来るべき世代に影響を与えられる美しいアートを創り上げることができた。ケンドリックにとってそれはインジ先生の教えに立ち返ることだった——心の痛みを詩に込めなさい。そのストレスを紙に向けるのです。

　ケンドリックは完全に無料で利用できるその拠点で、自身が抱える不安に向きあう時間を確保し、結果的に彼とジェイ・ロックは様々な発想を言葉にすることができた。他のスタジオ所有者は、利用者に法外な金額を課していたが、ティフィスは、他のアーティストが立ち寄るからといって、時間内に終わらせるように急がせたりはしなかった。アーティストたちはアイディアを温める時間があったからこそ、より良いものが出来上がった。こうした静かな時間の中で、ティフィスはアーティストたちと誠実な関係を築いていた。それはビジネス上の関係というよりは、家族のようだった。トップ・ドッグは愛のむち、公平さ、揺るぎないリスペクトを通して、このスタジオに一帝国の種を蒔いたのだった。

期を同じくして、ティフィスはもうひとりの前途有望な人物、サウンウェイヴという名でビートを作っていたコンプトン高校を卒業したばかりのプロデューサー、マーク・スピアーズにスタジオの扉を開いた。彼は、長年家族の友人だったパンチ・ヘンダーソンによって迎え入れられた。パンチはサウンウェイヴの兄と裏庭でよくバスケをしていたが、試合の合間に、当時一三歳だったサウンウェイヴが自分の部屋でソニー・プレイステーションのMTVミュージック・ジェネレイターを使ってビートを作っているのを耳にした。「彼は、『おい、お前ビート作るのか？ 俺の従兄弟はトップ・ドッグなんだよ』って感じだった」[*19]とスピアーズは、二〇一九年に行われたレッド・ブル・ミュージック・アカデミーの講座中に思い返している。「俺はそのとき、トップが誰か知らなかったんだ」。スピアーズはティフィスのスタジオに行っていくつかの楽器を演奏したが、本人の告白によれば、その中のいくつかは〝ゴミ〟だった。「彼は言ったんだ、『これじゃダメだ。でもパンチがお前を推薦してるからチャンスをやるよ。このアカペラを使って、何ができるかやってみろ』ってね。それを挑戦と受け取ったよ。俺はじっくり時間をかけて仕上げて、翌日それを彼のところに持ち帰ったんだ。すると彼は、『おい、元のやつよりはいいな。お前と付き合うことにするよ』って感じだった。それが二〇〇五年頃のことで、それ以来ずっと続いているのさ」。

サウンウェイヴは、その前年にカリフォルニア州ガーデナのスタジオで行われたタレントショウで、ケンドリックと出会った。このプロデューサーは、自身のビートのひとつを頭出しするように頼まれ、アーロンというグループの古いソウル・トラックのリメイクを流した。するとケンドリックはそのビートにとても感動し、レコーディング・ブースに入って二分間ぶっ通しでラップを始めた――彼が既に書いたライムがミックスされたフリースタイルだった。「彼は俺が今まで見た中で、最もハングリーな人だった」とサウンウェイヴはかつて『ローリング・ストーン』誌に語っている。「俺はビートを止めて彼の名前を聞かずにはいられなかったよ」。「K・ドットだ」とその若いラッパーは返した。一年後、サウンウェイヴが見覚えのある顔に再会したのは、ティフィスのスタジオにいるときだった。ケンドリックがソファーに座って、TDEのオーディションを待っていたのだ。ふたりは、ガーデナのスタジオで運命的な出会いをして以来、お互いのことを探していた。その後ケンドリックはTDEでチャンスをつかんだが、ティフィスが彼を耳に留めたのは、サウンウェイヴのおかげでもあった――「俺は彼を見て言ったよ、『こいつとは一年前に出会ったんだ、この男を絶対に逃しちゃダメだ、これはまさに運命だよ。俺たちは彼をキープしなくちゃだめだ、何が何でも彼と契約を結ばなくちゃだめだよ』ってね」。

ティフィスのスタジオはすぐに、キャリアに活を入れようとする他の若者たちにとっての聖域になった。二〇〇六年に、テラス・マーティンという名の男がこのスタジオを訪れるようになった。彼はロック高校で偉大なるレジー・アンドリュースからジャズを学んだ、自力でビートを作る並外れた才能の持ち主だった。マーティンが二〇〇六年にTDEと仕事を始める頃までには（彼はそこで契約を結ばなかったが）、ジャズ、ソウル、ヒップホップのプロデューサーであり、マルチ・プレイヤーになっていた。彼がティフィスの家の中を通って奥の部屋に行くと、ジェイ・ロックとケンドリックがスタジオのブースでラップしている声が聴こえてきたことを覚えている。「楽しかったね、毎日が創造性に溢れる共同体だったよ」とマーティンは思い起こす。「それは仕事でもあった。謙虚さを確かめる究極のテストだよ。だって音楽そのものが究極のエゴなんだから」。彼はティフィスからの電話についても覚えている。「もしトップから電話がかかってきたら、それは深刻だ。彼に締め切りを告げられたら、それは本気の締め切りなんだ。そしてその締め切りは、二時間後かもしれない。でも必ず完成させないといけないんだ。ＴＤＥからは、常に不測の事態を予測することを学んだよ」。

その同じ年に、アブ・ソウルという名義でラップしていた二〇歳のカーソン出身者が、この名高いスタジオを訪れた。二年前、彼はストリート・ビート・エンターテイメントという地元の小さなレーベルと契約していたが、それが実を結ぶことはなかった。契約の期限が切れるとすぐに、アブはいとこを通して知り合ったサウンウェイヴの強い要請でＴＤＥに移籍した。二〇一二年の『コンプレックス』誌でのインタビューで、アブはなぜＴＤＥにそこまで惹かれたかを思い起こしている――「彼らは契約書の話をしながら飛び掛かってはこなかった……俺たちはただ、マジでチームを築こうとしていて、新しいサウンドを作り出そうとしていたんだ[*20]」。そしてアブがＴＤＥに加入したとき、たとえ自分が最高のラッパーだと思っていたとしても、すぐにそれは間違いだと悟った。アブは二度目にスタジオを訪れたときにジェイ・ロックとケンドリックに出会い、そこでＴＤＥのメンバーが共同ミックステープ『No Sleep Til NYC』の制作に取り組んでいるのを目にした。「俺はすぐに参加したよ。それ以来俺たちはずっと一緒のチームなんだ」。

ガーデナ在住のデレック・アリは、高校時代はフットボールの全米代表選手であり、コンピュータを分解しては動作を確認するような男だった。この一七歳は、彼の高校でジェイ・ロックのＣＤ

を配っていたデイヴ・フリーから、ティフィスの共同体の存在を知った。アリが音楽ビジネスに参入したいとフリーに伝えると、フリーはアリにもっとよく学んでもらうようティフィスのスタジオに招待した。彼は一度訪ねると、二度とそこから去ることはなかった。しかしその当時、アリにはエンジニアの技術はなかった。彼はカスタム着信音を作るために友達のラップを録音する方法だけは知っていたが、本格的なヒップホップ・アルバムのサウンドはどのように録音したら良いのかまでは知らなかった。それに、アリには自己変革が必要だった。彼は祖母の家から追い出されたばかりで、何か将来性のあるものに加わる必要があった。「俺、うまくいってなかったんだよ」とアリは思い起こす。「俺は一七歳で未熟、まだ経験不足だった」。しかし彼はティフィス、サウンウェイヴ、フリー、ジェイ・ロック、ケンドリックと一緒に働くことで、自分に自信を持てるようになった。それは彼の背筋を伸ばすことにつながった。愚かな行為はTDEでは許されなかったからだ。「ティフィスの家にはくだらないことを持ち込むのは避けた方がいい」とアリは断言する。「彼は俺たちにチャンスを与えてくれたから、俺たちは彼をリスペクトしていた。俺たちはみんな、ホームと呼べるようなどこか別の場所を見つけようとストリートから逃れて、彼は俺たちにそれを授けてくれた。トップがいなかったら、俺たちは繋がることはできなかった。そこは俺たちみんながそれぞれのキャリアをスタートできる場所で、実際に起こったマジな共同体だったんだ」。

TDEに加わる以前、アリにはスクールボーイ・Qという名義でラップをスピットするクインシー・ハンリーという名の友達がいた。彼は、52フーヴァー・クリップスのメンバーで一二歳の頃からデビュー・アルバム『Setbacks』をリリースする数カ月前までギャングバンギンをしていた。Qは一六歳のときに初めてヴァースを書いたが、その後五年間は技巧《クラフト》に真剣に向きあうことはなかった。二〇〇六年頃、Qはアリに誘われTDEのスタジオに立ち寄った。「中に入ったらビートが流れていた。アリがみんなに、俺がラップすることを伝えたんだ」[*21]と彼は『コンプレックス』誌のインタビューの中で思い起こしている。「パンチが俺に、ビートに飛び乗れと言ったんだ。それはジェイ・ロックとアブ・ソウルが書いていたレコードだったから、俺はそこに書き足した。パンチはそいつを気に入って、俺に戻って来いと言ってくれた。俺は何度も通ううちにどんどんよくなっていって、最終的にTDEは俺と契約してくれたのさ」。

中心人物が揃ったことで、ティフィスは王朝を創り上げる手段を手に入れた。彼らはいくつかの苦難を耐え抜かねばならなかったが、それが彼らが男として成長する、そしてTDEがユニットとしてより強くなれる真の方法だった。これはブートキャンプ[22]であり、業界制覇が究極の目標だった。彼らはこの小さなスタジオに集まり、自分たちの音楽をよいものにするために休みなく働いた。スタジオの外の壁には、真面目な——けれども笑いを誘う——規則のリストがあった。

・お前がホーミーじゃないんなら、インスタグラムに写真を投稿すんじゃねぇ、このいけ好かねぇ最低野郎《マザファカ》が。てめぇのツイッターで俺か他のホーミーのクソ気味悪い写真を見つけたくねぇからな。スタジオではツイッターもインスタグラムも禁止だ！　底辺から這い上がって金持ちになった大勢のヤツらの周りにいたことがあるかのように振る舞え！

22 ブートキャンプ：米海軍の新兵、沿岸警備隊の新入隊員を対象にした訓練プログラム。転じて、軍隊式トレーニング全般、短期集中トレーニング講座という意味でも使われる。

・もしもホーミーがお前に出会ったばかりで、てめぇの女々しさを嘲ってやると決めたら、座って受け入れろ。創造力を生み出す一環だ。
・Qのウィードには、触るな、頼むな、手を出すな、彼がお前に回してもいいと思うほどクールじゃない限りはな。俺たちここじゃ、マイ・ウィード《スターソナル》[23]しか吸わねぇんだよ、分かったか。
・黙ってホーミーのために見栄え悪くしてろ。
・これらの規則を覚えとけよ。あわよくば食事にありつけるかもしれないぜ！[*22]

お分かりのように、TDEチームは常にポーカーフェイスを決めていたわけではなかった。お互いをからかい合い、彼らの創造的なスペースを邪魔するよそ者を冷やかすのが好きだった。ケンドリックには素晴らしいユーモアのセンスがあったが、それを知るには彼と仲が良くなければならなかった。あらゆる内向的な人がそうであるように、このミュージシャンはその人柄を誰にでも見せるわけではなかった。いや、もしも彼が古いマイスペース[24]の写真を再現するとして、自分の写真をそこに重ね合わせて欲しかったら、彼と親しくなる必要があった。そして数年後、ツイッターが世界最大のソーシャル・メディアになったときに、パンチはケンドリックにそのユーモアを見せつけるよう懇願した——しかし答えはノーだった。二〇一三年までには、ティフィスは他に二人の最高のタレント——アイザイア・ラシャドという名のテネシー州生まれのラッパーと、通称SZA《シザ》と呼ばれているソラナ・ロウという名のニュージャージー州育ちのシンガー——をTDEに連れて来た。ほどなくして、TDEは音楽で最も尊敬されるクルーになるのだった。

ティフィスのメンタリティは、友人の多くが死ぬか長い間刑務所に入っていたときに、LAでギヤング活動をしながら大人になった彼自身の経験に培われていた。しかし彼は、ＴＤＥのメンバーのためには少し違ったビジョンを思い描いていた。「俺にはやりたいことは何でもできるカネがあったが、ただ彼らにカネを渡したってまったく感謝しないだろう」とティフィスはかつて『ビルボード』誌に語った。「彼らはマクドナルドに殺到してダラーメニュー[25]を見るか、ルイジアナ・フライド・チキンでリヴァーボート・スペシャル（フライド・チキンとサイドメニューのセット）を買うに違いない。でも俺は彼らに、家族の生活とはどういうものかを見せてやったんだ。俺の家族もこの家に住んでいるからな」。このラッパーたちは、脂ぎったチキン、ビスケット、コールスロウを食べて生き延びたが、もし彼らが約束の地に辿り着きたいなら、苦悩に浸る必要があった。彼らが後に手に入れることになる賞を心から尊重するためには、そうした苦痛を楽しまなければならなかった。音楽で帝国を築いた他の者たち——ビートルズ、モータウン、ドクター・ドレー——と同様に、この男たちはスタジオに閉じこもり、ひとつのジャンルにとらわれることのない、独特のサウンドを開拓した。もちろん、それはラップに根差してはいたが、ＴＤＥはアーティストとして、黒人男性として、既成概念に封じ込められたくはなかった。「俺たちはこれらの要素すべてを与えたんだ」

23 スターソナル：特定の個人が所有する乾燥、熟成させた一グラムのマリファナ。自分のクサ。

24 マイスペース：二〇〇〇年代に人気を呼んだSNS。各自のトップページに「フレンド・スペース」というセクションがあり、数多く繋がっている友達の中でも、オーナーがトップ数名のサムネイル写真を選んで表示することができたため、そこに表示されることがステータスとなるような風潮があった。

25 ダラーメニュー：一ドル（約一〇五円）で買えるバーガーやドリンクの安いメニュー。

とサウンウェイヴは言う。「だから今日に至るまで、ケンドリックはやりたいことはマジで何だってできる。戦略的な動きももちろんだけど、俺たちにはあのちっちゃな部屋の中に絶えず一緒にいたことで培ったブラザーフッドがあるからね」。これはＴＤＥが今日のように偉大になるずっと前のことであり、ブラック・ミュージックのファン、そして世界中のファンがこのチームの一挙一動に注意を払う前のことだった。ハウス・オブ・ペインには、より良い日々と明るい未来への希望があった――ケンドリックのためだけではなく、ＴＤＥのみんなのために。

3　ケンドリック・ラマーの誕生

二〇〇七年、ジェイ・ロックは、ワーナー・ミュージック・グループの子会社、アサイラム・レコーズと契約を結び、TDEで最初にレーベルと契約を結んだアーティストとなった。*1 当時そのレーベルには、アトランタを拠点とするグッチ・メインやOJ・ダ・ジュースマンなど、一握りの評判のいいラッパーが所属していた。一方、ジェイ・ロックは根っからのウェストコーストのギャンスタ・ラッパーだ。サザン・ヒップホップが流行していた当時、レーベル幹部が求める人物像とは一致していなかった。ここでリッチー・アボット――地元ロサンゼルスから生まれた音楽を長年リリースしてきたワーナー・グループの幹部――に登場してもらおう。彼はジェイ・ロックを南カリフォルニアから出現した次のビッグスターとして後押ししようとしていた。このワッツのMCは、評判を呼んだミックステープをリリースしながら、他の著名なラッパーと仕事をし始めていた。アボットは、ジェイ、ティフィス、パンチ、ケンドリック、Q、アブ・ソウルが、毎週三日間、彼の事務所で仕事をし、彼の事務所をほぼ私有化して、TDEのビジネス拠点にしていたことを覚えている。ケンドリックは事務所では滅多に喋らず、彼の音楽をアボットに聞かせるときにだけ、時折笑顔を見せることがあるぐらいだった。「彼は俺の反応を見るのが大好きだったよ」とこの幹部は思い返す。

二〇〇八年、ジェイは初の商業的なシングルとして、人気の絶頂期にあったラッパー、リル・ウェインをフィーチャーした自伝的な「All My Life (In the Ghetto)」をリリースした。このトラックはラジオやTVで流れ、ジェイ・ロックはTDEで初めてスターとしてブレイクしようとしていた。しかし、ジェイに近い人物によれば、ワーナーは彼を後押しすることにまったく興味がなかったという。流行を作り出すヒップホップ雑誌『XXL』誌は、彼を二〇一〇年の「フレッシュマン」号の表紙に飾り、注目すべきアーティストとして紹介したにもかかわらず、ワーナーは彼に写真撮影をするためにニューヨークへ行く飛行機代さえ支払わなかった。その後、ワーナーはジェイの宣伝費用を削り、それを明らかにOJ・ダ・ジュースマンに割り当てた。「トップは怒ったよね」とアボットは思い返す。「これはチャンスだった。彼らの時代が来るはずだったんだ。でもワーナーはOJを写真撮影のために飛ばせても、ジェイ・ロックを飛ばせようとはしなかった。その時思ったね、『あぁ、これでお終いだ』って」。ジェイ・ロックは勢いを止められ、ブレイクするはずだったデビュー・アルバム『Follow Me Home』をリリースする計画も頓挫した。失望したアボットは、彼とジェイ・ロックをワーナー・グループから遠ざけるために、水面下で行動を起こし始めた。

アボットは、テック・ナインという名のハードコアラッパーが共同設立した、ミズーリ州カンザスシティから生まれたストレンジ・ミュージックと呼ばれるレコードレーベルと仕事をし始めていた。テックはやり手で、ステージ上では誰にも遠慮せず、この地球上で最もいかしたMCのひとりであることを幾度となく証明した、人当たりのいい男だった。アボットはジェイ・ロックの音楽を彼のところに持っていった。方向性としてはベストな組み合わせではないように思えたものの、その当時はストレンジ・ミュージックとの契約が最も道理にかなっていた。ストレンジ・ミュージックのファン層は、ジェイ・ロックがそれまで繋がったことのない、主にハードロック好きな白人の若者《キッズ》たちから構成されていたからだ。しかしテックのファンは狂信的で、ジェイの音楽に完全に惚れ込んだ。アボット曰く、「彼にとって核となる観客ではなかったが、彼らは誰をステージに上げても、最低じゃない限りは熱狂するんだ」。二〇一〇年の秋には、ストレンジ・ミュージックが主催する全国規模のインデペンデント・グラインド・ツアーでカルト的な人気を集めるこのMCの前座を務め、レーベルのラッパーであるクリス・カリコ、カット・カルフーン、ビッグ・スクーブ、そしてオークランドの重鎮E－40と同じステージを飾った。

ジェイ・ロックの従兄弟で宣伝マンのMJは、ツアーでネヴァダ州リノを訪れていた。ショウが終るとMJは恋人に電話するために、ツアーバスを離れた。するとそこにコンサートに参加もしていない男たちが、赤いシャツ――ブラッズが着るのと同じ色――を着ているMJを目にし、この出演者と問題を起こしてやろうと決めた。銃声がとどろき、MJに命中した。数日後、テックとMJは電話で、MJがあの夜死なずに済んだことを祝い、退院してツアーに再び加わったあかつきには、お祝いしないとな、と話していた。しかしMJは生きて病院を去ることはなく、血栓が原因で死亡した。「嫌な一日だった、本当に嫌な一日だったよ」とテック・ナインは思い返す。ジェイ・ロックは従兄弟を失っただけでなく、ツアーの宣伝マンを失ってしまったのだ。

しかしジェイには解決策があった。「彼は言ったんだ、『俺を助けられる人物がいる。彼は普段、俺と一緒にステージに上がっている』とね」とジェイ・ロックが言っていたのをテックは覚えている。「ケンドリックに初めて会ったのはその日のことさ」。彼はジェイ・ロックの宣伝マンの座を引き継ぎ、ジェイのセットの合間に観客を湧かせ、時に自分の音楽をパフォーマンスした。ジェイとケンドリックは、このツアーの期間中に、パフォーマンスの仕方や、彼らがスタジオで録音した音楽を、魅力的なライブショウに仕上げる方法を学んだ。単にステージに上がり、大衆に向かってライムを叫ぶだけでは不十分だった。TDEの男たちは、他とは一味違っていなければならなかったのだ。ケンドリックは自分のセット——その当時は彼の最初の数枚のミックステープから数曲だけだったが——をより魅力的なものにするために、テック・ナインのセットを研究した。「彼はエンターテイナーになるとはどういうことかを理解するために、毎晩ショウを見ていたと言ってたよ」とテックは言う。アボットがこう付け加える。「ケンドリックは、このビジネスについてできる限りあらゆることを見つけ出してやろうと、本気で思っていたんだ」。彼はツアーに関わるあらゆる人たちのあらゆること——彼らはコンサートでどんな役割を果たし、貢献しているのか——を知りたかった。「彼はスポンジのように吸収していった。誰もがバスで酒を飲んでのんびりしていたっていうのに、彼は舞台わきで質問しまくっていたよ」。

　ケンドリックがまさに今日知られるケンドリックになったのも当然のことだ。偉大さとは、こういった瞬間、カーテンの後ろで誰も見ていない瞬間に成し遂げられる。単に傑出した才能が欲しいと強く願うだけでは十分ではない。人はそれに夢中になり、それを自分自身の核心にまで染み込ませなければならないのだ。かつて作家のマルコム・グラッドウェルは、古くからある一万時間の法則について書いている。人は何度も繰り返して実践することで自身の技巧《クラフト》を極め、真の専門技術はそれを一万時間実践したときに現れる、というのだ。バスケのレジェンド、コービー・ブライアントは、この考え方を実践したことで有名だ。もし人が一日五〇〇本のジャンプシュートに挑んでいるとしたら、彼は一〇〇〇本シュートしていた。そして人がリラックスしている間、彼はコートにいた――彼とバスケットボールとふたりきりで、試合が終わった後にフェイドアウェイ・シュート[1]を、リムの近くでレイアップ・シュート[2]を練習していた。彼にとってはバスケットボールがすべてであり、うまくなるだけでは十分ではなかった。ケンドリックも同じように音楽業界を学び、たゆまぬ努力によって偉業を成し遂げた。彼は、自分には世界を変えられる何かがあると分かっていたが、努力しなければトップに到達することはできない。ケンドリックは喧噪を離れ、成功に繋がるための種を蒔いていた。「彼はジムでシュートしているコービーのようだったよ」とアボットは言う。

インデペンデント・グラインド・ツアーに参加する以前のケンドリックは、ステージの上での着こなし方も知らなかった――彼はニットやフード付きスウェットシャツを着て、擦り切れたジーンズの短パンとクロックスのサンダルを履いて登場した。「マジでヒッピーだったよ」とテック・ナインは思い出す。しかしケンドリックは、そんな浮き沈みの激しいツアーの日々から、規律や、静かにかつ意図的に動くことの重要性を学んだ。ストレンジ・ミュージックの男たちは、軍隊のよう

1　フェイドアウェイ・シュート：後方に跳び上がりながら、上体を反らして行うシュート。
2　レイアップ・シュート：ランニングシュートの一種で、手の平を上に向けてボールを支え、ゴールにボールを置くようにして行うシュート。

に行動した。セット時間を一分単位で細かく調べ、遅れた分だけ支払いが差し引かれた。テックの一団は厳しい管理を行い、グラインド・ツアーから一〇年後、TDEも同じように、無口で忠実に、ほぼ機械のごとく極めて厳格に細部にこだわり、完璧な仕上がりを究極の目標にして行動した。他のラッパーたちは猛烈なスピードで新作を出していたが、TDEのアーティストは量より質を重視し、他の者たちが作品をリリースするようなスピードは控えていた。インターネットの移り変わりの速さはとどまるところを知らず、二カ月以前の情報は過去のニュースと見なされる。だからこそすぐに新しいネタを熱望する業界において、TDEの平然としたペースには、どこか非常に高潔なところがあった。彼らは沈黙すらまだ騒がしいものだというぐらい静かに行動し、アルバムのリリースの合間にあまり多くを――または本当に何も――語らなかったため、それ自体がマーケティングとなり、ファンの興味をかきたてた。彼らのリリースはイベントと化し、どの新作も大きな興奮を生み出す波となって、結果的に爆発的な売り上げと輝く金のトロフィーをもたらした。

それでもまだ、TDEにとっては厳しい状態だった。不成功に終わったジェイ・ロックの契約の傷はいつまでも残り、彼らは次にどちらに進むべきか考えあぐねていた。ジェイはほんのわずかではあったが、TDEの中で最初に輝くチャンスを手に入れ、ケンドリックはそのチャンスを通して、いずれはブラザーとなる男たちと一緒に、ビジネスの味をいち早く覚えていった。彼はこの男たちと共にゲームに参入し、男たちはみな即座に学んでいった。ケンドリックにはその流れがぴったりだった。彼は忠誠心を持つこと、舞台裏で一生懸命働くことを常に誇りにした。彼はよく床で眠り、何百ものライムを書き直し、必要とあらば学校がある日の前の晩でも朝四時までスタジオに残ったものだった。ケンドリックにとって、ティフィス、ジェイ・ロック、サウンウェイヴが、このチームのためにベストを尽くす誠実な人たちであったことも幸いした。ひとりの勝利は全員の勝利でもあった。しかし初期の彼らは前途多難だった。TDEはジェイ・ロックで行った実験が意図したとおりにうまくいかず、実験室に戻って仕事をし続けることを余儀なくされた。二〇一一年にリリースされたジェイ・ロックの『Follow Me Home』にはそれほど関心が集まっていなかった。「みんな分かってないよ。俺たちはジェイ・ロックを通じていろんな試行錯誤をしたんだ」とサウンウェイヴは思い返す。「彼はTDE出身の最初の人物だったから、俺たちの犯したたくさんの間違いが、不運にも彼に起こったんだ」。しかしジェイは過去を悔やんではいない。彼の中では、自分自身とTDEの名声を築き上げ、ケンドリックや仲間が入れるようにドアを蹴り開けていたのだった。

　それは二〇〇九年のどこかのタイミングだった、ケンドリックはK・ドットの名を捨て、彼のファーストネームとミドルネームである、ケンドリック・ラマー名義でラップしようと決意した。K・ドットはラッパーに好かれるラッパーであり、むき出しで単刀直入なリリックを強く好む、リリカルな刺客《アサシン》だった。「K・ドット——コイツがいてくれたおかげで俺はリリックをスピットする能力を身に着けることができたし、スタジオに入って『なぁ、聞いてくれよ。俺は最高の言葉を巧みに操る《ワードスミス》人物になりたいんだ』って言えるようにまでなった。トラックに乗ってくるヤツがいたら、誰であろうとそいつを滅ぼさずにはいられないんだ。ライムの勝負であろうと、隠喩《メタファー》の勝負であろうと、オチ《パンチライン》の勝負であろうとね」[*2]とケンドリックは二〇一七年に『コンプレックス』誌に語っている。「当時、俺には実際の曲作りの技術がなかったんだ」。ケンドリックは黒人男性のもろさが報われない世界で、自身の不安と和解しようとして虚勢を張っていた。K・ドットは、直ちに誰とでも戦う準備ができている、フリースタイル・マシンだった。一方ケンドリックはとても寛容で、ミックステープ『Hub City Threat and Training Day』をリリースしたことで、ようやく自身のストーリーを語る精神的な余裕ができた。しかし、中には彼がLAラップを次のレベルに引き上げる男だとは思えない者もいて、彼らからの抵抗に遭った。「地元の多くの人たちは、彼の音楽がヒットするとは思わなかったんだ」とマット・ジーズィは言う。「でもその同一人物が、今や彼が地元に帰ると彼の名前を大声で叫ぶんだ。以前は、『おい、こいつは売れやしねぇよ。ヤツは自分に正直《キーピング・イット・ギャングスタ》じゃねぇ。ヤツはストリートについて語ってねぇだろ』って感じだったのにね」。

ブロガーたちも、ケンドリックのスタイルをよく思っていなかった。ケンドリックが二〇〇九年の初めに三枚目のソロミックステープ『C4』をリリースする頃には、K・ドットというあだ名の役目は終り、真に価値があることについて語るときが来ていたのは明らかだった。『C4』は、リル・ウェインが新しくリリースした『Tha Carter III』へのオマージュとして売り出されていたが、ケンドリックのプロジェクトとしては冗長なものに感じられ、また既に自力で話題を集めていたことを考えると、創作のステップとしてはおかしなものに思えた。この時点で、彼はウェインのようなスターのビートを再利用する必要はなかった。彼には自分の芸術的な構想を形にすることができる、制作チームが整っていたのだ。その批判はケンドリックには大いに堪えた。彼はインタビューや次のプロジェクト『The Kendrick Lamar EP』で、彼の輝きに泥を塗ろうとする反対論者たちに巧妙に挑戦した。彼は岐路に立たされ、アーティストとしてどうなりたいのかを見極めるために、自身を見直さなければならなかった。

そのとき彼はピンときた。「俺は俺にしかなれないんだ」とケンドリックが言っていたことをマットは思い出す。その改名は彼の成長にとって妥当なものであり、新たな局面だった。このコンプトンのリリシストが、片足をストリートに突っ込んだクールでありふれたラッパーではなく、十分に悟ったミュージシャンになるために一番いい方法だった。彼はかつてこう言っている。「俺はただ音楽をやるために、この地球上に生まれてきたんだと思う。神は俺の声を世界に広げるために俺を創ったと思うんだ、マジでさ」。ケンドリックが改名についてティフィスを納得させるのに時間はかからず、事実、このトップ・ドッグのリーダーはすぐに賛成した。彼は、〝ケンドリック・ラマー〟という名前は、メイシーズの小売店で売られている、ある種のデザイナーブランドの香水みたいに聞こえる、とケンドリックをからかった。「コロンみたいな名前だな――売り出そうぜ！」とケンドリックはかつて『ビルボード』誌に、ティフィスとの会話について語った。改名は、ケンドリックにとって単なる移行であっただけでなく、TDE全体にとっての転機でもあった。彼は自身が経験したエピソードを、大部分は三年後にリリースすることになるデビュー・アルバム『good kid, m.A.A.d city』のために残しつつも、その一部を『The Kendrick Lamar EP』に盛り込んだ。

　リスナーは二〇〇九年一二月に『The Kendrick Lamar EP』を聴いて、世界最高のラッパーに成長するであろう並外れた才能に引き込まれた。これは、人びとが彼を絶賛した最初の瞬間であり、彼が自身や自身に近しい人たちを、たとえどれほど細かなエピソードであっても描きたいと考えるようになった最初の一歩だった。「俺のことが十分理解されてるとは思えないんだよな／俺はラップがしたい、コンプトン出身のただの善良な若者《グッド・キッド》なのさ」と彼は『EP』に収録された傑作「Wanna Be Heard」で宣言した。「俺はどんな色もレペゼンしない、俺の幼い妹や弟をレペゼンしてるのさ」。人びとは初めて、テレビで映画『House Party』を観て、両親の家でアップル・ジャックスのシリアルを食べていた、この若者《キッド》の素顔を垣間見た。親戚が違法ドラッグを売っている間に、彼はセガのビデオゲームを売っていた。僕たちリスナーは、彼の愛するボビーおじさんが一五年間刑務所に入った挙句、せっかく生活を軌道に乗せたのに、家庭内暴力の申し立てを受けて生活が暗転した、というエピソードを聴いた。それから、刑務所からケンドリックに手紙をよこしたウェストサイド・パイルーのメンバー、ジェイソン・キートンのエピソードがあった（「Uncle Bobby & Jacson Keaton」）。彼は二一歳で重い刑期に直面していた。僕たちはケンドリックのリリックを通して、外部から隔離されて心を痛めているキートンの話を聴いた。ここにいつづけると祖母も弟（または兄）も年を取り、もう会えないかもしれない。――「彼に一〇〇年も刑期を与えようとしたんだってさ」とケンドリックはラップする。「監房で眠りにつく、かれこれ三〇週間だ／手紙なんてまったく来やしねぇ／ここは寒くてトイレは臭い」。

　これらの意外な新事実は、ケンドリック・ラマーの二分法[3]――生き残るためにできることをやった強い黒人男性に囲まれ、厳しい環境に置かれた内気な子ども《キッド》――を物語っている。彼は多くの人たちを罠に陥れる悪行に囲まれていたが、彼の家族――おじ、いとこ、親しい友人たち――は、彼の身を守ってきた。まるで、彼らは彼よりずっと前に、彼がどんな人物になるのかを知っていたかのように。

　ケンドリックは、『The Kendrick Lamar EP』で、いたずら好きで、正しいことをしようとする意思に突き動かされた子ども時代を紐解いている。『Hub City Threat』では、彼は実際にその資格を手に入れる前に、世界トップレベルのラッパーとしての権利を主張していたが、『The Kendrick Lamar EP』のオープニング曲である「Is It Love」という曲は、彼が欲しいものを具体的に説明した。彼は、グラミー賞、名声と富、次世代に引き継ぐことができる財産を望んだ。彼はまた、不動産王ドナルド・トランプとゴルフをしたかったが、今となっては恥ずべきことだった。その当時のケンドリックは、ガソリンがほとんど入っていない母親のヴァンでスタジオに通っていた。この頃、彼の父親は、ケンドリックのキャリアはどこに向かっていくのか、金を稼げるようになるまでにどのくらい時間がかかるのかと疑問を感じ始めていた。彼は二二歳だったが、父親が同じ年齢だった頃には、自分の家とドライブウェイ[4]に二台の車を所有していた。一方ケンドリックは、いまだ実家住まいで、その進路は遅々としていた。彼の父親にとって、他の人たちがより大幅に前進しているように見えたときに、この若きラッパーがゆっくりと進歩する姿を見守るのは忍耐がいることだった。彼の父親は、息子には世界が必要とする才能があることを知っていた。ケニーは、ケンドリックには他のラッパーを凌駕するだけの実力があるのに、ブラウン管でははったりをかましたラッパーが称えられているのを観なければならないことにフラストレーションを感じていたのだ。

しかし、ケンドリックは長期的なビジョンを持っていた。彼は他人の支配を受けるつもりもなく、ウェストコーストのオールドスクールなラッパーによるその場しのぎのフックアップをもらうつもりはないことは、『EP』を聴けば明らかだった。そもそもそうした姿勢はこの地域であまりに問題になったために、アイス・キューブは、彼の世代が二〇年前に確立してきた偉業にあやかろうとする、若い世代の守りの姿勢を公然とこき下ろしていた。彼は、新人たちは自力で勝つために汗水流して頑張ろうという意思がないと感じていた。彼はまた、自分には若者たちを先導する責任はない

3　二分法（二項対立）：ふたつの概念が矛盾または対立の関係にあること。この文脈では二面性の意。
4　ドライブウェイ：一般車道から家の車庫に通じる私設道。

と思っていた。「彼らは俺のレベルに達しちゃいない」[*3]とキューブはブログの投稿で書いた。「ヤツらは自力で名声を得られないから、OG（オリジナル・ギャングスタ）の助けが必要なんだ。ヤツらに命綱を投げるのはお断りだね。誰かを有名にするのは俺の仕事じゃない」。

ケンドリックの友人のジェイ・ロックはキューブのコメントに腹を立てたが、ケンドリックはキューブやDJクイック、[5]スヌープなどからの承認を避けていた。「俺にドレーかジガ（ジェイ・Z）のフックアップは必要か?」と彼は『EP』に収録されたトラック「Celebration」で問いかけている。「彼らは俺をもっとビッグにすることはできるけどさ、俺には彼らが必要なのか?／俺にはただフロウが必要なだけ／パックの亡霊を見たかと思わせるようなヤツをな」。ベテラン勢に承認してもらうことは重要かもしれないが、ケンドリックは自分が先人たちとは違うことを分かっていた。彼はアウトキャストやグッディ・モブのようなサザン・ラップの重鎮が持つ大いなる謙虚さ、ナズやエミネムが持つリリカルな巧みさ、プッシャ・Tやキラー・マイク[6]が持つストレートで強気な発言など、さまざまな要素をモザイク状にして、豊かなニュアンスとともにまとめあげていた。彼にはさらに、あらゆる種類のインストゥルメンタル――J・ディラとマッドリブの均衡のとれていないソウルから、ザ・ルーツ[7]のジャズを基盤とした管弦楽法まで――を聴き分ける、黄金の耳があった。ケンドリックはクラシック音楽の教育は受けていないが、直感的に音楽を聴き分けることができた。たとえ他の人にはどんなに変に思えても、彼は良い音をよく分かっていて、彼が持つアートの構想を明確に表現する方法を知っていた。彼は伝統的な楽器は弾かなかったが、シンガーが適切な感情を伝えるときにやるように、声域を上下に滑らせて彼の声――鼻にかかったほとんど子どものような音質――を自分の楽器にした。ヒップホップを批判する者は、ラッパーはベースをつま弾いたり、曲がどの調《キー》で構成されているのかを言えないだろうということで、ラッパーは音楽的でないと非難したがる。しかし、そのような考えは公平ではない。ラッパーが言葉を紡いで活気あるポエトリーにするには、とてつもないバランス感覚を必要とする。ケンドリックはそういう意味で演劇的だった。リスナーには、彼があるヴァースや曲を次にどう移行させていくのか、まったく分からなかった。

彼は、コンプトンのラッパーはギャングスタ的なものにしか惹かれないという、架空の物語《ナラティヴ》を

5　DJクイック：コンプトン出身のラッパー、プロデューサー、DJ。西海岸ヒップホップのレジェンドであり、ドレーに先行してGファンク・スタイルで数多くのアーティストを手掛けてきた。一九九一年のデビューアルバム『Quik Is the Name』は「Tonite」、「Born and Raised in Compton」などのヒット曲を生み出し、ミュージックビデオが『Yo! MTV Raps』（「音楽や文化にとって今のツイッターのようなもの」クイック談）で流れたことも貢献し、一〇〇万枚以上を売り上げてプラチナを記録した。元ブラッズのメンバー。

6　キラー・マイク：アトランタ出身のラッパー、社会活動家、企業家、俳優。ソロ活動の他、二〇一三年にNY出身のプロデューサー／ラッパー、エル・Pと組んだヒップホップ・デュオ、ラン・ザ・ジュエルズで高い評価を得る。社会活動家としても知られ、二〇一六年の大統領選では候補者のバーニー・サンダースを活発に支援した。ケンドリックは『To Pimp a Butterfly』の「Hood Politics」で、「昔のヒップホップはリリックが良かったと恋しがる批評家／ざけんな、そんなに好きならキラー・マイクはとっくにプラチナ取ってるっつーの」とラップしている。

7　ザ・ルーツ：クエスト・ラブ、ブラック・ソートを中心に結成されたフィラデルフィア出身のヒップホップ・バンドで、サンプリングが主流だった時代に生楽器による生演奏を取り入れたスタイルで知られ、高度なリリカル・スキルを持つブラック・ソートはトップMCの一人として数えられる。子どもの頃、一日八時間練習していたというクエスト・ラブのドラム・スキルも唯一無二で、「ローリング・ストーンズ」誌で史上最も偉大なドラマーの一人に選ばれている。人気深夜トーク番組『レイト・ナイト・ウィズ・ジミー・ファロン』のハウスバンドも務めた。

支持するためにも、異なるアートに心を閉ざさなかった。そしてだからこそ、彼は最終的にLAラップのエリート層からのリスペクトを獲得したのだ。そのような大胆さを必ずしも評価しない街で、彼には自分らしくある勇気があった。ケンドリックは、他の誰でもない、彼が作りたい音楽に忠実であり続けた。彼は自立していたために、彼が称賛するアーティストにとって、より一層好奇心をかきたてる人物となった。

それでも、彼の父親の心の痛みはなかなか消えなかった。やがて彼の自己不信は、二〇〇九年の『EP』からの最終トラック、「Determined」という曲に波及した。ここでケンドリックは、ガールフレンドとケンタッキー・フライド・チキンのバーレルを分け合いながら、彼の名前がいつか大物たちに並んで挙げられる日々を楽しみにしていた素朴な時代を思い起こす。この当時、大物といえばドレイクだった。彼のシングル「Best I Ever Had」が成功したことで、ドレイクとリル・ウェインの提携は、急速にヒップホップ界で〝最高の〟ブランドになりつつあった。一方、ケンドリックのパートナーはドレイクの音楽を聴いていたが、ケンドリックの支配が始まるのは単に時間の問題だということを知っていた。「ねぇ、あなたがベストだって知ってるでしょう、ずっとやり続けなきゃ」と彼女が言っていたことをケンドリックは覚えている。「でもその時は忘れないで、いつだってあなたらしくあり続けることを」。

彼女の懇願はケンドリックの心に深く残り、賞を獲得し、音楽とポップカルチャーの世界でずば抜けた人物になった後でさえ、決して名声に有頂天になることはなかった。「彼は今でも同じ人物だ。何も変わっちゃいないよ」[*4]と二〇一九年に実験的プロデューサー、フライング・ロータスは言った。「彼はデザイナーブランドの服を着てきたりしない。こいつ《マザーファッカー》、数カ月前に俺の家にパーカーと短パンで来たんだぜ。靴下とサンダル履いてさ。彼はまったく同じヤツなんだよ。ちっとも変わった感じはしなかった」。マット・ジーズィも同意する。彼がダウンタウン・ロサンゼルスのどや街に近いホームレス施設で働いていたときに、ケンドリックは――彼の人気絶頂期に――カメラも側近も従えず立ち寄ったものだった。「彼は、俺がそこで一緒に働いてた子どもたちの面倒を見てくれたんだ」と彼は思い返す。「彼が最初に電話をくれたときだって、俺は施設で起こったトラウマ的なことに対処するのに超忙しかったのに、ケンドリックは助けに来たいって言うんだよ」。

『The Kendrick Lamar EP』はブレイクしたが、それでもまだ世間は彼に注目していなかった。彼はツアーを通じて確実にファンを増やしてはいたが、ケンドリックはまだ一般のマスコミやリスナーにはほとんど知られていなかった。彼の名前はブログやアンダーグラウンドのラップ社会では囁かれていたが、ドレイクやウェイン、カニエのように大声で叫ばれてはいなかった。しかし『EP』は批評家たちの称賛に代わって、『C4』を失敗作だとみなした人たちの嗜好をリセットし、彼の今後のキャリアに力強さを感じさせた。ケンドリックが深く批判的な視点を持つ人物だということを最初に示した作品であり、彼の人格を形成した家族関係を垣間見せるものだった。ケンドリックは上辺だけ優れたラッパーになることをやめて、ベストになりたいと渇望する自身の苦悩へと僕たちを初めて迎え入れた。彼はここで、成功してもなおつきまとう鬱やしつこい自己不信を、初めてリスナーに明かしたのだった。しかしケンドリックは決してそれらにとらわれず、代わりにありのままの真実に向き合うための燃料として利用した。これが彼の物語《ナラティヴ》、歴史であり、成功するかどうかにかかわらず、ケンドリックは他の何者でもなく、自分のやり方で突き進むことを二〇〇九年に誓ったのだ。そしてこの時、彼は知る由もなかったが、もうすぐ彼に人生を変える電話がかかってくる。

あなたが友達と出かけているときに、電話が鳴るところを想像してみて欲しい。それはガールフレンドや、スポーツについてくだらない話をする男友達、またはいつヴァンに乗って帰って来るか知りたがっている母親など、誰の可能性だってあり得る。しかし、見覚えのない電話番号からの着信で、電話の主がドクター・ドレーのチームの一員だと主張していたとしたらどうだろう。あのドクター・ドレー、である。あの先駆者。彼が子どもの頃、リヴィングルームでシャツも着ずに踊ったヒップホップの責任の一端を担う男。何年も前にコンプトン・スワップ・ミートで、自分のヒーローであるトゥパック・シャクールと一緒にいる姿を見た男。あの男だ。まぁ、ドレーは置いておいたとしても、もし自分の職業の師《アーヤトッラー》[8]が、単に自分のことをドープだと思ったという理由で連絡してきたとしたら、あなたはどんな気持ちになるだろうか？　それが、二〇一〇年にインデペンデント・グラインド・ツアーでロサンゼルスに滞在していたケンドリックに起こったのだ。彼はまだジェイ・ロックの宣伝マンをしていて、彼が覚えている限りでは、その電話は彼とTDEのエンジニア、アリがチリーズ・グリル・アンド・バーで食事をしている間にかかってきた。ケンドリックはそれが本物だとは思わなかったため、彼とアリは笑い飛ばして電話を切った。「電話がかかってきたんだよ、『おい、ドクター・ドレーが君の音楽を気に入っている』[*5]ってさ。そんなこと言われたって俺たちは、『おい、お前、一体誰だよ？』って感じさ」とケンドリックは、かつてシリウスＸＭ（ラジオ局）でハワード・スターンに語った。「誰か他の人からまた電話がかかってきた。それからまた他の誰かからかかってきて、『おい、お前に連絡を取って、どこに所属してるか知りたがっているヤツがいる』って言うんだ」。

ドレーの関係者が首尾一貫していたことは、ケンドリックにとって朗報だった。彼らは最終的にケンドリックに彼らが本物であると納得させ、翌週彼はドレーの長年塩漬けになっていた『Detox』のヴォーカルをレコーディングすべく、このプロデューサーのスタジオに入った。ケンドリックが短いラップキャリアの中でやってきたことすべてが、この瞬間を導いたのだ。ケンドリックはドレーのスタジオに足を踏み入れ、自身のアイドルと仕事をする機会に恵まれたことに興奮していた。スタジオに入ると、ドレー――一八五センチメートル、一〇〇キログラム前後のでかい男――はケンドリックに自己紹介をすると、すぐに著名プロデューサー、ジャスト・ブレイズから受け取ったビートの再生ボタンを押した。それはケンドリックの『good kid, m.A.A.d city』の終わり近くに収録された「Compton」という曲のためのビートだった。「俺たちには全体的なコンセプトがあって、その曲には既にヴァースも何もかもが揃っていて、すべて完成していたんだ」とジャスト・ブレイズはこの曲について述べる。「これはちょうどドレーがケンドリックの存在に気づいた時期で、『じゃあ、彼をスタジオに連れて来いよ』ってことになった。彼がここだと思ったところにヴァースを入れるために、ケンドリックを連れて来たんだ。「Compton」は彼が惹かれた曲のひとつで、それが俺たちが持っていた曲の束の中でも、より強力な曲だったから、ケンドリックが飛びついたんだ」。「あの曲《シット》が超爆音だったのを覚えてるよ」とこのラッパーは『ヴァイス』に述べた。

8 アーヤトッラー：イスラム教シーア派の有力な宗教指導者に与えられる称号で、「神の徴、師」の意。

「Compton」はケンドリックにとって最高の偉業となっただけでなく、ヒップホップにとっての偉業でもあった。ドレーは当時あまりラップしていなかったため、彼がマイクに飛び乗るということは、その曲のヴァイブスが特別なものであることを証明していた。

ケンドリックはドレーと一緒にスタジオ入りした時点で、ドレーのあまりの存在感に圧倒されて、危うく自分が輝くチャンスを逃すところだった。「お互いに自己紹介した後、俺はマジでファン・モードから目を覚まして、プロにならなければいけなかったんだ」と彼はBBCラジオに語った。[*6]「それから彼が言ったんだ、『オーケイ、じゃあ、これに書いてくれ、これに一曲全部に書いてくれよ』ってね。俺が『うわぁ、ドクター・ドレー、あなたは最高だよ』と言うと彼はすぐに、『ああ、お前も素晴らしいよ、すごいヤツになれるかもな、いいからこのビートに書けよ』って感じだった」。

ドレーとケンドリックが『Detox』を制作するためにほぼ休みなく二週間働いていると、ドレー――そうそうフックアップをするような人物ではなかった――はすぐにケンドリックの偉大さを見抜いた。この若きラッパーは、コンプトンで父親に肩車されながらドレーとパックを見たときのことを回想した。ドレーはそこにいたすべての子どもたちのことを覚えていて、二人はスタジオで再会した運命を振り返った。あの日「California Love」のビデオ撮影に来ていた人たちの中で、ケンドリックが成功する人物だったというのは興奮すべきことだった。

ケンドリックは、ドレーの中に自分自身――音楽を通して不安定な状況から脱け出すことができた率直な男――の姿を見出した。しかしドレーは既に成功を摑んでいたものの、ケンドリックは世間の注目を浴び始めたばかりだった。彼はドレーから、見ず知らずの人たちから注目を集めている状況にあっては控えめに過ごすことが重要だということなど、貴重な教えを学んだ。ドレーとケンドリックは単なるコラボレイターではなく、まるで家族のように親密な関係になった。「むしろおじと甥のような雰囲気だったよ」とケンドリックは『コンプレックス』誌のインタビューで述べた。「俺たちはスタジオに腰を下ろすと、お互いが暮らしてきたストリートの事情を話し合ったり、彼からは二世代若い俺でも共感できる経験談を聞かせてもらったんだ」。ドクター・ドレーのスタジオ・セッションはラップ・ミュージック界の伝説になっていた。ケンドリックから50セント、エミネムまで、共に仕事をした者は誰もが先生《ドック》の素晴らしさを褒め讃えている。彼らはみな、ドレーは完璧主義者であり、気分が乗ればスタジオセッションが七〇時間以上にも及ぶこともあると公言している。ドレーはまた、とりわけ言葉にこだわる人物で、彼が仕事をするラップの抑揚について何百回も細かいことをうるさく言い、何百テイクもレコーディングするのだった。それは実力者《キングメーカー》からの承認という特権を得るに値する覚悟があるかどうかを試す、過酷なテストなのだ。彼は、バスケ界のフィル・ジャクソン――かつてラッパーのメズがウェブ雑誌『ピッチフォーク』に語った話によると、NBA史上最も多くの功績を残したクラブのリーダー――のように、コーチと呼ばれてきた。[*7]ドレーは、彼が仕事をしたあらゆる人たちから能力の最大値を引き出す方法を知っていた。彼は自らリリックを書くことはなかったものの、スタジオの中でラッパーたちが彼のために書いたライムのなかに、彼の求める抑揚を反映させる指導方法を熟知していた。人びとがドレーについて論じる際、ケミストリーという言葉が出てくる。かつてエミネムはこう言った。「プロデューサーの中では、他の誰ともそんなケミストリーを感じたことはないね――かすりもしないよ」。

エミネムのマネージャー、ポール・ローゼンバーグが、ドレーにケンドリックの音楽を聴かせた。「俺はデトロイトにいたんだけど、彼が『コンプトン出身のこの若者《キッド》の音楽を聴いたほうがいいぜ』

って言うんだ[*8]」とかつてドレーは、カート・〝ビッグ・ボーイ〟・アレクサンダーのラジオ番組『Big Boy's Neighborhood』で語った。「そこで俺はネットをチェックしたんだけど、初めにマジで夢中になったのは、彼のインタビューでの話し方だった。最初は音楽ですらなかった。彼の話し方と、彼が音楽に対する情熱の見せ方だった。そこに特別なものがあったんだよ。次に音楽にのめり込んで、いかに彼に才能があるかにマジで気づいたんだ」。ネットをチェックしていたドレーは、ケンドリックが「Ignorance Is Bliss」のために作ったビデオを見つけた。それは二〇一〇年のミックステープ『Overly Dedicated』に収録されている名曲のひとつだ。

ヒップホップ史上最高のMCの中には、「ドレーが俺を発掘した」というストーリーを持つ者がいる。一九九二年に、このプロデューサーはその年にレコーディングされた「A Gangsta'z Life」という曲を通して、スヌープに出会った。コラボレイターのウォーレン・G[9]がその曲をかけると、ドレーはそのロングビーチのラッパーにすぐに興味を示した。「それは原石で、まだ磨き抜かれていなかった[*9]」とかつてこの曲について、スヌープはケンドリックとの会話の中で言った。「彼が人に興味深い何かを見出して、そいつが彼の周りにいたり一緒にいることで、彼はそいつの作品を引き締めてくれるのさ」。

ドレーとエミネムは、ふたりが救命策を必要としているときにお互いに出会った。時は一九九七年、ドレーが指揮を執り、前年にリリースした二枚のアルバム——ザ・ファームの『The Album』と、『Dr. Dre Presents the Aftermath』——が両方ともコケてしまい、彼はリーダーとして商業的に最大の失敗を経験していた。ドレーはインタースコープ・レコーズの共同設立者、ジミー・アイオヴィンの自宅にいて、彼の車庫の中にはカセットテープが山のように積まれていた。ジミーはあるテープを選び、プレイヤーにパチンと収めて、再生ボタンを押した。それはあるサイファーの音源だった。そしてそこにはドレーが作ったであろうウェストコーストのGファンク調のビートに乗せてフリースタイルをするエミネムがいた。彼らがドレーのホームスタジオで会ったその日、このプロデューサーは、エム（エミネム）が即興でどんなことができるかを見るために、急いでビートを編集した。「俺がドラムマシーン叩き始めてからほんの二、三秒後だったと思う。すると彼はすぐに『やあ、僕の名前は！《ハイ、マイ・ネーム・イズ！》　僕の名前は！《マイ・ネーム・イズ！》』ときたのさ」とドレーは、彼のＨＢＯドキュメンタリーシリーズ『The Defiant Ones』で思い返した。「My Name Is」は大ブレイクし、まるで建物を解体するための鉄球のような破壊力を持つラッパーがいることを全世界に知らしめた。それまで誰も見たことのない存在だった。

ケンドリックにも同じ潜在力があり、「Ignorance Is Bliss」には技術的なスキルと内容とが完璧に組み合わさっていた。それはまた、ケンドリックが自身に対する世間の認識を変えようとした、もうひとつの例だった。ギャングスタ・ラップと内省をミックスしたそのスタイルは、彼が単なるコンプトン出身のラッパーでも、コモンかヤシーン・ベイ（当時はモス・デフ名義で通っていた）、タリ

9
ウォーレン・G：LA近郊ロングビーチ出身のラッパー、ソングライター、プロデューサー、DJで、ドクター・ドレーの義理の弟。スヌープ、ネイト・ドッグと共に213を結成後、ドレーの『The Chronic』への貢献からキャリアを展開、数多くの名曲を制作し、デビューソロ『Regulate... G Funk Era』でその名を轟かせる。メロウでどこか寂し気なフロウが味わい深い。ゆったりとしたグルーヴにファンク、サビにコーラスを取り入れたGファンク（ベイエリアのアバヴ・ザ・ロウが創り出し、ドレーが世に広め、スヌープが命名）のブランド化に貢献したことでも知られる。

ブ・クウェリのような単なるコンシャスＭＣでもないことを示していた。その気になれば、彼はコンシャスにも、ヒップホップカルチャーの生徒にも、ギャンスタになることもできた。しかしケンドリックは、特にひとつのスタイルに固執することなくこれらの美学を結びつけることができたために、批評家が用いるカテゴリーには収まらなかった。その代わり彼は、コンプトン出身の人たちは、なぜ自分たちがストリートでギャングバンギンするのかを知らなかったのかもしれないと認めることで、ギャンスタの美学を讃えた。場合によっては、彼らはそれしか知らなかったのだ。彼らのおじや父親たちはギャンスタの家系に生まれ、彼らの子どもたち、またその子孫へとそれを伝えていったのだった。

「Ignorance Is Bliss」のビデオはこの歴史を描いていた。その一分五二秒のクリップの中で、ケンドリックは一・二リットルのオールドイングリッシュ８００モルトリカーを瓶から直にグイっと飲み、いくらかを死んだ友人の墓に注ぐ。それから彼はＴＤＥの仲間のスクールボーイ・Ｑが運転する車の後部座席に乗り込み、ふたりは彼の友人を殺した人物のところに車で向かう。このビデオは、ケンドリックの銃をにらみ付ける、敵対者の視点（つまり僕たち視聴者）で幕を閉じる。突然パンと音がすると暗闇が現れ、僕たち視聴者は、善良な若者《グッド・キッド》が危険が潜む都市に屈し、これまでに多くの若い黒人男性を陥れてきた潜在的な危険を生き残ることが出来なかったと思わされる。ケンドリックはおじや従兄弟たちと同様、人生に関わる決断をティーンエイジャーであるにもかかわらず、下さざるを得なかったのだ。

「Ignorance Is Bliss」のような曲は、ケンドリックの表現を決定づけるものだった。彼は人びとに共通するテーマに取り組み、真実を覆い隠すベールの向こう側にある人間の行動を細かく検討することでキャリアを築いてきた。確かにギャングバンギンは文化だが、でもなぜ？　なぜ黒人男性は、コンプトンやサウスサイド・シカゴのような場所では、選択肢がないまま放置されているのか？なぜ俺たちには、不安を和らげるために酒やクサしか残されていないのか？　これらの依存状態は、コミュニティにどんな影響を与えるのだろうか？　このような問いがケンドリック・ラマー時代の基盤となり、彼はコンプトンやロサンゼルス全体の構造を解きほぐすことで、自身の様々な内面を紐解いていた。ケンドリックはまだ若かったが（この時点で二三歳）、急いで大人になることを余儀なくされたと同時に、ますます世間というものを知るようになっていった。

『The Kendrick Lamar EP』から『Overly Dedicated』への進化は驚異的だった。たった一年で、彼は曲作りと複雑な曲の構造を十分に理解する有望なリリシストから、回りくどいコンセプトを容易にかつセンスよく表現する本格的なアーティストへと成長していた。『Overly Dedicated』は、単に曲を寄せ集めただけのアルバムではなく、具体的なテーマがあった。アリは、ケンドリックの声の周波数を変え、歪めたり、速度を落としたりすることで、ラッパーの声を宇宙人のようにした。TDEの社内プロデューサー――サウンウェイヴ、テイ・ビースト、ウィリー・B――もまた、彼らの制作技術を向上させた。彼らのビートは緻密で開放的な雰囲気があり、ケンドリックがパトロン社製テキーラやNASCAR（全米自動車競争協会）のレジェンド、デイル・アーンハート、R&Bとポップのアイコン、ビヨンセの名前を挙げながら宗教や銃文化、社会格差、経済不均等などに対する彼の見解を表現することのできる、広大なキャンヴァスを与えた。彼はより深く掘り下げ、このプロジェクトでさらに個人的な話をするようになった。ケンドリックは「Average Joe」で、センテニアル高校から帰宅する途中で誰かに狙い撃ちされたときのことについて語る。ある車が止まり、どこに住んでいるのかと訊かれる。「ウェストサイドだ」と彼は答える。それはパイルーの縄張りだった。車の中の男たちは、クリップスの色である青い帽子をかぶっていた。ケンドリックはバックパックを地面に落として、近所の袋小路へと走った。銃声がとどろいたが、彼には命中しなかった。

　後のインタビューで、彼はこうした事件はコンプトンに住む上で逃れようのない副産物だとして、片づけている。この街では、人びとには安全という贅沢はなく、いつ何時暴力が飛び出すか分からない。時に学校から自宅に歩いて帰るほど単純なことが、銃傷に繋がる恐れがあるのだ。「問題に足を踏み入れそうになっても、そこから逃げられないんだ」とかつてケンドリックは言った。「行動を取るか、後ずさりするかのどちらかだ。たいていの場合、行動を取らざるを得ない。自分の身を守らなければならない状況に置かれたら、単にそういうものだからだ。多くの子ども《キッズ》たちが「Average Joe」のストーリーに共感できると思うよ、リアルだからね。多くの仲間《マザーファッカーズ》たちは善良な子ども《グッド・キッズ》たちだ。ネガティブな影響が彼らを台無しにしちまうんだ」。

　それ以外では、「P&P 1.5」が、ケンドリックが芸術的に成長したことをよく示している。最初のバージョン――『The Kendrick Lamar EP』では「Pussy and Patrón」（女性器とパトロン・テキーラ）と呼ばれていた――は、二〇〇六年にザ・ルーツがアルバム『Game Theory』のために作ったビートを再利用した、ストレートなセックスと酒への賛歌だった。しかし『Overly Dedicated』でのこの曲は、サザン・ラップの影響を受けてヴォーカルが変調したり、曲の中間部でリズムが変わる、変幻自在な叙事詩になっている。特定の箇所でビートが消えたりスキップすることで、祖母の死やルイ・バーガー前で起きたおじの殺害を受け入れようとするケンドリックの闘いの激しさが強調されている。これはアリがこの曲に施した絶妙な効果だ。ケンドリックがツアー中にこの曲をテック・ナインにかけたときに、カンザスのリリシストはこの青年がいかにドープかを知る。このトラックは、世俗的な悪習がもたらす喜びと痛みに関する壮大な説教として、『good kid, m.A.A.d city』収録の「Swimming Pools (Drank)」に先立つものだ。「P&P 1.5」で、彼はスリルに真正面から飛び込む。黒人男性が生き残ることがますます困難になるように作られた世界で、〝女性器《プッシー》とパトロン〟のような快楽は、ただ生きていること、ロサンゼルスで黒人として生きることのストレスと闘ってくれる。「Swimming Pools」では、同じ苦悩と恍惚を取り上げているが、ケンドリックは両者の間の曖昧な境界線に踏み込んでいく。喜びをもたらす酒は、同時にひどい苦痛を引き起こすことにもなる。アルコール依存症の家族を持つケンドリックは、彼が一・二リットルのパトロンの中に浸った大惨事を十分自覚しながら、その酒瓶を疑いの目でじっと見つめているのだ。

『Overly Dedicated』は、間違いなくそれまでのケンドリックの最高のプロジェクトであり、ついに大きなメディアや、大人数のファンの注目を集める作品になった。『EP』やそれ以前の作品とは異なり、『Overly Dedicated』は、一見すると、これまでの生涯をかけて準備してきた作品かのような複雑さと自由さがある。ちょっとしたことの積み重ねが『Overly Dedicated』を現在ある形に作り上げ、ケンドリックの人物像をさらに浮き彫りにした。彼は、ＥＰは少ない曲のセットでなければならないとか、理由もなくインタールード（間奏曲）を速いライムにするなんてありえない、といった恣意的なルールなど気にしなかった。「七トラックにしろって言われたけど、俺は一五だと主張した／それをＥＰって呼んだら俺は頭がイカれてるんだってさ」と彼は「The Heart Pt. 2」でラップした。ケンドリックは、ラップ・ミュージックの常識を変えたかった。長年ガラスの天井を叩いてきたＴＤＥは、ついにひびを入れたのだ。数年後、サウンウェイヴとアリは、カーソンの「ハウス・オブ・ペイン」で自分たちのやっていたことが初めて人びとに伝わったＴＤＥのアルバムは『Overly Dedicated』だと認めている。それは、ケンドリックがトップＲ＆Ｂ／ヒップホップ・アルバム・チャートで最高七二位を記録し[*10]、ビルボードのチャートに入った初めてのプロジェクトになった。

二〇一〇年九月に『Overly Dedicated』がリリースされた際に、ケンドリックはまだインデペンデント・グラインド・ツアーの一環として、テック・ナインやストレンジ・ミュージックと共にツアーをしていた。しかし彼はもはや、単なる宣伝マンではなかった。彼はそれでも音楽でつながった兄弟、ジェイ・ロックをサポートしたかったが、ケンドリックはあっと言う間に勢いを増し、独立した存在になっていった。それにもかかわらず、『Overly Dedicated』には、〝彼の仲間の中で最も偉大なラッパー〟だと訴えるようなものはまだ何もなかった。それは傑作を生み出すために必要な土台であり、人びとがそのプロジェクトを数年後に振り返ってみると、映画のような『good kid, m.A.A.d city』や、地震のように衝撃的な『To Pimp a Butterfly』、または暗く閉所恐怖症的なトーンの『DAMN.』とは比べ物にならないため、どの作品がケンドリックの最高のレコーディング作品かを議論するときに忘れられがちだ。このラッパーや『Overly Dedicated』をディスしようとしているのではない。むしろこの作品は、ケンドリックの型破りな才能と、いかにこの作品が廃れたように感じられたか――このミックステープのリリースからたった二年で――を物語っている。彼のコラボレイターたちは、喜んで彼を天才と称賛した。それは彼が、次にリリースされる予定にすらなっていないアルバムの明確なアイディアと共に、リズムを頭に浮かべながら、予告なしにあなたの家にやって来るような、オールドスクールなやり方で音楽を作っていたからだ。ケンドリックは常に二歩先のことを考えていて、二〇一〇年においてさえ、二〇一二年やその先のことまで考え、どんなサウンドを作ればよいかと戦略を練っていた。「彼は俺が今まで取り組んできた中で、マジで誰よりも細部まで管理する人間だね」とかつてサウンウェイヴはレッド・ブル・ミュージック・アカデミーで語っている。「俺がバスルームでトイレ中か何かでも、彼はドアをノックして、『おい、このメロディが浮かんだんだ。大急ぎでやってくれないか?』って感じなんだ」。

実際、人びとはケンドリックの周りではゆっくり休むことができない。彼は意欲的なクリエイターだった。だから彼がやがてベストになったのも当然のことだ。他のラッパーたちは『Overly Dedicated』を画期的なプロジェクトとして考えていたかもしれないが、ケンドリックとTDEは、彼らが可能な限り最高の出来のレコードをリリースするまでは、休まず働いていた。ケンドリックは完璧主義者であり、彼のようなクリエイティブなアートの世界で活動する人間に現状に満足するよう期待するのは、実に無駄なことだった。ドクター・ドレーでさえ、そのような完璧主義者の犠牲になっている。ドレーは長年『Detox』にちょっとした変更を加えたり、ヴァースを足したり引いたり、下書きを消したり、新しいアイディアを微調整したりした挙句、本書を書いている時点で、そのアルバムはいまだに姿を現していない。ケンドリックの意欲は、ドレーに近いものがあった。彼は一枚のLPをリリースするために二、三枚相当の壮大な素材をレコーディングし、未発表の作品はハードドライブのどこかで眠っているのだ。ケンドリックの『To Pimp a Butterfly』に貢献したジャズ・ピアニストのロバート・グラスパーは、自身のLP『Black Radio』にぜひ収録したいと思ったケンドリックのヴァースがあったが、ケンドリックの基準があまりにも高かったため、結局このラッパーはその使用を拒否したと嘆いている。ケンドリックには、自分で自分を守らなければ身を滅ぼしかねないタイプの感受性があった。アメリカで黒人として生きていくということは、何をやっても決して十分ではないと感じることだった。そして彼は個人的な葛藤や文化的な闘争に寄り添い、深く物事を考える人だった。彼はアートを通して、それらの問題を吸収し、取り組もうとした。その実践は、自分のエネルギーを補充する時間を作らなければ、自分を見失いかねない類いのものだった。

プロジェクトの規模を考えれば、『Overly Dedicated』はより大きな影響力を勝ち取るべきだった。しかしこの作品は、ニッキー・ミナージュ、カニエ、ドレイク、T.I.のようなラップ界の大物たちがあらゆる創造的な陣地を占領し、アンダーグラウンド・ラップがメインストリームに入り込む余地がほとんどない混雑した場所に入り込んでしまった。ケンドリックのプロジェクトは、カニエの衝撃的な五枚目のスタジオ・アルバム『My Beautiful Dark Twisted Fantasy』のわずか二カ月前にリリースされた。この奇抜なラッパー兼プロデューサーは、分厚いサウンドをもった壮大な作品を作り上げるために世間の目から逃れていたため、世界は彼が新作をリリースする日を切望していた。そしてカニエはこのレコードのリリースに至るまでのほぼ三カ月間、自身の話題——七月に開設したツイッターのアカウントから、MTVビデオ・ミュージック・アワードの受賞式に出席するまで——でニュースを独占した。彼はMTVビデオ・ミュージック・アワードに出席するちょうど一年前に、ステージに飛び乗ってテイラー・スウィフトの勝利演説を中断し、ビヨンセの「Single Ladies (Put a Ring on It)」が「史上最も偉大なミュージック・ビデオのひとつ」であると宣言した。聴衆はカニエの新しい音楽を切望しただけでなく、彼の悪ふざけぶりもまた楽しんだ。彼はファンにとっては憎らしくも大好きな悪党のような存在であり、ファンは彼が公の場で暴言を吐いたり、マイクをひったくる礼儀作法には不平を唱えたが、それでも彼のクリエイティブな洞察力やスタジアム級のラップ・アンセムを求めていた。

　大衆はカニエに目と耳を鍛えられていたため、ケンドリックは——多くのラッパーたちも然りだが——おそらく不当に、目立つことができないまま行動していた。ミックステープというものは、サウンドが粗い、作品として未完成と非難されることが多いが、ケンドリックの『Overly Dedicated』は、新進気鋭のミュージシャンではあり得ないレベルで洗練されていた。それを無料で聴けるようにしたいというのだから、彼の謙虚さがうかがえる。彼は利益に足るようなことはまだなにも成し遂げていないと考えていたが、ＴＤＥの顧問団——すなわちトップ・ドッグとパンチ——は、彼やエンジニアのアリ、社内プロデューサー、ミックステープの客演者たちが、このレコードから利益を得るために十分な仕事をしたと感じていた。ついに新しい生活にレベルアップするときがきたのだ。あらゆる退屈な重労働や犠牲、わずかなお金で孤独に過ごした時間、当時は世界が必要としていなかった物を世界に提供したいという夢に対して、報酬が支払われるときがきたのだ。一般的な意見としては、『Overly Dedicated』は良い作品ではあるが、まだ何かが欠けている、というものだ。ケンドリックはそこに近づいていた——かなり近づいていた——が、彼の潜在能力を最大限に発揮するには、さらに進み続ける必要があった。彼には、以前の作品から焼き直した曲が入らない、新鮮なアイディアに満ちたシグニチャーとなるプロジェクトが必要だった。ケンドリックは、決定的な作品を作り出すために、より深く掘り下げる必要があった。その新作は『Overly Dedicated』よりさらに優れ、『The Kendrick Lamar EP』を何光年も超え、それ以前のものとは遠くかけ離れた作品でなければならなかった。次の偉業を成し遂げるため、ケンドリックは身を隠し、それによってラップファンを真に驚かせた。

誰も『Section.80』のような作品が来るとは予測していなかった。予測していたと主張する者は、過去の記憶を書き換えているかもしれない。ケンドリックは、アメリカの夏の暑さの中、二〇一一年七月二日、彼の購買層がビーチでBBQをしたり、冷たいビールを飲むことに気を取られているちょうどそのときに、初の公式アルバムをリリースした。ケンドリックが『Section.80』のレコーディングを始める頃までには、TDEチームはさらに拡大し、サウンドを作り上げるためにより多くのプロデューサーを雇っていた。ケンドリックにとって、そのサウンドとはあらゆるもの――ジャズのループから、趣のあるR&B、人を魅了するドラムまで――を意味した。作曲家たちはみな、アルバムで最も話題になる曲を作り出すことを目指し、競争心に溢れていた。もちろん、その競争は好意的で友好的なものだった。テラス・マーティンが言うように、すべては『Section.80』とTDE全体の大義のためだった。「俺たちはただ、ケンドリックに可能な限り最高の音楽を手に入れて欲しかったんだ。彼は俺たちより若かったけど、その場面では彼がリーダーだったからね」とマーティンは思い起こす。「俺たちは、彼に言いたいことを思いっきり吐き出してもらって、最高のアートを確実に届けたかったんだ。そうすれば世界がそれを聞けるからね。それは彼の時間だったんだ」。実際に、TDEにはチーム第一のメンタリティがあった。もし自分がアルバムを制作中であれば、それを確実に高品質なものにするために、この共同体の誰もがそのプロジェクトだけに専念するだろう。「それはケンドリックの時間だったから、みんながケンドリックに専念した。もし君の時間なら、君がその時間のリーダーだ。俺たちは、素晴らしいレコードはそうやって作られるものだと信じているんだ」。

TDEの部外者か、その陣営と親しくない者にとっては、誰もが『Section.80』がリリースされたときに同じ疑問を抱いていたようだった――こいつは何者だ⁉　もちろん、もし彼のパフォーマンスを観たり、彼の以前の音楽を聴いたことがある人ならば、彼には潜在的能力があることは知っていた。しかしこれを見抜いた人はほとんどいなかった――これとは、「Rigamortus」の非の打ちどころのない二拍子フロウ、「Ronald Reagan Era (His Evils)」のむき出しで〝戦争の準備ができている〟かのような攻撃性のことだ。ケンドリックが『Section.80』の曲を書いたのは二〇一一年の春。アルバムが出るほんの四カ月前、テック・ナインとジェイ・ロック、ストレンジ・ミュージックとのインデペンデント・グラインド・ツアーを終えてからほんの数カ月後のことだった。ツアーが終わるとすぐに、ケンドリックは最も居心地のいい場所――カーソンのハウス・オブ・ペインと、コンプトンの両親の家の台所とソファー――へと身を引いた。ケンドリックにとって、騒々しいツアーバスや混雑したコンサート会場の喧噪から遠く離れたこれらの場所は、心の平和を取り戻せる故郷《ホーム》のようなものだった。人は、外部の力に強く引っ張られ、それに従うよう圧力をかけられているときにリリックを書くことは難しい。彼はツアー中でも時間ができれば書いてはいたが、集中するのは困難だと感じていた。彼が自分の意図するものを十分に理解し、目指している『Section.80』を概念化するためには、孤独が必要だった。

だから彼は、すべてが始まった地元に帰り、地下牢《ダンジョン》に戻り、馴染みのある環境へと戻った。それは彼が思考をリセットして、コンサートの成功やファンのサポートがあったとしても、自分にはやるべきことが山積みであり、そして——クリエイターとして——自身の評価は最新のプロジェクトで決まるということを思い出させる手段だった。『The Kendrick Lamar EP』や『Overly Dedicated』と同様に、『Section.80』もケンドリックと彼に最も近い人たちが題材だった。しかし彼の前二作が自身の浮き沈みに関する内容だったのに対し、『Section.80』は彼の世代全体——クラック・コカインがストリートに溢れていることを体験していたが、友達や家族、近所の人たちに何が起こっていたかを理解するには若すぎた、一九八〇年代半ばから後半に生まれた子どもたち《キッズ》——についての考察へと範囲を広げた。「A.D.H.D（注意欠如・多動症）」という曲では次のような世界を描く。この曲でケンドリックは、彼や仲間たちにとって、ドラッグや依存症が当たり前のものになっている状況に踏み込んでいく。マリファナやアルコールのような昔からある中毒だけではない。仲間たちは咳止めシロップ[10]や錠剤、TVゲームの中毒にもなっているのだ。ここで、この曲を次曲「No Makeup（Her Vice）」と並べて聴いてみよう。「No Makeup（Her Vice）」で、ケンドリックは知り合いの女性にどうして彼女が元々持っている美しさを化粧で隠すのかと問いかける。「おいおい、なんでそんなに塗りたくるんだよ？」と彼は尋ねる。「君が化粧で覆ってしまったら（cover up）、君の美しさ(cover)を吹き飛ばしちまうぜ／君の欠点は素晴らしい祝福でもあるってこと、知らないのかよ？」。しかし、僕たちはこの曲の後半になって、彼女は家庭内暴力の犠牲者であり、化粧は目の周りの黒あざを隠すためにしていたことを知る。

また、「Keisha's Song（Her Pain）」では社会の悪に立ち向かう若い女性の姿を描く。キーシャは子どもの頃に性的ないたずらをされて、後に売春婦として働くようになる。彼女は、不正を働く警察官や熱狂的な客と闘う短い人生を送った後に、遺体で発見された――強姦されナイフで突き刺されたのだ。ケンドリックは『Section.80』で、喜び、慎重さ、哀しみを同等に引き出すことができる優れたストーリーテラーになり、ふたりの非常に異なる登場人物《ペルソナ》――攻撃的なK・ドットと内省的なケンドリック・ラマー――を、その時点までの最高の形で融合させた。ケンドリックは「Ronald Reagan Era」のような曲でK・ドットを呼び出すと、彼のむき出しの攻撃性に頼りながらこの街のギャングを称え、共同戦線を張る。彼にとって色は関係なかった。ここで彼は、コンプトンがひとつの街であることをきっぱりと宣言している。彼曰く、クリップス、エセス[11]、パイルースだろうが何だろうが関係なく、誰もが彼を守ってくれた。『Section.80』のオープニング曲「Fuck Your Ethnicity」でも、それは共通している。ここで彼は、既存の色の概念をひっくり返し、それをギャング・カルチャーから人種へと広げて、すべての民族をひとつのグループとして扱った。人種の違いにかかわらず、みんな同じなのだ。彼がステージから観衆をのぞき込むと、黒人、白人、アジア人、ヒスパニックの顔が、一堂に会していた。この曲はまた、彼のキャリアを特徴づけるテーマである、〝神〟を受け入れようとする彼の姿にも遭遇する。この瞬間、彼はまるで過去の罪に追いつ

10　咳止めシロップ：コデインなどの成分を含む咳止めシロップに、スプライト、ジョリー・ランチャーという名のキャンディなどを混ぜたリーン、またはパープル・ドリンクと呼ばれる、テキサス生まれのドリンクのことで、陶酔感をもたらす。

11　エセス：スペイン語的に正しくは、Ese がメキシコ系、ラテン系のギャングメンバーで、Esés は彼らがお互いを呼び合う「ホーミー」を意味する言葉（非ギャングも使う）だが、エセス（Esés）は広くメキシコ系アメリカ人のギャングメンバーの意味で使われている様子。

かれる前に、大急ぎで神を見つけようとしているかのようだった。

ケンドリックは『Section.80』を通じて、いまでもストリート・ビジネスに従事する自分と血のつながった男たちに敬意を払い、自身の音楽と人生のバランスを取りながら、この街の文化をあらゆる側面から描こうとした。彼はこれまでの経験——おじや従兄弟から学んだ厳しい教訓から、常に夢を見て人生を豊かに生きるよう彼を励ました母と父から受けた指導まで——を活かしていた。「彼らは、世界はコンプトンより大きいのだから、外に出て探検しなさいと教えてくれたんだ」[*11]と彼はかつて『ビルボード』誌に語った。「それが俺の個性を培ってくれた。だからこそ、俺は自分が何者か、どこから来たのか、人びととつながり、彼らをレペゼンするために何をすべきかを知っているんだ」。『Section.80』は、暴力犯罪で二五年から終身刑[12]の判決を下された親友からも影響を受けている。「彼は親のしつけを受けずに育ったから、『俺たち、何もかもどうでもいいし、誰の言うことも聞く気はない』という、俺たちの世代が抱える否定的なイメージに陥ったんだ」とケンドリックは同誌に語った。「彼はすごく若いのに、彼の人生はほぼ完全に消えちまった。まるで世界のすべてを逃しちまったようなもんだよ。こんなに若いのに、彼の人生が奪われてしまったという事実だけでも、俺たちが他者に耳を傾けたり、自分自身を本当の意味で見つめ直す作業が、そう簡単にはいかないってことがわかるよ。『Section.80』はそうした困難さをレペゼンしているんだ。俺は、仲が良かった友達が捕まって、ムショに行くときに感じた寂しさと痛みを思い出そうとした。その試みは、俺にとって特別な瞬間だったからね。スタジオに入って、感情に向き合って……これが俺の創作プロセスなんだ」。

ケンドリックは『Section.80』を通じて、彼の同世代の仲間を現実的な不安を抱えた生身の人間として描いた。彼らは無感動ではなく、彼ら自身と携帯電話に中毒になっているだけなのだ。彼らもみなと同じように傷つき、血を流している。彼らは世界の現状を嘆いている。たとえ両親のように抗議活動《プロテスト》をしないからといって思慮が足りないというわけではないのだ。『Section.80』は痛みの快楽や闇落ちの誘惑を直ぐ脇に感じながら、慎長にその歩みを進めている。そこでは、現実の生活や楽しい時間が語られる一方で、インナーシティの隅々まで不気味に押し寄せている不安を語っている。また、ケンドリックにとっては自分探しでもあり、自身を待ち受ける落し穴から逃げようとする試みでもあった。それは「Poe Mans Dreams（His Vice）」で詳しく描かれる。この曲で、昔は刑務所に入るのがクールだと信じていたことを告白する。彼の親戚が実際に刑務所に入り、様々なストレスや負担を抱えることで、ようやくその考えが間違っていたことを知ったのだ。

このようなストーリーはケンドリックに限ったことではない。この曲は、多くのおじや兄弟、父親たちが刑務所に連れていかれる姿を見てきたことで、その生き方が魅力的に見えてしまうほど、多くの若い黒人男性を酷く苦しめている現状を示している。刑務所での暮らしはユートピアからは程遠く、この男たちの中には、成人してからの人生の大半を抑留されて過ごしてきたために、獄中の文化しか知らない者もいた。ケンドリックは、刑務所にいる家族や友人たちの孤独に心を寄せた。彼らが持っているのは自由だった頃の記憶とペン、故郷《ホーム》に残した愛する人たちへ手紙を書くための

12 二五年から終身刑：アメリカには不定期刑と呼ばれる幅のある刑期があり、囚人が二五年の刑期を務めた後に、その間の振る舞いによって仮釈放できるか否かが検討されるが、そのまま終身刑になる可能性もある。その背景には、囚人の過剰収容などの要因がある。

数枚の紙だけなのだ。『Section.80』を聴くと、より真剣に、より内省的に、そしてどことなく孤立したケンドリックを感じることができる。このアルバムはコンプトンを焦点にしていたが、ケンドリックは最終的な結論をリスナーに委ねていたため、フィラデルフィア、ヒューストン、ニューオーリンズなどその他の地域でも、彼に近い年齢層の人たちはこの物語《ナラティヴ》に共感することができた。彼はこのアルバムでTDEの最前線に躍り出てスタープレイヤーとなり、その評判があまりに顕著になったために、世間はもはや彼の存在を否定することができなくなった。事実、二〇一一年はケンドリックにとって重大な年になった。その年の二月に、彼は間もなくビッグになる他のラップ・スター――ミーク・ミル、マック・ミラー[13]、ビッグ・K.R.I.T.[14]、リル・B[15]、YG[16]――と共に、『XXL』誌の十一人のフレッシュマン・クラスの一員に指名された。

そして八月には[*12]、あるカリフォルニア・ラップのアイコン一行が、ケンドリックにこれまでで最大の称賛を与えた。ケンドリックが地元LAでショウを行っている間に、その男たちは彼にバトンを渡し、〝キング・オブ・ウェストコースト・ラップ〟の爵位を授けたのだ。それは彼にとってステージ上で泣いてしまうほど感動的な瞬間だった。この瞬間は、彼の想像をはるかに超えるもので、部外者が彼に与えたどんな称賛より価値があった。「お前のやってることは素晴らしい。単に上手いとかってんじゃないぜ。お前のやってることは素晴らしいよ」とスヌープはケンドリックに言ったのだ。「お前はバトンを受け取ったんだ、そいつ《マザファカ》を持って走れ。そいつを持って走るんだ、いいか、それはお前のものなんだからな」。八カ月後、今回はケンドリックがドレイクと一緒に、四カ月間にわたるクラブ・パラダイス・ツアーに出ると公表された。人びとはケンドリックに興味を持ったが、メディアの目には謎めいた人物として映った。彼らはケンドリックを理解することも、その音楽を説明することもできなかったが、同時に魅力的で、奇妙な音楽にも聴こえていた。通常、コンプトンのラッパーは、ジャズのブレイクに乗せてライムしないことになっていたが、彼はライムした。彼らは、廊下で小便、シリアルの中にゴキブリ、地下鉄のネズミといったようなニューヨークのウータン・クラン的な美学を呼び起こしたりしないことになっていたが、彼は呼び起こした。

13 マック・ミラー：ペンシルベニア州ピッツバーグ出身のラッパー、シンガー、ソングライター、プロデューサー。一五歳の頃からミックステープを制作、二〇一〇年に『XXL』誌のフレッシュマン・クラスに選ばれ、デビュー作『Blue Slide Park』で全米ビルボード２００で初登場1位を記録。二〇一三年にアリアナ・グランデ客演の「The Way」のヒットで更に知名度を上げる。気だるい歌声や遊び心のあるライムに、天才MCとの声も高い。多くの仲間のアーティストたちに捧げた私心のない支援で広く愛されたが、二〇一八年に薬物過剰摂取が原因で二六歳という若さで他界。

14 ビッグ・K.R.I.T.：南部ミシシッピ州出身のラッパー、プロデューサー。経済的な必要性に迫られてトラック制作を始め、その後ミックステープが話題を呼んでデフ・ジャム・レコーディングと契約。ヒットシングル「Country Shit」、トップ10入りした『Live from the Underground』、『Cadillactica』をリリースした後、インデペンデント・レーベルに移行。二〇一一年に『XXL』誌のフレッシュマン・クラスに選ばれる。

15 リル・B：北カリフォルニア、バークレー出身のラッパー、プロデューサー、エンジニア、作家、活動家。ヒップホップ・グループ The Pack での活動、スニーカー賛歌「Vans」で注目を浴びる。その後ソロ・アルバムの他、尋常ではない枚数のミックステープを発表、おそらくその数では他の誰よりも多産な約二〇〇〇曲（二〇一一年時点、本人談）にも及ぶ楽曲を無料ダウンロードで次々と提供、カルト的ファン層を生み出した。

16 YG：コンプトン出身のギャングスタ・ラッパー。ブラッズ出身で、楽曲やアルバムカバー、敵対するクリップス（Clips）への対抗心からCで始まる単語をブラッズ（Bloods）の頭文字Bで始まる Brazy や Bool にしたり、随所でその影響を表現。「Toot It and Boot It」で注目を浴びてデフ・ジャム・レコーディングと契約、『My Krazy Life』を始めとするヒットアルバムを発表。艶のある雰囲気や商業的アピール溢れる代表作品と共に、「Fuck Donald Trump」や「Blacks & Browns」のような同胞の声を代弁した作品にも彼の魅力がある。

彼らは、ダンジョン・ファミリーの温かさやゴスペルが配合されたエッセンスを呼び出したりしないことになっていたが、彼は呼び出したのだ。彼がこれらの完全に異なる美学を取り入れながら、コンプトンらしさを失わなかったのは、彼が最高に素晴らしい技能を持っていたからだ。

流行を生み出すアルバムレビューで知られるポピュラー音楽サイト『ピッチフォーク』は、『Section.80』に一〇点満点中八点と、ポジティブな点数を付けた。評論家のトム・ブレイハンは彼の評価の中で、ケンドリックを「変わった若者《キッド》*13」で「内向的な一匹狼タイプ」と評しながらも、このアルバムは「自分の声を見つけ出そうとしている前途有望な若者の……力強い記録」だと指摘した。『XXL』*14誌では、評論家のアダム・フライシャーが、このラッパーの謙虚さと芸術的才能を讃え、〝情熱と集中力と誠意〟を持ってお金、歴史、そして宗教を――しかも、すべてを同一平面上で――分析していると強調した。それでもケンドリックは、マスコミの煽りを鵜呑みにしなかった。彼にとっては、市井の人びとが彼の音楽を感じてくれる方が重要だったのだ。「俺がショウに出掛けると、この若者《キッズ》たちは俺が話すことを本当に信じてくれているんだ。彼らは、俺の作品が俺が尊敬してきた人たちから認められているってことを理解してくれているからだ」とかつてケンドリックは言った。「音楽を認めてもらったり、太鼓判を押してもらえることはすごく嬉しいけど、結局のところ、俺がその背後にちゃんと労働論理を注ぎ込まない限り、その評価には重みがないんだ……俺は今日の世界で最高の音楽を作りたい、ただそれだけだ。それができた日には、何かを達成した気分になれると思うんだ」。

『Section.80』は、ジェイ・Zとカニエ（『Watch the Throne』）や、ドレイク（『Take Care』）、仲間の若手ラッパー、J・コール（『Cole World: The Sideline Story』）などヒップホップの注目作品がリリースされた年の中でも、一線を画していた。もし『good kid, m.A.A.d city』が、ケンドリックを目に見える欠点を持ちながらも、成熟した人間として表現していたとすれば、『Section.80』は、キャンヴァスにばら撒かれたペンキのようだった――彼の表情やアイディアは、まだ形になり始めているところだったのだ。このアルバムは彼が自身を真剣に受け止め始める前に、その類まれなる才能を受け入れ始めたことを示す作品であり、その意味で傑作だった。「俺たちは『Section.80』を、そのとき出ていたあらゆる作品と比べて、いかに異なっていたかについて考えるんだ」とTDEのエンジニア、デレック・アリは言った。「このアルバムは、ありのままで、自分自身に正直で忠実でいれば、できないことは何もないし、行けないところなんてない――ってことを教えてくれたんだ」。

4　スター誕生

二〇一二年初め、ケンドリックは業界で最もホットなラッパーたちと肩を並べる新進スターになっていた。二月半ばに、彼ともう一人の前途有望なリリシスト、ハーレムのエイサップ・ロッキーは、クラブ・パラダイス・ツアーの一環として、ドレイクと一緒にツアーに出た。ケンドリックはトロントで初めてのショウを行った後に、ドレイクとじかに話してこの機会を手に入れた。「彼が電話をかけてきて、俺たちは二、三杯飲んだんだけど、彼はいつも俺の音楽を高く評価してくれたんだ」とケンドリックが言ったと伝えられている。「俺はずっと彼の音楽のファンだった。それ以来、俺たちはいろんな話をしてきたんだ」。ドレイクは、ツアーの前座にケンドリックを抜擢した。「彼と一緒にツアーに行ってもおかしくないアーティストはたくさんいるのに、彼は本気で俺の音楽をリスペクトしてくれている。俺たちは同じようにお互いを尊重し合っているんだ」。これは二〇一三年に「Control」のヴァースが出る前の出来事であり、お互いに受動的攻撃衝動から生まれた挨拶や、取り繕った笑顔、楽屋での強制的な歓談をする、何年も前のことだった。[*1]

今回のケンドリックは、他の誰かの宣伝マンとしてではなく、ソロアクトとして、オースティン、オクラホマシティ、サンディエゴ、ロンドンなどの都市で三八日にわたって、これまでより大きなアリーナで、より多くの観客の前でパフォーマンスを行った。彼は『Section.80』収録の曲を、彼の作品をある程度知っているファンの前でパフォーマンスしたが、彼は前座アクトだったため、ヘッドライナーか彼の前にプレイしたエイサップを見るためにそこにいる、彼にはやや冷めた態度のファンに向かって、「HiiiPoWeR」や「Hol'Up」、「Blow My High (Members Only)」といった記念碑的なトラックをパフォーマンスすることになった。エイサップは『LIVE.LOVE.A$AP』という信じられないほど人気を集めたミックステープで波に乗っていた。このミックステープは、ウィードスモーカーとしての彼を、UGKやDJスクリューの弟子筋にあたる存在として紹介した、ストリート性に溢れるタフな作品だった。彼はケンドリックほどリリカルではなかったが、昨今のラップファンの多くは、これまでの世代のように複雑な言葉遊び《ワードプレイ》を重視しなかったため、エイサップのスター性はケンドリックより明るく輝いていた。それでも、これはケンドリックが今まで体験した中で一番大きな観衆だったが、限られた予算で、観客に自分を印象づける時間がほんの数分しかなかったため、ショウの初期には若干苦しく感じられるものもあった。フロリダ州コーラルゲーブルズのバンクユナイテッド・センターでの最初のギグでは、ケンドリックとアリには、白い折り畳み式のテーブルにアップル・マックブック、そしてフロントモニタにかけられたTDEのバナーだけしか用意されなかった。このような設備では、数百人がぎゅうぎゅう詰めに入った小さなクラブでならうまくいくかもしれないが、何千もの席が並ぶ中規模のバスケットボールのアリーナでは難しい。

しかしケンドリックは、テック・ナインやストレンジ・ミュージックの仲間とインデペンデント・

グラインド・ツアー中に、似たようなサイズのアリーナでツアーをしたことがあった。そして彼にとって、トップ・ドッグ・ティフィスの弟子であることや、TDEの「一文無しのつもりで必死で働け」というメンタリティに育てられたことが助けになった。彼は、コンサートに来るすべての人たちをケンドリックを愛するフォロワーに変える方法などないことは分かっていたが、もし数人でも獲得できれば、かなり大きなファン層を構築することができると考えた。「そこには一万五〇〇〇人の観客がいたんだけど、俺が慣れていたのは二〇〇〇人だった[*2]」とかつてケンドリックは『フューズTV』に語った。「俺は頑張るよ。この人たちの少なくとも一〇〇人には、ケンドリック・ラマーが何者なのか理解してもらうんだ」。彼はゆっくりと最初の傑作に向けて勢いをつけ、少しずつファンを集めていった。

人びとが『good kid, m.A.A.d city』を初体験したのは、「Cartoon & Cereal」がリリースされた二〇一二年二月のことだった。後から考えれば、この整然とした曲は、この先のケンドリックの創造的な美学を理解していく上で、極めて重要な曲だ。彼は、変調されたヴォーカルと複雑に構築されたイメージを通して、家族の歴史――彼だけでなく、ギャング・カルチャーの周りで育った彼の仲間たち――を案内する。彼は、男性による指導のこと、身体的かつ感情的に父親と息子が繋がること、そして少年というのは、結局、いかに自分の家庭にいる成人男性のようになりたがるものかを語る。しかし、手本となる人物がストリートにどっぷり浸かっているか、刑務所に抑留されていたらどうだろう？　この曲では、女性が男の子を出産するときに、男性が文字どおり銃を構えている。うかつにも、この男の子が目にする最初のイメージが武装した男であり、それが彼の幼少時の視点を形成する。「あなたは言った、『俺みたいになるな、最後まで漫画《カートゥーン》観てろ』と」とケンドリックはラップする。この曲は『good kid』のシングルになるはずだったが、インターネットにリークされると、ケンドリックとTDEはそれをアルバムから外すことに決めた。そのため、この曲は熱狂的なファンの人気を誇る曲になった。

翌月、ケンドリックは、インタースコープ・レコーズとドクター・ドレーのレーベル、アフターマス・エンターテイメントと共同事業契約を結び、メジャーでのデビュー・アルバム『good kid, m.A.A.d city』をリリースすることが発表された。彼はドレーだけが理由で契約を結んだのではなく、それはもちろん大きな理由ではあったものの、インタースコープは真の意味でアルバムのリリースに定評があったからだ。「それは誰が構想を理解しているかという問題であり、ドレーと［インタースコープの最高経営責任者の］ジミー・アイオヴィンは理解していたんだ」[*3]とかつてケンドリックは言った。彼らは、まさにエミネムのような才能に期待をかけていたんだ。アフターマスのようなインデペンデントなレーベルが成長することで、結果的にインタースコープが独自性を持つことを彼らは理解しているんだ。そして、それがまさに俺たちTDEが望んでいたことだ。俺たちはアーティストを育てて、エミネムが『The Marshall Mathers LP』で、50セントが『Get Rich or Die Tryin'』でやったような強力なアルバムを出したい――それらは時代を超えて生き残ったレコードだ。彼らはそれを理解していたんだ」。

しかしケンドリックは、契約をしたからといって、レコード会社の幹部からのプレッシャーにおとなしく従うつもりはなかった。彼には音楽に対する独自の構想があり、『good kid, m.A.A.d city』でそれを実現するつもりだった。彼はスヌープから指名された通りウェスト・コースト・ヒップホップの次の偉大なる救世主として、LAラップは落ちぶれたと主張する者たちをその信奉者にしたいと考えた。ケンドリックは、この都市は何も失っていないと信じていたが、クリエイティブな先駆者たちの大地を揺るがすような勢力に比べると、南カリフォルニアのヒップホップには、かつてを思い出させるための新しい声が必要だった——「もし俺が光り輝くことでその勢力を広げていけるなら、そうするさ、俺がそれをやってやるよ」。二〇一二年の夏には、ケンドリックの評判は確かなものだったが、彼はまだ単独ではブレイクしていなかった。彼はクラブ・パラダイス・ツアーでは単なる前座アクトに過ぎなかった。しかし、とうとう彼自身がステージを支配するときが訪れた。ドレイクのツアーでギグを終えた三カ月後の七月に、ケンドリックはシカゴの、彼の両親が一九八四年に土地を引き払ってコンプトンに引っ越す前に住んでいたところから西に向かう州間高速道路九〇号線を一五分ほど上がったところにいた。それは原点に立ち返った瞬間だった。彼の家族は、ストリートの暮らしから逃れるためにその土地を離れ、自分たちの人生を向上させなければならなかった。そして今、彼らの長男が故郷に戻り、今にもスターになろうとしていた。

　ケンドリックは、シカゴのユニオン・パークで毎年開催されるピッチフォーク・ミュージック・フェスティバルに出演することになったのだ。そこではかつて、モデスト・マウスやナショナルのような著名なロック・アーティストや、パブリック・エナミーやデ・ラ・ソウル[1]のようなラップ・アクトがステージを飾っていた。ケンドリックの出演した年はピッチフォーク史上最もラップに軸を置いたラインナップで、彼のTDEのパートナーであるスクールボーイ・Q——一月に実に素晴らしいLP『Habits & Contradictions』をリリースしていた——もパフォーマンスをすることになっていた。この年は新進ラッパーのビッグ・K.R.I.T.やダニー・ブラウン、実験的なプロデューサーのフライング・ロータスも出演することになっていた。たとえケンドリックの名前がフライヤーで一番大きくなかったとしても、彼は間違いなくその週末のスターだった。当時ピッチフォーク・メディアの社長だったクリス・キャスキー曰く、彼はその前年の二〇一一年もケンドリックの出演を望んでいたが、『Section.80』がリリースされたときには、既にラインナップが固まっていたという。キャスキー曰く、ピッチフォークは二〇一二年にケンドリックにブルーステージに出演してもらうために、五二万五〇〇〇円支払った。「ブッキングした二〇一二年の春からフェスティバル当日まで、彼がビッグになりすぎて辞退してしまったらどうしようと心配しなかった日は一日もなかったね」とキャスキーは言う。ピッチフォークの創設者で最高経営責任者のライアン・シュライバーは、ピッチフォークの観客が、ケンドリックを見て特に興奮していたことを覚えている。同社が彼とフェスティバルの出演契約をしてから、彼が実際にステージに足を踏み入れるまでに八カ月の期間があり、話題性は高まる一方だった。「人びとが他のステージの途中で、この小さなブルーステージに殺到してきたのを覚えているよ」とシュライバーは言う。「巨大な人の群れが、屋台のはるか向こうや、そこらじゅうに広がっていったんだ。ケンドリックが初期の段階であんなに影響力を持っていたとは、かなり印象的だったよ」。

　若干不可解なことに、彼はレディー・ガガ——僕たちリスナーが一九八〇年代半ばのマドンナ以来、見たことがなかったタイプの興行的な名声を築き上げた超大物ポップスター——を虜にしていた。外から見ると、その友情は奇妙に感じられた。彼女はその二年前のMTVビデオミュージックアワードで肉のドレスを着て登場するなど、個性的で風変わりなアーティストだ。一方、ケンドリックは内向的で、劇的《ドラマ》な事件を好まず、自分の頭の中で生きることに満足していた。それにもかかわらず、ガガは自動車数台でやって来て、彼がパフォーマンスするブルーステージの裏に車を止めた。彼女が一緒にパフォーマンスするかもしれないという噂さえあった。ガガの出現は、ケンドリックとフェスティバル自体にとって一大事だった。ピッチフォークは、ガガのような影響力があるアーティストではなく、カルト的ファンを持つニッチなアーティストが出演することで知られていた。「三〇分前になるまで、彼女が現れてステージの脇に来るなんて、全く知らされなかったよ」とシュライバーは思い返す。「彼女は車を乗り入れて、そこにいたんだよ」。

もっと有名で予算も潤沢なラッパーであっても、ガガの称賛を勝ち取ることはできなかったため、ケンドリック――アンチ業界の新生ＭＣ――がそのレベルで関心を集めるということは、彼には本当に聴く価値のあるものを持っていたということだ。彼の名声など気にしない性格が、ガガを惹きつけたのだろう。「彼女はふつうの人だよ」とケンドリックはピッチフォークに語っている。「俺たちは純粋な音楽への愛から友達になったんだ。ある日彼女が突然電話してきて、俺のやっているヒップホップをリスペクトしている、彼女が今までラジオで聴いたどんなものとも違う、と言ったんだ。そこから相性《ケミストリー》が良くなっていったんだよ」。

フェスティバルの楽屋は慌ただしい活気に溢れていた。ピッチフォークのスタッフは、ケンドリ

1　デ・ラ・ソウル：ＮＹロングアイランド出身、ポス、トゥルーゴイ（デイヴ）、メイスの三人が一九八七年に結成した伝説的なヒップホップ・グループ。ハードコアなヒップホップが主流だった時代に、ユーモアのあるリリックやスキット、斬新なサンプリングを取り入れた傑作『3 Feet High and Rising』でデビュー。ＮＹベースのオルタナ・ヒップホップ陣が集まったネイティブ・タンで中心的人物となる。長年、トミーボーイ・レコーズに握られていた初期六枚のアルバムのマスター所有権を法廷バトルの末に二〇二一年についに取り戻し、同年中にデジタル配信を開始予定。

ックのセットを邪魔することなく、世界一ビッグなポップスターを忍び込ませなければならなかった。「ショウが始まると、ステージの脇でそれぞれの曲にジャムってる彼女を目にしたんだけど、ステージに出てくるつもりがないのは明らかだったよ」とキャスキーは思い起こす。「僕の（ビジネスパートナーの）マイク・リードや彼らのチームの人たちと話した感じだと、ガガは彼のセットを『彼の時間』として見ていて、彼からスポットライトを奪いたくなかったみたいだね。彼女、クソ最高だと思ったね。だって彼女が出ていたらショウは間違いなく一層熱狂してただろうからね」。ケンドリックには、どこか人を興奮させ、どこか人を惹き付け、それでいて若干異質に感じさせるところがあった。彼がどうやってそんな短い時間でガガとの関係を築いたのかは、誰も理解も解明もできなかった。そして彼は、あまり秘密を明かさなかったため、人びとの目には謎めいた人物に映り、それゆえに一層興味をかき立てられた。ケンドリックのランクが上がると、ふたつの疑問が生まれた――世界中の新進リリシストの中から、彼はどうやってドクター・ドレーにフックアップされたのだろうか？　そして彼は、一体どうやってガガの関心を引いたのだろうか⁉

彼の人生はあっという間に旋風を巻き起こし、それを受け入れるのに苦労した。しかし彼に近い人たちにとっては、彼に向けられた愛はまったく驚くべきことではなかった。彼はこの地点にたどり着くために、黙って信じられないほど努力を重ねた、誠実な男だった。ケンドリックのような人は、道端の花に目もくれず、正当に獲得した愛に溺れることもない。自分の腕を上げることで頭がいっぱいなのだ。優れた仕事は成功の基盤であり、たとえデイヴ・フリーかサウンウェイヴ、〝トップ・ドッグ〞・ティフィス、ドレー、ガガがケンドリックに素晴らしい才能を見出さなかったとしても、どのみち彼は勝利を得る運命にあった。彼は自分のやるべきことに真っ直ぐ向き合い、その過程をごまかすつもりなどなかった。「彼は自分の技巧《クラフト》で優勢な達人《アセンダント・マスター》になるために、一万時間費やしたの。彼、信じられないくらい規律正しいのよ」とヴォーカリストのアナ・ワイズは言う。彼女はオルタナティブ・ソウルやベッドルーム・ポップのデュオ（またはトリオ、そのとき誰がいたかによる）、ソニームーンの一人で、ケンドリックがYouTubeを通じてファンになった人物だ。ケンドリックが彼女に声をかけたのは、彼女が音楽のなかで表現する様々なキャラクターが気に入ったからだ。彼女は曲の途中で、ファルセットを官能的なものから漫画っぽいキャラに替えることができた。ふたりは「Cartoon & Cereal」で歌い、度々共演するようになった。

　ケンドリックの伝説は、シカゴのノースサイドにあるユニオンパークのステージから始まった。三三度を超える蒸し暑さに包まれたその日、ファンはそれまでにない勢いで彼の名前を連呼した。ケンドリックは誰もがよく知る名前になっていた。観客はライブでパフォーマンスされた曲を知っていて、バックDJをつとめたアリが観客の声が聞こえるようにインストゥルメンタルを止めると、このラッパーの小節《バー》を彼に向かって叫び返した。いつの間にか「HiiiPoWeR」、「Hol'Up」、「Fuck Your Ethnicity」といった『Section.80』のトラックは、突然カルト的人気を博していた。「彼が羽を伸ばしていたのを覚えているよ」とシュライバーは思い返す。ファンは――そしてもちろん、レディー・ガガでさえも――四五分のセットを通して汗をかき、ケンドリックがリアルタイムで主役になっていく様子を目の当たりにした。二〇一四年の夏、今回は三人のヘッドライナーのひとりとして、ケンドリックはユニオン・パークとピッチフォーク・ミュージック・フェスティバルに帰って来た。今回はギャラがはるかに良く（およそ三一五〇万円）、リスクもはるかに高かった。さらに、ケンドリックは以前に比べて相当な影響力を獲得していた。「僕たちは、彼にヘッドライナーを務めてもらうためだけに呼んだんじゃなく、彼の同胞やコミュニティも支持しているということを感じて欲しかった」とキャスキーは言う。「僕たちは彼を喜ばせる目的でスクールボーイ・QとSZA[2]をブッキングしたんじゃない。ウェストコーストで成長している強力なムーヴメントを祝いたかったんだ」。実際、ケンドリックとTDEの助けもあって、ウェストコースト・ラップにはある種のルネッサンスが起こっていた。二〇一〇年頃、LAを拠点とするラッパーの集団が、衝撃的な悪ふざけとハードコアなライムでポップカルチャーを席巻していた。彼らはオッド・フューチャーと名乗り、タイラー・ザ・クリエイター――かつてミュージック・ビデオでゴキブリに齧りついたこともある、攻撃的なプロデューサー兼MC――という派手な男が率いていた。またそのグループには、アンダーグラウンドのラップとR&Bで次世代の要となるであろうスーパースター、ラッパーのアール・スウェットシャツとシンガーのフランク・オーシャンがいた。スウェットシャツは、ウィードにまつわるフロウをオブスキュアなソウルのサンプル・ループに乗せ、気だるく呟くようなラップの潮流を作り出した。また二〇一二年、オーシャンは大手レーベルからデビュー・アルバム『channel ORANGE』をリリースし、この傑作によって即座にR&Bの救世主と呼ばれるようになっていた。それから、コンプトン生まれのギャングスタ・ラッパーYGは、プロデューサーで同じくLA出身のDJマスタードとの仕事でケンドリックの思慮に富んだアプローチに対する、艶のあるオルタナティブとなっていた。

二〇一二年七月三一日に、ケンドリックは『good kid, m.A.A.d city』からの最初の公式シングルとして「Swimming Pools (Drank)」をリリースし、これによって、彼の人生は大きく変わった。「Swimming Pools」は表面上、観客が好んで口ずさむ忘れがたいフックで、過剰な飲酒による喜びと最終的には酔いつぶれてしまうことを祝っているように聴こえた。「注げ（飲んだ！）、ショットだ（飲んだ！）」とコーラスが歌う。「Swimming Pools」は、ピッチフォークのような野外フェスティバルでパフォーマンスされると、人びとが数時間にわたってビールをがぶ飲みし、ストリートフードを食べた後で、その深い蒸気のようなベースとハンマーで打たれたようなドラムループで、パーティ・ソングのように観客の身体をヒットする。しかしリリックを掘り下げてみると、リスナーは、アルコール依存症のある家族の歴史と格闘するケンドリックや、その苦闘が彼自身のドラッグとの複雑な関係に繋がっていることを聴くことができる。「ところで俺は、酒瓶に浸った暮らしをする人たちの周りで育った」と彼はラップする。「爺ちゃんはゴールドのフラスコ瓶[3]を持ってた／シカゴじゃ毎日、酒の海で背泳ぎしてた」。若い頃のケンドリックは、人気のある子ども《キッズ》たちに溶け込みたくて、そのためだけに酒を飲んだ。

　この曲はまた、友達と一緒に出掛けたら酔っ払うことが期待されたという、飲酒にまつわる同調圧力も取り上げている。もし酔っぱらわなければヤワだと見られ、「たった二、三杯のショットの子守りをしている」とからかわれる。こうした表現はケンドリック・ラマーの天才ぶりを証明している――この曲や他の曲でも、彼は深刻なテーマをポップなビートに織り込む方法を知っていて、

2　SZA（シザ）：ニュージャージー出身、TDEに所属する今を代表する女性R&Bシンガー。ビリー・ホリディ、ビョーク、ウータンクランなどから影響を受け、アーティスト名はウータンの総帥RZA（リザ）に触発されて命名。高い評価を受けた二〇一七年リリースのデビューアルバム『Ctrl』は、あまりにリアルな内容で多くのファン、特に女性から熱烈的な共感を呼んだ。

3　フラスコ瓶：ウイスキーなどを入れるために平らで薄く携帯できるように作られた瓶。

リスナーに説教せず、むしろ教育していた。彼は錯覚を起こさせるようにメッセージを埋め込んだため、消極的なリスナーにも熱心なリスナーにも繋がることができた。「Swimming Pools」はケンドリックの個人的な苦悩が溢れた暗い曲だったが、彼はリスナーに一方的に話すのではなく、話し掛けていたため、個人的な次元で関わり合うことができた。僕たちの多くはアルコール依存症と何らかの関わりがあるため、当時のトップ40の曲をかけるラジオ局とはまったく違った方法で、リスナーの心を打った。その曲はバック・コーラスとマーチング・ドラムをバックに、ヒップホップを装ったゴスペル・ソング、二〇〇四年のカニエ・ウェストの「Jesus Walks」と同様に、一味違っていた（二〇一九年に、カニエはその美学に大きく傾倒していて、彼の九枚目のスタジオ・アルバム『Jesus Is King』は、本質的にはキリスト教ラップのレコードだった）。

「いい気分になりながら、同時に背景に意味があることをやりたかった」[*4]とかつてケンドリックは、「Swimming Pools」について『コンプレックス』誌に語った。「俺はすべての人にとって普遍的でありつつ、自分にとっても忠実なことをやりたかった。飲酒について語ることほど普遍的な方法は他にないだろう？　俺は、たまに飲む人間なのか、酔いつぶれるまで飲むのか、っていう決断を下さなければならない家庭で育ったんだ。それがこのレコードの真意だ。俺が子供の頃に経験してきたことと、自分の決断を下すことに関してのね」。

「Swimming Pools」のビートを編集したプロデューサーのT・マイナスは、メインストリームの音楽では、普通アルコール依存症の問題に取り組んだりはしない、と述べた。「多くの人たちは、この曲を初めて聴いたときに、単に酒を飲むことや、酔っぱらうことのポジティブな影響に関する曲だと思うんだ」と彼は『コンプレックス』誌に語った。「でもこのレコードは、そのネガティブな影響についても語っている。それってすごくドープだよ。飲酒にまつわるネガティブなことに触れたい人は、そんなにいないからね」。ケンドリックはメインストリームの標準に反していたため、実際《リアル》のテーマについて語る実在《リアル》の人物であったため、そして彼はスポットライトの恩恵に感謝していたため（しかし、誘惑はされなかった）、「Swimming Pools」は――そして彼の音楽は全般的に――僕たちリスナーに活力を与えてくれた。この曲はＵ．Ｓ．ビルボード・ホット１００で最高一七位を記録し[5]、ケンドリック初の大ヒットとなった。ほぼ一夜にして、彼はアンダーグラウンド・ラップ界から脱出した。

そこからケンドリックは、二〇一二年で最も期待されるアルバムになった『good kid, m.A.A.d city』の一〇月リリースに向かって全速力で進んでいた。販売促進中の彼は冷静に振る舞っていたが、彼とＴＤＥ全体が成功するかどうかは『good kid』に懸かっていた。ジェイ・ロックのワーナーとの契約が失敗に終わったときの記憶は、今でも鮮明に残っていた。『Section.80』が批評的に評価されたことに加えて、ドレーとガガの称賛と共に、ケンドリックの大手レーベルでのデビューは、ホームラン級の成功を叩き出さなければならなかった。多くの視線が彼に向けられていたため、このチャンスをポシャらせるわけにはいかなかった。「これまで俺たちはいろんなことをやってきたけど、レコードはまったく売れなかった」[6]とこの当時ティフィスは言っていた。「これが本当の意味で最初のリリースだ。これがＴＤＥの方向性を決めることになる」。

アルバム・リリースに至るまでのケンドリックのインタビューは、人びとの期待を高めるものばかりだった。彼は、僕たちリスナーはレコードを聴いた後に、なぜ彼があまり酒を飲まず、まったくウィードを吸わなかったか、そしてなぜ彼が家族や友達と非常に親密なのかを知ることになる、と宣言していた。彼はインタビューでほんの少ししか情報を提供しなかったが、場合によっては、本人がふと気づいてストップするまでに限られたが、アルバムのコンセプトを解き明かしたこともあった。彼はミックステープを出していた日々からずっとこのアルバムの計画を立ててきたため、あまり情報を提供し過ぎたくなかった。彼は、ホームタウンのニュアンスに富んだ豊かさを描き、僕たちみんなを驚かせたかったのだ。『good kid』はケンドリックの最高の功績であり、いよいよ世界に向けて発信される時が迫っていた。

二〇一二年一〇月二二日にリリースされた『good kid, m.A.A.d city』は、単なるドープなアルバムではなかった。それは誰もが抱いた壮大な期待をはるかに上回る、この上なく素晴らしい傑作だった。それは単なるウェストコースト・ラップのレコードに留まるものではなかった。「Sherane a.k.a. Master Splinter's Daughter」、「The Art of Peer Pressure」、「Sing About Me, I'm Dying of Thirst」、「Real」のような曲には、サザン・ラップの豊かな開放感があり、ケンドリックの声はアンドレ・3000の声に似通っていた。彼には、このアウトキャストのラッパーと同じような息つく暇もない会話形式のフロウがあり、ライムには同じように豊かで象徴的な意味合いをちりばめた。事実、TDEのパンチ・ヘンダーソンはアンドレをこの曲に入れたかったため、ケンドリックはアルバムが出る前に「Bitch, Don't Kill My Vibe」のトラックをアンドレに聴かせたのだが、そのときアンドレはジミ・ヘンドリックスの伝記映画『JIMI：栄光への軌跡』の撮影で余裕がなく、実現しなかった。

それにもかかわらず『good kid, m.A.A.d city』には、クエンティン・タランティーノの映画のような展開があり、それに人びとは驚嘆した。『A Short Film by Kendrick Lamar』（ケンドリック・ラマーの短編映画）という副題が付けられたこのアルバムで、リスナーは一曲目の「Sherane a.k.a. Master Splinter's Daughter」ですぐにスリルに満ちたサスペンスドラマの中に突き落とされ、次にアルバムは主人公が持つジレンマの背景をゆっくりと解き明かしていく。この作品は、シーンはバラバラだったとしても、ストーリーが繋がり流れていく、魅力的なパズルのような構成になっていた。そして何より極めて視覚的だった。「Backseat Freestyle」を聴けば、仲間の命を受けて友人の車の後部座席でライムしているケンドリックの姿がありありと思い浮かぶ。二〇〇四年に設定されたこの曲では、彼はまだK・ドットで、この曲――『good kid, m.A.A.d city』からの三枚目のシングル――には、彼の初期のミックステープに似た奔放でリリカルな攻撃性があった。このアルバムは、あらゆる声音を駆使して、コンプトンの幼い黒人の子ども《キッズ》たちが足を踏み入れる可能性のある遊びやトラブルを掘り下げながら、繊細さと細心の注意を払いながらも整然と進行する。ジャケットのアートもまた、彼が語る物語《ナラティヴ》には絶対不可欠だ。このアルバムのデラックス版――ジェイ・Zとの「Bitch, Don't Kill My Vibe」のリミックスや、メアリー・J・ブライジとの「Now or Never」を含む六曲のボーナストラック入り――は、彼らの家の前に停められた母親のヴァンを写した古いポラロイド写真で構成されている。一二曲入りの通常版は、幼いケンドリックが白いテーブルに着くおじの膝の上に座る、同様に懐かしい写真がカバーになっている。彼の祖父が彼の左側にいて、もうひとりのおじが一番右にいる。それはケンドリックの人生と音楽を描いた二分法を見事に表現していた。彼の目は無邪気で、彼を抱いているおじが彼の小さな腕の下でギャングサイン[4]を出しているのを知らない。テーブルの上には、ケンドリックの哺乳瓶が一・二リットルのビール瓶のすぐ近くにある。

「あの写真は、俺の人生や、俺がコンプトンでどのように育てられたか、俺が見てきたものの多くを物語っている」と二〇一二年にケンドリックは言った。

このアルバムは、ケンドリックがハウスパーティで出会い、セックスをしたいと思っている女性、〝Sherane（シェレイン）〟についての曲で始まる。彼女は「ドミンゲス高校から通りを隔てたところ／……コンプトンとパラマウントの境界線」付近に住んでいた。この曲によれば、彼女の母親はコカイン中毒者で、家族にはギャングバンギンの歴史があった。この曲は、一七歳のケンドリックが、五分の一ガロン（約七五七ミリリットル）のグレイグース・ウォッカをトランクに入れ、かろうじて目的地に辿り着けるだけのガソリンが入った母のキャラヴァンに乗り、ローズクランズ・アヴェニューを走っているシーンから始まる。彼がようやく目的地に到着すると、黒のパーカーを着た二人の男がトラブルを起こそうとしているのを目撃する。これは仕組まれていたのかもしれないし、あるいはケンドリックは、単に間違った時間に間違った場所にいただけなのかもしれない。ケンドリックが彼らの姿を目にすると同時に、彼の電話が鳴る――それは、ケンドリックが彼女のヴァンでいったいどこに行ったのか不思議に思っている、母親のポーラだった。「一五分で戻るって言ったじゃないの！」とポーラは叫び、その声はフラストレーションに満ちていた。「郡のビルに行かなきゃなんないってのにさ／子どもたちは食べる気満々だよ！／あたしだって食べたいのにさ、ちっくしょう」。一方、ケンドリックの父親、ケニーはそんなことは一切気にせず、息子が自分のくそドミノゲームをどうしたか知りたがる。「お前に俺のくそったれドミノを持ってこいって言うのはこれで二度目だぞ／俺のくそドミノを何度もなくしやがって、裏庭に出て対戦する羽目になるぞ、ホーミー！」。曲が終わる直前に差し込まれたこの電話のやり取りは、張り詰めたシーンに平穏さをもたらし、雰囲気を一気に変える。彼の両親が喜劇のような留守電を残すときに、僕たちリスナーには、ケンドリックがその男性たちとのトラブルを乗り切ったのか、それとも彼らはケンドリックのことなど最初から気にしていなかったのかは分からない。結局のところ、彼はシェレインと繋がったのだろうか？

そして次は、彼があやうく逮捕されそうになった押し込み強盗を描いた「The Art of Peer Pressure」だ。ここでケンドリックと彼の友達は、「四人で白のトヨタに乗り込んで／タンクに四分の一のガソリン、一丁のピストルとオレンジソーダ」を持ってストリートを進んでいく。彼らは午後二時半に四〇五号線（高速道路）を走りながら、ヤング・ジーズィ[5]のCDをかけている。車は次第にスピードを落とす。その後、日が沈み始めると、彼らは数カ月前から強盗しようと企んでいた家に到着する。ケンドリックは裏の窓から何か盗むもの——任天堂ビデオゲーム、DVD、プラズマテレビ——はないかとくまなく調べる。その後、彼らは警察に追跡され——または彼らはそう思っていた——その地域から飛び出す。

4　ギャングサイン：意思疎通のためにストリートギャングが使用するハンドサイン。MCがラップする際に使う手のしぐさは、これが基盤になっていると言われている。

5　ヤング・ジーズィ：アトランタ出身のラッパー、ソングライターで、現在のアーティスト名はジーズィ。トラップをメインストリームに広めた人物としても知られる。二〇〇四年にバッド・ボーイ・レコーズと契約してBoyz n da Hoodというグループに加入後、翌年念願のデフ・ジャム・レコーディングスと契約してソロデビューを果たし、合計五〇〇万枚以上のセールスを記録。ケンドリックは『good kid, m.A.A.d city』収録の「The Art Of Peer Pressure」の中には、友人たちとジーズィの「Trap or Die」のフレーズを歌うシーンがある。

俺たちは右へ、左へ、そして右へ曲がった
それから左に曲がって、俺たち人生を旋回していた……
でもヤツらは右に曲がってから左に曲がり
それから右に曲がってからもう一度右へ
ホーミーとのラッキーな一夜

そしてこれは、ケンドリックが初めてウィードを吸ったときでもあった。「俺は普段ドラックをやらないのにさ、くっそー、今はホーミーと一緒なんだ」と彼は打ち明ける。僕たちリスナーは、四曲後の「m.A.A.d city」で、そのブラント[6]にはコカインが混ざっていたことを知る。彼が大人になってドラッグをやらなかったのは、それが理由だった――「初めてのブラントで口から泡吹いたら、どうなるか想像してみろよ」。

このアルバムは、ジェイ・ロック、ドレイク、アナ・ワイズ、メアリー・J・ブライジ、ドクター・ドレーをフィーチャーしていたが、リスナーが最も驚かされたのは、間違いなく「m.A.A.d city」のゲストスターだった。足を踏み鳴すような暗く威嚇的なビートから、後半は一転、ヘッドバンギングを誘うような明るく車のトランクをガタガタ言わせるような弾んだビートに切り換わると、MCエイトという名のコンプトンのOG[7]が、最も彼らしいやり方でその到来を告げた。「目を覚ましやがれ、チンピラが!」とこのベテランラッパーは告げる。「やっぱコンプトン流しかあり得ねぇぜ／ジィエア(G-yeah)[8]」。MCエイトは、ロサンゼルスはもちろんのことウェストコースト・ヒップホップ全体でレジェンドと見なされていた。彼は、一九九三年にリリースした「Streiht Up

Menace」で知られていた。この曲では、コンプトンを舞台に、父親を殺され、母親が食うに困っている一家で育った自身の半生を、一部創作を交えながら描いている。最終的に、この曲の主人公は――エイト本人も出演した映画『ポケットいっぱいの涙』（原題：『Menace II Society』）の主人公を下敷きにしている――ギャングにかかわり、自身の縄張りを守っているうちに死んでしまう。野球帽と長いブレイズヘアーがトレードマークのエイトは、残虐な警官や銃を持ち歩くギャングバンガーに注意するよう、その世界を覗き見るようなライムを駆使することで知られていた。エイトの世界では、コンプトンはいたるところで死と実刑判決が若い黒人男性に降りかかる暗いところだった。

彼は、ケンドリックのアルバムで再び姿を現すまではほとんど目立たずにいたが、彼がコンプトンで耐えてきた戯言《ブルシット》は一九八〇年代からずっと起こっていたことだと、この善良な若者《ソリッド・キッド》に知らせ、「ストリートの教訓を教えるため」に「m.A.A.d city」に現れた。この曲のMCエイトは、昔の彼――落ち着いていて戯言を許さず、兄弟のように親切だが説教じみていない――のままのように聴こえた。ケンドリックはこのようなヒップホップを聴いて育ったため、大手レーベルのデビュー作にエイトのようなレジェンドに出演してもらうことができたのは、大きな成果だった。

「俺の仲間にケンドリックを知ってるヤツがいた。彼らが俺に連絡してきて、ケンドリックが俺と一緒に曲をやりたがってるって言うんだ。俺は『いいぜ』って応えて、ケンドリックに俺の電話番

6 ブラント：シガーの中身を抜いて、その厚い紙でマリファナを巻いた大きく太いマリファナたばこ。

7 OG：オリジナル・ギャングスターの略。長年ストリート・ギャングに身を置いた経験を持つ者、または高い地位を築いたことのある者。

8 ジィェア（G-yeah）：ギャングスタの頭文字の"G"と"yeah"を掛け合わせた、MCエイトが広く使った掛け声。

号を知らせるように伝えた」とエイトは僕に語った。「彼は二週間後ぐらいに電話してきたよ」。そこから、エイトとケンドリックはスタジオで落ち合い、この年下のラッパーは「m.A.A.d city」のコンセプトを説明した。ケンドリックは、昔のコンプトンと最盛期のギャンスタ・ラップに敬意を表したかった――「俺たちが腰かけると、彼は曲をかけてフックを聴かせてくれた。俺は自分のヴァースを考えて、すべては時計仕掛けのようにうまくいったよ。コンプトン出身だったら誰でもこの曲に参加することができただろうけど、俺は常にコンプトンやストリートに触れた音楽を作ってきたから、彼はそういうタイプのフレイヴァーをこの曲に求めていたんだ。彼はその時代にラップしていた信頼のおけるヤツ《キャット》を連れてこようとしていた。それが基本的にスタジオでの会話だった。彼は俺に、俺を有名にしたラップをやって欲しいと伝えたんだ」。

　ケンドリックは、エイトが今までコラボしてきた他のラッパーたちとは違っていた。彼は仕事中心であり、それがすべてだった。「彼はマジでゆったりした若者《キッド》で、謙虚で、初めての大型プロジェクトをやっている人物にしては、厳しすぎる要求はしてこなかったよ」とエイトは言う。「たいていのヤツら《キャッツ》は、自分が進みたい方向が定まっていない。俺をスタジオに呼んでおいて、『やあ、エイト、ヴァースを炸裂させてくれよ』って感じさ。俺が『コンセプトは何だ？　方向性は何だ？』って訊くと、ヤツらは『ほら、いつものやつ、やってくれよ』って言うのさ。一方、ケンドリックはじっくり時間をかけて説明してくれた。彼がヒップホップの技巧《クラフト》を大いにリスペクトしてるってことの証だよ。彼は、スタジオで飲んだり吸ったりあらゆることをやって五〇〇〇万人とつるんでるようなヤツらとは違う。基本的にすべてが仕事だったよ。中には称賛やらが必要な人たちがいてさ、それはヒップホップ・シーンの典型的な姿だけど、真のアーティストはその大部分を迂回する。

ケンドリックのように、自分が作りたいもの、人に伝えたいものをはっきり表現できる人物は、真面目である必要があるんだ」。

ケンドリックは、『good kid, m.A.A.d city』を通じて、これまで自身が乗り越えてきた壮絶な過去を深く掘り下げた。他のミュージシャンは、自身の一番良い部分しか見せないのに対し、彼は自分が体験した真実をすべて話し、コンプトンの子ども《キッズ》たちにこの街を超えて夢を見るよう訴える。僕たちリスナーは、「m.A.A.d city」で、彼が実際の仕事に一カ月しか就いたことがないことを知る。彼は警備員をしていたが、仕事を始めて三週間でそこで強盗を仕組んだ後にクビになったのだった。確かに、ケンドリックはレコード契約を結び、大きな承認を得た新進スターではあったが、彼はいまでもコミュニティの一部であり、彼らと同じ痛みを感じていた。「Money Trees」では、彼が貧しかった頃、安いラーメン（一袋二、三〇円ほどで手に入る）にホットソースをかけていたこと、現金がもらえなくてもサイファーでラップしていたことを思い出す。彼はおじのトニーを尊敬していた。トニーはケンドリックのキャリアに大きな期待を寄せていたが、その予言が実現する前に地元のルイ・バーガーで頭部を二回撃たれてしまった――「彼は言ったんだ、いつの日か俺はツアーに出るってさ……／ルイ（・ヴィトン）のベルトだってその痛みを和らげることはできない」。僕たちリスナーは、ポップ・アイコン、ジャネット・ジャクソンの曲「Any Time, Any Place」をサンプリングし、R&Bにフォーカスした官能的な曲、「Poetic Justice」――ジャネット・ジャクソンと2パックが主演を演じた映画にちなんでつけられた――の終わり近くで、ケンドリックがシェレインと繋がるチャンスを得る前に襲われたことを知る。「俺がどこの出身か教えてやるよ」と母親のヴァンの中でケンドリックを問い質した男の一人が告げた。「お前がどこの出身が言えよ、いいか？／それかお前の婆ちゃんがいるところ、お前のお袋がいるところ、それかお前の親父がいるところをな」。アメリカのほとんどの都市では、こうした質問を受けることは絶対にない。しかし、間違った地域を口にすると殴り倒されるか殺されてしまうコンプトンでは、恐ろしいほど一般的な質問だった。ケンドリックへの攻撃は、銃撃戦に発展し、その後彼の友人のひとりが亡くなった。

　この事件とその余波は、『good kid』の中で最も重要な作品であり、ケンドリックの今までの作品の中でも最も力強い曲の一つである「Sing About Me, I'm Dying of Thirst」で見事に表現されている。この二部構成の一二分にわたる壮大な大作で、このラッパーは、目の前で友人の弟（または兄）の死を看取った怒りと、ある年上の女性との偶然の口論がいかに彼の人生を永遠に変えてしまったかを解き明かす。最初のヴァースは、間違いなく最もハッとさせられる内容だ。ケンドリックは彼の友人で、殺されたデイヴの兄（または弟）の視点からライムをする。デイヴは殺され、ケンドリックはその現場を目にしていた。デイヴの兄（または弟）はストリートに深く関わっていたが、その生活から脱け出すための、新たな情熱を今なお探し求めている。しかし彼は、その時点であまりにストリートに深入りし過ぎていたため、どうしても方向を変えることができなかった。彼はケンドリックに懇願する。もし自分が死んだら、自分と弟（または兄）のデイヴのことを曲の中で追悼してくれ、と。そして案の定、その友人は『good kid, m.A.A.d city』が出る前に撃ち殺されてしまう。二つ目のヴァースは、二〇一〇年にリリースした『Section.80』に収録した「Keisha's Song (Her Pain)」の再訪だ。この曲は、熱心すぎる客に強姦され、殺されてしまったキーシャという売春婦のことを歌っていた。しかし再訪してみると、キーシャの妹からは、姉の話は人に明かして欲しくなかったと責められる。キーシャの妹にとって、それは悲劇的な事件だったからだ。「俺は彼女の妹に会ったんだけど、彼女は姉のキーシャについて俺を攻撃したんだ。要するに、彼女は俺に、彼女の個人的な問題を公開して欲しくなくて、もし本当にアルバムが出るのなら、わたしのことには触れないで、歌わないで、と言ったんだ」とかつてケンドリックはMTVニュースに語った。キーシャの妹の要求に逆らい、ケンドリックは彼女の視座から二つ目のヴァースをラップし、挑戦的だった彼の声は次第に消えていく。三つ目のヴァースでは、ケンドリックは自分の死や、それが死後の世界で何を意味することになるのかを理解しようと、彼自身の視点からラップする。その時点で、彼は探し求めていた神をまだ見つけていなかったが、死が着実に彼を追い掛けている中で、自身の抱える重荷をイエス・キリストの手の中にゆだね、手遅れになる前に比喩的な聖水を浴びていた。この瞬間、ケンドリックは肉体的、精神的に疲れ切っていた。彼はあまりに熱心に夢を追い掛けてきたため、どうしても休養が必要だった。彼はそれらの感情を蓄積させ、あらゆる殺人、すべての抑留中の友人や親戚のことを受け止め、それらすべてを背負い込んでいたのだった。彼はその重荷を運び、何とかしてすべての人たちのために事態を改善しようと決意していた。しかしそれは諸刃の剣だった――ケンドリックがそんなにも多くの人たちの面倒を見ていたら、いったい彼はどうやって自分の面倒を見れるというのだろうか？　三つ目のヴァースは信心深く、ケンドリックが抱える劣等感コンプレックスを知る。彼は「俺にはそれだけの価値があるのだろうか？」と自問する。「俺は十分な労力を注いだだろうか？」。

ところが、曲の後半部「I'm Dying of Thirst」では、ケンドリックが求めていたカタルシスが与えられる。魅惑的なゴスペルにフォーカスしたこの曲は、心に残るコーラスのうめき声と、連鎖するベースドラムと一体になって、最初は復讐心に燃え、戦うか逃げるかの反応を差迫られる瞬間を描き出す。ケンドリックは全身で俺の友達を殺したヤツらを殺してやると主張している。しかし、ある年配者との偶然の出会いがそのすべてを変えてしまう。「彼女は信心深いとは言わないけど、人生の意味を俺たちに分かりやすく説明してくれる、スピリチュアルな女性だった」とケンドリックは二〇一二年に『コンプレックス』誌に語った。

「『I'm Dying of Thirst』は、その一日にあらゆることが起きたことを表しているんだけど、最終的に、俺たちはある女性にばったり出会って、彼女は俺たちに、神やポジティブさ、人生、自由になること、そしてありのままの自分でいることについて、かみ砕いて説明してくれたんだ。彼女は本当にリアルなものとは何なのかを教えてくれた。なぜなら人はこの地球を離れて、崇高なる力を持つ者と話さなければならないからだ。あの曲は、洗礼を受けること、実際の水、聖水に浸されることを描いている。俺のスピリットのすべてが変わったとき、俺の人生が始まるときを描いたんだ——誰もが今知っている俺の人生、それが始まるときをね」。

その女性は、静かで毅然としていて、神の祝福を受けていた。若い男性の激しい怒りにもまったく怯えていなかった。彼女は彼らの心《スピリット》を落ち着かせ、彼らの過去を洗い流すために祈りを唱えさせる。

「主イエスよ、あなたの尊い血でわたしを救ってくれてありがとうございますイエスの御名において、アーメン」。

その年配者がいなかったら、何が起こっていたかは分からない。もしかしたらケンドリックと彼の友人たちは、仲間を撃ち殺したヤツを殺すかもしれない。もしかしたら彼らは逃れるかもしれないし、逃れられないかもしれない。もしかしたら彼らの友人たちが戻って来て、今度はケンドリックの友人を撃つかもしれない。あるいは、彼らは、ケンドリックを撃つかもしれない。そうなったら、ミックステープも、テック・ナインやドレイクとのツアーも、ドレーやスヌープとの出会いも、レコード契約も、『good kid, m.A.A.d city』も存在しない。彼は、黒人の命などに関心がない街と国で死んだ、ありきたりの黒人少年になるだろう。彼は単なる統計、薄く白いシートの下に横たわる冷たい体のひとつになるだろう。さらに重要なことは、ケニーとポーラの息子がいなくなってしまうことだ。彼の父親の愛情あふれるリアルな話や、彼の母親の天真爛漫な楽観主義にもかかわらず、ケンドリックを正しい道に導くには、家庭の外の人間の声が必要だった。その年配者は、彼が必要としていたときにちょうどそこにいて、結果として彼の命を救った。彼の両親は彼を導いたが、彼女こそ、事態が最悪になるかもしれない、まさにそのときに到着した天使だったのだ。

次の曲、「Real」は、ケンドリックの神への目覚めを描いている。ここで彼は——父親の助けによって——ストリートを牛耳ってもクールになれるわけではなく、「リアルさとは責任を取ること、リアルさとは家族の面倒を見ること、リアルさとは神だ」と理解するのだった。もし「I'm Dying of Thirst」がケンドリックの洗礼ならば、「Real」は彼が聖水から立ち上がり、生まれ変わった男として完全に聖油で清められた瞬間であり、彼の母親を大いに喜ばせるだろう。「コンプトンの黒人やラティーノの子ども《ブラウンキッズ》たちにお前のストーリーを語ってあげなさい」とポーラは彼の留守電に哀願する。「お前もみんなとまったく同じ状況に置かれていたけど、暴力が溢れる暗い場所から立ち上がって、ポジティブな人間になれたんだってことを教えてやるんだよ。成功したあかつきには、励ましの言葉で恩返ししなさい。それがお前が街にできる最高の恩返しだよ……それからね、愛してるよ、ケンドリック」。「Sing About Me, I'm Dying of Thirst」や「Real」のような曲は、インターネットに出回っている単発の曲「Jesus Saves」（イエスは救い給う）の預言を全うする。ケンドリックはそこで、母親を罵り、ガールフレンドをぶち、拳銃を発砲した後でさえ、なぜ神は自分を祝福し続けるのかと考えた。この曲が進むにつれて、彼の声はうわずり、親友が立て続けに悪運に襲われ苦しんでいる間に、すすり泣きながら自分の行いを証言する。

『good kid』のアルバムは、自慢に満ちたドクター・ドレーとケンドリックのコラボ、「Compton」で締めくくられる。このアルバムの他の曲は、二〇〇四年のケンドリックの青春（ケンドリックは二〇〇四年に一六歳から一七歳になった）に繋がっているように感じられたが、このトラックは、コンプトンのあらゆる時代、教師と生徒が溶け込んでいるように見えた。ジャスト・ブレイズは最初、ケンドリックの音楽に感心しなかったことを認めている。彼は『Section.80』をダウンロードしたものの、このラッパーとドレーのセッションの前には聴いておらず、他の曲——彼はどの曲か思い出せないが——も聴いたが、興味をそそられなかったという。ところが、ジャスト・ブレイズは「Compton」をミックスしている間に、リリース前の『good kid, m.A.A.d city』を聴いて夢中になった。「俺は、『オーケー、これは今までのものと違うぞ』って思ったんだ」とこのプロデューサーは思い返す。「最近のヒップホップに欠けている、アルバム全体を通して織り込まれたストーリーラインを聞いたときに、それから当時、より現代的とみなされていたものに、より伝統的なヒップホップのサウンドがミックスされているのを聴いたときに、それからこのアルバムにはMCエイトが入っていて、そのすべてがひとつにまとまっている。こいつは若くて、次の来たるべきアーティストたちの中でも最先端にいる若者《キッド》だってことが分かったんだ。でも彼は、彼の前に現れた人たちを理解し、リスペクトする若者《キッド》でもあった。そこが俺にとっては特別に感じられたんだよね。制作という面においても、曲の引用やスラング、言語の面においても、彼はいかにそれらを自分のものにしてたか。当時のヒップホップ界にあって、彼の世代であれほどのスキルと能力を持ったアーティストはほとんどいなかった。俺はこれがヒップホップの新しい潮流になるとは思っていなかったけど、世の中の空気感もそうだったんだ。だから彼の成功は、より一層嬉しいものだったね。

『good kid』の終わりに現れるケンドリックは、僕たちリスナーが長年目にすることになる男であり、じっくり時間をかけ、他の人たちの承認を慎む、極度に内向的な人物だ。このアルバムは、同調圧力にすぐに負ける生意気な子どもから、自信に満ち独立した人物に進化する様子を年代順に記録している。ここで彼は人生とアートの主導権を神に委ね、彼の作品は彼自身とリスナーの癒やしになった。目を閉じてみると、「Sing About Me, I'm Dying of Thirst」と「Real」の組み合わせが古い教会のレコードのように流れ、ストレスが解消されていく間隔が調和《ハーモニー》のようにして伝わってくる。『good kid, m.A.A.d city』はニュースで見るようなコンプトンのネガティブな面だけでなく、コンプトンとそこに住む人びとのすべてを表現していた。ケンドリックは良いことも悪いことも、明るいことも暗いことも、そのすべてを表現することで勝利を収めた。世界がこのアルバムを理解し、批評家からは高く評価され、商業的にも巨大なヒット作となった。『ローリング・ストーン』誌はケンドリックを、「ギャングの暴力と警察の蛮行を背景に、スピリチュアルな憧憬と道徳的なジレンマを提示している」[7]と賞賛した。『ピッチフォーク』は、このアルバムの「自叙伝的な迫力」[8]を褒め称えた。「このアルバムを聴くと、ラマーの子どもの頃の家に直接足を踏み入れて、その後一時間、彼と一緒に成長しているように感じられる」と音楽評論家で作家のジェイソン・グリーンは書いた。

『good kid』はそのリリース時に、[9]ビルボード200チャートで二位に登場し、一週目におよそ二四万一〇〇〇枚を売り上げた。同作はその年のR&B／ヒップホップ・アルバムで二番目に高い出だしを記録し、リリース最初の週にこの記録を超えたのは、ニッキー・ミナージュの『Pink Friday: Roman Reloaded』だけだった。その後『good kid, m.A.A.d city』は二〇一二年の終わりまでに五〇万枚を売り上げてゴールドを、その一年後に一〇〇万枚以上を売り上げてプラチナを記録した。二〇一九年九月現在、このレコードは、ビルボード・チャートで最も長期にわたって売れているヒップホップ・アルバムとして、エミネムの二〇〇二年のレコード『The Eminem Show』を上回った。ケンドリックがエミネムと同じこの偉業を共有したのも、十分頷けることだった。『good kid, m.A.A.d city』が出たときに、エム（エミネム）は彼の最大の支援者のひとりだった。[10]「俺がアフターマスで最初にケンドリックのデビュー・アルバムを聴いたときは、もう信じられなかったよ」と二〇一六年に彼は言った。「それが初めての公式アルバムだってのに、あんなスキットと結びついたストーリーを作り上げることができたなんて、天才的だね。そんなことマジで何度も起こることじゃないし、ましてやデビュー作で起こるなんてさ。あのレベルの言葉遊び《ワードプレイ》、デリヴァリー、ビート——まさに傑作だよ」。

このアルバムはまた、もう一人のヒップホップの名高いストーリーテラー、ナズからも称賛を受けた。「ラップ・ミュージックの誰をもディスるつもりはないけど、ケンドリック・ラマーはさ」[*11]と彼はAP通信に語った。ナズの一九九四年のデビュー・アルバム『Illmatic』は、史上最高のラップ・レコードと言われている。「このレコードには本当に満足しているよ。俺には必要だった。彼のレコードは人の心に届く。希望を与えるんだ」。ケンドリックは『ヴァイブ』誌のインタビューで、「Sing About Me, I'm Dying of Thirst」でナズにラップして欲しかったのだが、連絡する時間がなかったことを明かした。[*12]「音楽を完成させて、サンプリングの使用許可を取って、マスタリングすることに没頭していたんだ」とケンドリックは言った。「絶対にこのプロセスを急ぎたくなかった。でも、本心を言えば彼とスタジオで腰かけて語り合いたかったよ」。ナズは正しかった。『good kid, m.A.A.d city』が人びとと繋がったのは、それが偽りのない場所《オーセンティック・プレイス》から生まれたからだ。幅広いビートやヴォーカル加工、生い立ちを利用することであらゆる場所のリスナーと共鳴できた。『Illmatic』と『good kid, m.A.A.d city』の間には、幼児の写真を使ったアルバム・カバーから、映画のような手法で音楽が展開するところまで、強い類似点がある。どちらのラッパーも、自身のまなざしでリスナーに自身の世界を見て欲しかった。ナズの場合は、ニューヨーク市のクイーンズブリッジ・プロジェクト（低所得者用公営団地）におけるドラッグと荒廃であり、ケンドリックにとってのそれは、コンプトンの眩しい日差しの下に潜むトラウマだった。ナズとケンドリックは、それぞれの街について鋭く切り込んでリリックを書き、繊細なイメージを通して広大な世界を明らかにしながら、彼らの物語にリスナーを参加させる。『Illmatic』は僕たちを地下鉄と街区《ブロック》へ運び、『good kid』は僕たちを高速道路上の車内に乗せた。

ただし、ケンドリック個人としては、リスナーが自分のデビュー・アルバムを理解できるのだろうかと疑問に思っていた。「『good kid, m.A.A.d city』があれほど成功すると知っていたと言えば嘘になる」[*13]と彼は二〇一五年の『XXL』誌のカバーストーリーで書いている。

「最初、俺はすごく疑問を抱いていた。完成した途端、俺はあっという間に不安に襲われた。作ってるときはすごく自信があったんだ、だって俺は『これだよ、これ。誰もこんなストーリーは聞いたことがないし、もし聞いたとしても断片的なものだ。でも俺はアルバム全体で説明してやるんだ――コンプトンから、フッドから、ストリートから――まったく別の視点と光で、俺は過去に遡ってビギー（ノトーリアス・B.I.G.）やドレーやスヌープやパックがやったみたいにスキットをやるんだ。そして俺は自分のストーリーを語るぜ』って感じだったからね。でも、出来上がってみたらこう言ってたんだ。『おい、今ラジオで何がかかってる？ 誰もスキットみたいなことはやってないと思うぜ』ってさ。人びとは、俺がこのアルバムで語っていることを理解できるかどうか分からない。だってパズルのような構成になっているし、長い間アルバムはこんな風に作られてなかったからさ」。

ケンドリックは、その視点を変えてくれることになるプロデューサー、ファレル・ウィリアムスから電話がかかってくるまでは、神経質になっていた。「彼はアルバムのコピーを持っていて、これは素晴らしいと言ってくれたんだ」とケンドリックは書いている。「あの電話はちょうどいいときにかかってきたんだ。俺が超不安になってたときだったからね。ファレルは言ったよ、『もう二度とそんな風に感じるんじゃない。そのちっちゃなネガティブな男がお前の頭の背後で囁いたら、いつだってお前の初心に従うんだ。こんな風にアルバムを出すことが、お前の初心だったんだから』……彼は言ったんだ『次に何が起こるか見てろよ』ってね」。

突然、ケンドリックは有名になった。あまりに多くのファンが彼の母親のヴァンを撮ろうと彼の子どもの頃の家にやって来るので、彼女は車を隠さなければならないほどだった。グーグル・マップで、「Good kid M.A.A.D City House」とタイプしてみると、ラップファンにとってのグレースランド[9]のように、その家の写真が現れる。このアルバムは、ジョージア・リージェンツ大学の英作文クラスの教材にもなった。アダム・ディール教授は、グウェンドリン・ブルックス、ジェームズ・ジョイス、ジェームズ・ボールドウィンといった作家を学ぶための導入としてこのアルバムを使ったのだ。「ケンドリックのアルバムを聴いていると、ギャングの暴力があり、インナーシティでの子どもと家族の成長があり、薬物使用に麻薬撲滅戦争があって……今日、議論を引き起こしている問題の多くが、まさにカリフォルニア州コンプトンの世界に内在しているんです[*14]」とディールは『USAトゥデイ』紙に語った。しかも、この教授はそこで終わらなかった。『good kid, m.A.A.d city』の授業をきっかけに、その後五年間にわたって、ケンドリックの作品をテーマにした授業に繋がった。二〇一六年に、彼は『To Pimp a Butterfly』に基づいてリーダーシップについての授業を、二〇一七年には、ケンドリックの『DAMN.』を中心にして、感情についての授業を行った。「すべては『good kid, m.A.A.d city』のコンセプトに基づいています」とディールは僕に語った。「私はそれを、子どもたちの身に起こる事柄に目を向ける手段として使いました。それは文学的な要素を

9　グレースランド：イースト・メンフィスにあるエルヴィス・プレスリー邸で、今は記念館になっている。

持ったラップ・アルバムです。彼は卓越したストーリーテラーであり、人をものすごく引きつけるアルバムなのです」。

あなたがコンプトンのティーンエイジャーであろうと、メリーランド州ランドーヴァー出身の若い大人（著者自身のこと）であろうと、『good kid』は、どこに行くでもなく友達の車の助手席に乗って暑い夏の日々を過ごした、自分自身の生い立ちについて考えさせる。このアルバムには、公園の錆びついたゴールでプレイしたバスケットのような手触りがある。また、祖母が歌う古い賛美歌から溢れる豊かなスピリチュアリティも、目に見えるほどじっとりとした湿度もある。それは床屋での会話[10]や、新品のナイキ・スニーカーで踏みつける使い古されたコンクリートの感覚、揚げたてのフライド・チキンウィングの味を呼び起こす。それはフッドのためのレコードであり、大きな夢を持っていたとしてもリソースに乏しく、フッドを愛しながらもそこでは成功できないことを知っている、黒人やラティーノ《ブラウン》の子ども《キッズ》たちのためのレコードだった。それはケンドリックと彼の友人、ケンドリックと地元、ケンドリックと両親の間の無条件の愛を、そして彼はこの街を――究極的には――去らざるを得ないが、しかし、本質的には決してこの街を離れないということをテーマにしていた。それは地元や、自分たちが天使であることを知らなかったすべての天使たちを、ケンドリックを危害から守った者たち――彼らは同じように援護されなかったが――を称えた。時が過ぎても『good kid, m.A.A.d city』は変わることはなく、それは今や、二〇一〇年代の最優秀アルバムの一枚、そして史上最高のヒップホップ・アルバムの一枚と見なされている。

10　床屋での会話：多くの黒人男性は地元の床屋と深いつながりがあり、黒人コミュニティにとって安心して出会い、人生相談、噂話、音楽談義などをする社交場になっている。ここではそれを思わせる会話について言及している。

5　黒人の命のための闘い

ケンドリックが活躍している間にも、アメリカでは人種間の問題が悪化し続けていた。二〇一二年二月二六日、トレイヴォン・マーティンという名の一七歳の少年が、[*1]これが彼の最後の旅になるとは思いもせず、家族を訪ねてフロリダ州サンフォードのツイン・レイクス・コミュニティに来ていた。彼は父親のトレイシーと一緒に、トレイシーの婚約者、ブランディ・グリーンが借りたゲート付き静養所の中にあるタウンホーム（隣の住戸と壁でつながっている戸建て風の集合住宅）で滞在するために、そこを訪れていた。そこに着くと、トレイヴォンは通りを歩いてセブン-イレブンでスキットルズ（柔らかいフルーツキャンディ）とアリゾナ・ブランドの缶ジュースを手に入れて、何の問題もなく戻って来られるだろうと思っていた。しかしアメリカで黒人であるということは、振る舞いを変えなければならないということであり、ただ存在するという自由は与えられていない。黒人は嫌なことがあった日でも、それを顔に表すことは許されていない。黒人は、白人至上主義に基づいて建てられた国で、自分の褐色の肌が完全に受け入れられていないことに目をつぶりながら、脅迫的に見えないように、他の人たちが快適に感じられるよう心がけなければならない。この白人至上主義は、ヘイト・クライム、アップルパイ、銃乱射事件と共に、アメリカという国の基盤なのだ。そしてこれが、自警団のコーディネーターを自称するジョージ・ジマーマンのような人物を生み出し、彼にピストルを持ってゲート付きコミュニティを歩き回る権力を与え、人を殺す権利を認めている。また白人至上主義は、どういうわけかトレイヴォン――マイアミガーデンズ出身の背が高く痩せこけた子ども《キッド》――が黒人であるという理由だけで、社会の脅威であるという認識を作り出す。白人至上主義は、黒人は画一的であり、ある若い青年が色の濃いフード付きのトレーナーを着ていたとしたら、良からぬことを企んでいてその地区にいるのは場違いだという考えを引き起こす。すると彼は、なぜ尾行されているのかを尋ねることが許されず、嫌がらせを受け入れ、そんなことは起こらなかったかのように前に進まなければならない。すべての人たちに当然の自由《フリーダム》を宣言しているこの国で、黒人にはその同じ自由に行動する社会的な権利《リバティ》は与えられない。これは今に始まったことではないが、二〇一二年のその夜、黒人が何世紀にも及んで耐えてきた人種差別は、実に露骨に表面化した。

午後七時頃に、ジマーマンはゲート付きコミュニティ内にいわゆる〝不審人物〟がいるとサンフォード警察署に通報した。「この男は良からぬことを企んでいるか、ドラッグか何かをやっているように見える」とジマーマンは九一一番通報（日本で言う一一〇番通報）で主張した。「雨が降っているのに、彼はただ歩き回って辺りを見回している……こういうろくでなしどもは、いつも好き勝手しているんだ」。ジマーマンは、彼の追跡から逃げようとするトレイヴォンについて、「くそ黒人《クーン》」（黒人に対する人種的中傷）と言っているのが（警察に残っている音源から）聞きとれる。警察はジマーマンに、トレイヴォンを追い掛けないよう伝えたにもかかわらず、彼は追い掛けた。報道によれば、ジマーマンが車で彼の後をつけていたとき、トレイヴォンはガールフレンドと電話で話していて、そもそもなぜ彼が後をつけられているのか率直に疑問に思っていた。その後、口論になり、そして――ジマーマンによれば――彼が携帯電話を取り出そうとしてポケットに手を入れたとき、トレイヴォンがパンチを喰らわして彼を地面に殴り倒したという。トレイヴォンはジマーマンの上に乗って殴り続けた。そのときジマーマンが銃ケースから銃を抜いて発砲し、トレイヴォンの胸に一撃を食らわせた。彼は午後七時半に死亡が確認された。トレイヴォンは丸腰で、たった二二ドル（約二三一〇円）、携帯電話、キャンディの袋、ジュースを持っていただけで死んでしまったのだ。

トレイヴォンの父親は、息子が殺害されたことを翌朝になるまで知らなかった。彼は婚約者と夕食を食べに出掛けていたので、トレイヴォンは単に映画を観にいって携帯電話を切っているだけだと思っていた。しかしトレイシーの最も恐れていたことは、覆面パトカーのセダンと礼拝堂の牧師が家の前に車を止め、刑事から彼の息子は前夜どんな服を着ていたかと尋ねられたときに、現実となった。最終的に、その刑事は現場でのトレイヴォンの写真を持って戻って来た。「彼は白目をむき、頬には涙が流れ、口からは唾液が出ていた」とロイター通信は報じている。

ジマーマンは、自己防衛による殺害だと主張した。警察署はフロリダ州の「スタンド・ユア・グラウンド」法[1]を理由にジマーマンの主張を受け入れ、彼の言い分を否定する証拠もないまま、彼を

1　「スタンド・ユア・グラウンド」法：フロリダ州で二〇〇五年一〇月に施行された正当防衛法で、自分の身に危険を感じたら武器を使ってもよいと認める州法。

釈放した。この結果を前に、トレイシーとトレイヴォンの母親シブリナ・フルトンは、彼らの息子に正義は果たされるのだろうかと危ぶんだ。それとも彼もまた、人生の最も輝かしい時期を迎えることなく殺された黒人少年の一人に過ぎず、ハッシュタグやキャンドルライトで追悼される一方で、犯人は自由に歩き回るのだろうか？　一五秒間のソーシャル・メディアの動画クリップ、セレブのゴシップニュース、猫の動画が流れる世界で、僕たちは彼の追悼にどれほど気を掛けるだろうか？　僕たちはこの不当を嘆くために立ち止まるだろうか？　それとも僕たちは、黒人のトラウマにそこまで鈍感になってしまったのだろうか？

　全国メディアが多少なりともトレイヴォンについて関心を持つまでには二週間もかかった。オーランドのニュースでのいくつかのひとコマと、『オーランド・センティネル』紙での限られた報道以外は、トレイヴォンの死はほんの些細な出来事に過ぎなかった。もし強力な広報担当者と、弁護士の採用と、一致団結したトレイシーとシブリナの粘り強さがなければ、この事件はまったく話題にならなかっただろう。トレイヴォンの両親は、サンフォード警察にジマーマンを逮捕させ、州の検察官に彼の息子の死について徹底的に調査させるために、Change.org[2] で嘆願書を立ち上げた。「トレイヴォンはわたしたちのヒーローでした」[*2]と彼らは嘆願書に書いた。「彼は九歳のときに、燃えている台所から父親を引っ張り出して、命を救ったのです。彼はスポーツと乗馬が大好きでした。まだほんの一七歳で、大学に通って航空機整備工になるという夢があり、明るい未来が待っていました。それも今となっては、すべて消え去ってしまいました」。トレイヴォンのニュース報道は、著名な公民権運動のリーダーがツイッターやフェイスブックなどで一〇代の若者の死を非難する嘆願書やオンライン積極的行動主義《アクティヴィズム》を展開したことにも助けられ、地元から地方、そして全国へと、じわじわと広がっていった。ほとんどの場合、彼ら活動家は家族による嘆願書のリンクを貼ったため、家族の主張を支持する声が高まり、全米メディアはこの事件を取り上げざるを得なくなった。

引き続きドレイクとエイサップ・ロッキーと共にツアーにでていたケンドリックは、バスの中のテレビで、トレイヴォン殺害のニュースに接した。彼は腸が煮えくり返り、二〇一五年に『ローリング・ストーン』誌に語った言葉でいえば「（俺の中に）まったく新しい怒りが投入」され、すぐさまペンを握りリリックを書き始めた。一時間後、彼は「The Blacker the Berry」と呼ばれる新しい曲の下書きを完成させた。トレイヴォンの死で、「俺がどう感じていたかを思い出した。嫌がらせを受けたこと、俺のパートナーたちが殺されたことを」とケンドリックはその記事の中で語っている。彼にとってトレイヴォンは、単にたまたまその場に居合わせたとある子ども《キッド》ではなかった。彼が、公衆が気づかないうちに冷酷に撃ち殺された、トレイヴォンだったとしてもおかしくなかったのだ。そのニュースはケンドリックを苦しめたばかりか、世界最高位の政治家、アメリカ大統領のバラク・オバマを、この国初の黒人大統領を当惑させた。「私はトレイヴォン・マーティンが最初に撃たれたときに、これは私の息子だったかもしれないと言いました[*3]」と彼はホワイト・ハウスの記者に述べた。「トレイヴォン・マーティンは三五年前の私だったかもしれません……ここで起こったことは人びとに多くの苦痛を与えていますが、アフリカ系アメリカ人のコミュニティは、ネガティヴな経験の数々と消えることのない歴史を通してこの問題を見ているということを、認識すること

2 Change.org：様々なキャンペーンへのオンライン署名収集、届け出を業務とするウェブサイトで、慈善活動や社会変革のためのものが多く含まれる。

が重要だと思います」。セントラル・フロリダ、サウスサイド・シカゴ、コンプトン、それがどこであれ同じことだった。ケンドリックにも、名ばかりの警備員がタフな評判を得ようと手を出してくる可能性があることなど気にせず、同じようにコンビニエンスストアまでひとっ走りした経験があった。トレイヴォンは僕たち全員、アメリカの黒人全員を象徴していた。彼の肌を貫通した銃弾は、まったく同じように僕たちの肌を貫通していたかもしれないのだ。

そのトラックの完成形は二〇一五年の『To Pimp a Butterfly』に収録されたが、ケンドリックは既に二歩先を考えていて、この怒りを燃料に、今までで最も敵意むき出しのライムを書き上げた。彼はコンプトンを舞台に、ギャング・カルチャーや傷害事件を調べ、自身が抱えていた不安や苦悩を、強烈すぎて整理することすらできない怒りの奔流に注ぎ込んだ。ケンドリックはその完成形で、食いしばった歯に握りしめた拳、しかめっ面で激情を吐き出し、その口調はあまりに苛立っていて、リスナーは、彼がビートが始まる前に釘を飲み込んだのかと思うほどだった。「俺が嫌いなんだろ?」と彼は怒鳴る。「お前らは俺の同胞が嫌い、お前の計画は俺の文化を終わらせること」。スタイルの面では、ケンドリックは、少なくとも三年は使っていなかった登場人物、二〇〇九年に置き去りにした敵意ある分身《アルターエゴ》、K・ドットを呼び出さなければならなかった。しかしこのドットは少し年を重ね、より賢明になっていて、自分がいかにドープかをアピールすることにはあまり興味がなかった。ケンドリックは「The Blacker the Berry」で、アメリカがいかに人種差別主義的な国なのかを訴えるべく、K・ドットの怖いもの知らずな性格を利用して、その攻撃性と新たに手に入れた洞察力とを融合しているように見えた。

トレイヴォンの殺害は、ケンドリックとアメリカ黒人全体の目を覚ましたものの、それは単に、武器を持たない有色人種に対して行われてきた残虐性の長い歴史を、最新版にアップデートしたに過ぎなかった。一九九九年、ニューヨーク市の警官ケネス・ボス、リチャード・マーフィー、エドワード・マクメロン、ショーン・キャロルは、ブロンクスのサウスヴュー地区で、アマドゥ・ディアロという名の二二歳の西アフリカの移民を狙って四一発もの銃弾を発砲した。[*4] ディアロは故郷のギニアからアメリカに来て二年になるが、彼が現場で死んだとき——一六発の外傷で——彼の近くにはポケベルと財布があっただけで、銃はなかった。その警官らは、彼らが捜していた連続強姦事件の容疑者とディアロを人違いしたのだった。ディアロが財布を出そうとしてジャケットに手を伸ばしたときに、キャロルはそれが銃だと思い発砲し、他の三人の警官が後に続いた。一年後、四人の警官は第二級殺人[3]の容疑から無罪となった。

それから二〇〇九年、[*5] ベイエリア高速鉄道（ＢＡＲＴ）の警官ヨハネス・メサレーが、オークランドにあるＢＡＲＴフルートヴェイル駅のホームで、二二歳の黒人男性、オスカー・グラント三世を射殺した。メサレーがパニック状態で立ち上がり銃を発砲したとき、グラントは彼の両手を後ろで押さえられて地面に固定されていた。銃弾はグラントの背中から入って正面に抜け、ホームで跳ね返り、彼の肺を貫通した。「お前、撃ちやがったな」とグラントは嘆き、信じられない思いでメサレーを見ていた。彼はオークランドのハイランド病院で七時間後に死亡した。二〇一〇年に、メサレーは過失致死で有罪判決を受けたが、第二級殺人の罪は認められなかった。彼は刑務所で二年間の刑を受け、ＢＡＲＴはグラントの家族と数百万ドルで和解した。

3　第二級殺人：予謀や計画性がない故意の殺人で、州によって法律は異なるが、最高で終身刑が科される。

このようなケースでは、いつも同じ言葉——恐怖、脅迫、疑惑、パニック——が現れる。警官は、どういうわけかアマドゥの財布を怖いと感じ、手を拘束されてうつ伏せにされたオスカーが何をしてくるかわからないといってパニックに陥った。ジョージ・ジマーマンはトレイヴォンが不審だったと主張し、それは雨の中、彼の後をつけて至近距離で引き金を引くのに十分な理由となった。いずれにせよ、トレイヴォンの両親はその事件に平和的な解決を求めた。もし彼らがデモを行うとしたら、それはニューヨーク市のユニオン・スクウェアで何百人もの支持者がフード付きのスウェットを身に着け、フロリダの陪審員にジマーマンを有罪にするよう求めた、ミリオン・フーディ・マーチのようなイベントだった（訳者：このイベントはロサンゼルスでも行われた）。しかし悲しいことに、このようなケースで現れるもうひとつの言葉に、無罪判決がある。二〇一三年七月、ジマーマンは第二級殺人と過失致死の容疑で無罪判決を受け、これを書いている時点で、彼は今でもフロリダの街を自由に歩き回っている。それはまるで——あらゆるニュース報道や積極的行動主義《アクティヴィズム》が行われたにもかかわらず——まるでトレイヴォンの命は重要ではないかのようだった。「わたしは悲しみのどん底にいますが、わたしの信念は打ち砕かれていません」とトレイシー・マーティンはツイートした。ジョージ・ジマーマンの兄、ロバートは「アメリカ人であることを誇りに思う」[4]とツイートした。

評決後の同日、三人の黒人女性——パトリース・カーン＝カラーズ、アリシア・ガーザ、オーパル・トメティ——が、ジマーマンの無罪評決に対する直接的な応答として、ブラック・ライヴズ・マター（BLM）という新たな公民権運動に関わるグループを設立した。ガーザは、アメリカの人種関係の現状に落胆する有色人種の仲間たちの怒りを鎮めようと、フェイスブックに「黒人へのラブレター」と題した投稿をした。ガーザは怒りと落胆、そして本音を語り、不当と闘い続けるよう読者に呼び掛けた。「わたしたちは驚いていない、と言うのは止めて」と彼女はその投稿で力説した。「わたしはどれだけ黒人の命が大事にされていないかという現実に驚き続けます……黒人の人たちよ。あなたを愛しています。わたしたちを愛しています。わたしたちの命は大事です」。カラーズはガーザの投稿を見て、#BlackLivesMatter（黒人の命は大事）というハッシュタグを付けてツイッターに投稿した。トメティは、トレイヴォンや他の事件の続報を、自分たちや一般の人たちが見られるようにウェブサイトを構築した。新たなムーブメントが誕生した。しかしこれは祖父の時代の活動家組織とは異なっていた。カーン゠カラーズ、ガーザ、トメティはストリートで闘いながら、ユーザーがジマーマンの無罪評決にリアルタイムで反応し、人気が高まっていたツイッターも利用した。

ソーシャル・メディアは、ニュースの受け取り方を変えた。視聴者はもはや、夜のトップニュースや、翌朝玄関前の上り段で新聞がドサッと落とされるのを待つ必要がなかった。ニュースは彼らのポケットの中にあり、あとはスクロールして激しい怒りが広がっていくのを見るだけでよかった。

初期のブラック・ライヴズ・マターは非常に静かだった。オンラインでの存在は休眠状態と言ってよかった。しかしそれは、二カ月の間にさらに二人の黒人男性が警官と遭遇し命を落とし、アメリカ黒人――いまだにトレイヴォン・マーティンの死による心の傷が癒えていなかった――が、一

4 「アメリカ人であることを誇りに思う」：個人が銃器を保有、所持する権利を保障するアメリカ憲法修正第二条の行使と、弟によるトレイヴォン殺害の正当化を示唆している様子。

九五〇年代と六〇年代の公民権運動の時代以来見たこともない程の不安な状態に落とし込まれたときまでのことだ。

二〇一四年の七月半ば、エリック・ガーナーがストリートで課税対象外のたばこをバラ売りしているとして警察に咎められたとき、彼はただニューヨーク州スタテンアイランドの店先に立っていただけだった。[*6]警官がガーナーに嫌がらせをしたのはそれが初めてではなかった。ほんの数週間前、地元の人たちが安い商品を売って、警察の追及を避けるようにしていたトンプキンズヴィル公園の近くのベイ・ストリートを彼が歩いていたとき、私服警官らが覆面パトカーでこの四三歳の男がいるところに車を止めた。しかし二人の目撃者の証言を引用した『ニューヨーク・タイムズ』紙によれば、ガーナーは捜査や拘束を拒否したという。それは警察官の怒りを買う可能性が高い。ガーナーは「後ろに下がれと叫び、激しく手を動かした」と同紙は伝えた。おそらく報復を目的に、警察はその月の後半――七月一七日に――に、ガーナーが街区《ブロック》でとある喧嘩を止めに入った後に、彼に遭遇して質問をした。ガーナーは再び半信半疑で、ただ放っておいて欲しいと警察に訴えた。「俺は何もしてねぇよ！」という彼の声が店先で聞こえてくる。「俺が何したってんだよ？　俺はここに立ってんだよ、何だっていいだろ」。その様子は携帯電話で録画されていて、その映像が世界中の何百万人の人びとに見られることになるとは、誰も知る由もなかった。ダニエル・パンタレオ巡査はガーナーに近寄ると、前腕をガーナーの首に回した。そして同時に、彼の同僚たちは一八八センチメートル、一七九キログラムのこの男を地面に押さえつけた。その後、彼らが彼の頭を薄汚い歩道のコンクリートに押し付けて動けないようにしたとき、ガーナーは弱々しい泣き声で「息ができない《アイ・キャント・ブリーズ》」という言葉を一一回繰り返した。それは、パンタレオに絞め技《チョークホールド》――この技はニューヨーク市警では禁止されていた——を解いてもらおうと、そしてまた、手錠を掛けようとする仲間の警官たちの、胸を押し込むあまりの圧力を解いてもらおうと願ってのことだった。絞め技《チョークホールド》と共に、警官らがガーナーの背中にひざまずき、彼の胴体を地面に押し付けて、さらに彼の呼吸を制限する様子をビデオが示している。ガーナーの体からゆっくりと生気が失われていくときに、警官らは彼の懇願を無視して拘束を続行した。彼らは、ガーナーが留置を回避する手段として気絶した振りをしていると考えたのだ。

午後三時半頃、警官はガーナーを助けるために救急車を呼び、五分後に救急隊員が到着した。しかし、ガーナーは地面に横たわったまま動かず、救急隊員は酸素を補給したり、ストレッチャーに乗せるのに手間取ったりしていた。ガーナーには意識がないのにもかかわらず、救急隊員や警察官が彼とコミュニケーションを取ろうとしている様子が映像に映っている。そこには急いでガーナーの命を救おうという様子はうかがえなかった。医療従事者が状況を最高レベルのセグメント1にしたのは、それから一二分後のことだった。ガーナーは心肺停止状態で、すぐに病院に駆け込む必要があった。しかし、もう手遅れだった。そして午後四時三四分、彼はリッチモンド大学医療センターで死亡宣告を受けた。二週間後、ニューヨーク市監察医務局はガーナーの死を、絞め技《チョークホールド》による殺人だと断定した。「スタテンアイランドの人種差別主義のろくでなし警官め、これがヤツらのしでかすことだよ！」とある女性がビデオで言っている。

ガーナーの死を取り巻く状況は、アーネスト・セイヨンという名の二二歳の男性が、ドナルド・ブラウンという名のニューヨーク市の警官の手によって窒息死した事件に、薄気味悪いほどよく似ていた。[*7] 警官がその地区で麻薬捜査をしているとき、爆竹か銃声と思われる音を耳にしたと言ったとき、セイヨンはパークヒル・アヴェニューとソボル・コートの所にある団地の外にただ立っていた。当時、警察と徘徊のぬれ衣で嫌がらせを受けて連行されたと感じていた若い二〇代の黒人たちの間には、ピリピリした緊張感があった。『ニューヨーク・タイムズ』紙によると、警官たちは若者のズボンを下ろし、ドラッグを強引に探していたこともあったという。その中にあって、友人や住民からは優しい性格だと評されていたセイヨンは、前科があったため、治安の悪さを感じていた住民からは特に注目されていた。彼はクラックやコカインを売っていたと伝えられているが、その地区を脅かすような、血に飢えた大物ドラッグディーラーなどではなかった。「彼が誰かを困らせたことはなかった」と彼の友人のコーリー・ワシントンは同紙に語った。「彼は社会の脅威とかじゃなかったんだ」。それでも一九九二年、セイヨンはドラッグ所持と逮捕時に抵抗したとして逮捕され、警察によれば、この抵抗で彼は「腕を振り回して地面に転がった」ため、ある警官の親指に怪我を負わせたという。セイヨンが死亡した夜、ブラウンはセイヨンを拘束しようとして争いが起こった。

ふたりはお互いのことを知っていて、敵対関係にあった。パークヒル・アヴェニューに車を停めたばかりのある目撃者は、ブラウンがセイヨンを殴っているのを見たと主張した。同紙によれば「わたしはブラウン警官を見ました」と、その女性は言った。「ブラウン警官が絞め技《チョークホールド》をかけていました。彼（セイヨン）の頭を地面に叩きつけたんです」。翌日の報道は、セイヨンの死因は頭部外傷ではないかと伝えたが、ニューヨーク市監察医務局長は、彼が地面で手錠をかけられている間に、背中、胸、首にかけた圧力に起因した殺人だと判断した。したがってスタテンアイランドの住民にとって、ガーナーの死はセイヨンの死とほぼ同じ事態だった。「こういう事件は、スタテンアイランドでは今に始まったことじゃないんだ、悲しいことだけどな」とスタテンアイランド出身でウータン・クランのメンバーであるクリフォード・〝メソッド・マン〟・スミス・ジュニアは、二〇一五年に『ハフィントン・ポスト』紙に語った。「もし俺たちが人間レベルになれれば、そして警察がコミュニティと人間レベルに留まることができたら……そしてもし俺たちがそのギャップを埋めて両者を団結させることができれば……もし俺たちが自分たちのコミュニティで人間として扱ってもらえれば、俺たちは取り締まりを受けたって何の問題もないんだ」。

二〇一四年八月九日の朝、スタテンアイランドから約一五四五キロメートルほど離れたミズーリ州ファーガソンで、マイケル・ブラウン・ジュニアがあるコンビニエンスストアの中に入って行った。[*8]セントルイスからおよそ一九キロメートル離れた、主に黒人が住むコミュニティでの出来事だ。そのティーンエイジャーは、一箱のスウィッシャー・スイーツの葉巻を取り出してから、出ていくときに店員を陳列ケースに押しやっている様子を監視ビデオが捉えていた。しかし別の監視映像によると、この若い男性は、その日の深夜一時すぎにこの店を訪れ、茶色の袋を、彼がその日の後で受け取るつもりだったシガリロ（紙巻きたばこと同じくらいの細い葉巻）と交換していた。

午前一一時五三分、ある警察の通信指令部員がそのファーガソン・マーケットで「窃盗進行中」であり、白のTシャツとセントルイス・カーディナルス（プロ野球チーム）の帽子を着用していたブラウンが第一容疑者だと報告した。ブラウンと友人のドリアン・ジョンソンは、店を出て近くのクイック・トリップ・コンビニエンスストアの方向に向かっているところだった。その後正午に、ダレン・ウィルソン警官がSUVで到着し、カンフィールド・ドライブの真ん中を歩いているブラウンと彼の友人を目にした。警官は彼らに歩道を歩くよう要求した。ジョンソン曰く、彼らはもう少しで目的地に着くところだったが、ブラウンは強い言葉を発した。「お前の言い分なんてクソ喰らえだ」と彼は警官に告げたと伝えられている。その後、車窓越しにブラウンとウィルソンの間でつかみ合いになった。するとウィルソンはピストルを抜いて、撃つぞと警告した。「俺はビッグ・マイクと警官のすぐ近くに立っていて、車の窓を見ると、彼が俺たち両方に銃を向けているのが見えた」とかつてジョンソンは言った。「彼が銃を発砲したときに、引き金を引く数秒前に動いたんだ。銃身から火が出るのを見て俺は……それが銃だって知ってたんだよ。友達のビック・マイクに目を向けたら、彼は胸かその上の部分に一撃食らったみたいだった、脇腹に血が飛び散ってるのが見えたからな」。

そこから、ブラウンとジョンソンは道を走って逃げた。ウィルソンは銃を抜いて車を出て、ブラウンに二発目を撃った。銃弾は彼を直撃した。それからそのティーンエイジャーは両手を挙げて振り返り、武器は持っていないから撃つのを止めてくれと言った。ウィルソンはブラウンにもう数発撃ち、そのうち四発が直撃した。そのティーンエイジャーは地面に倒れて死亡し、彼の体は四時間半ストリートに放置された。

スタテンアイランドやファーガソンのような地域では、ガーナーとブラウンの死が、長年にわたる警察と黒人コミュニティの間の対立をさらに悪化させた。どちらの街の住民にも、警察は彼らを守るためにそこにいるわけではない、という思いがあった。また、それぞれの地区を担当する警察官は、その土地の出身ではなかったために、警官は街との繋がりもなければ、住民との関わり方も分かっていなかった。ほとんどの街は黒人が住む地域の巡回に白人警官を配備していて、丸腰の黒人を射殺した後に、恐怖を感じたと主張するのはほとんどが白人警官だ。これが白人特権の真髄だ。

人は物事が自分の思い通りになることに慣れていると、力を失ったときに脅威を感じるのはたやすい。白人至上主義は白い肌に対する畏敬の念を非白人層に要求するため、そして警察は人びとを恐怖に陥れたくてウズウズしているため、彼らは自分たちにひざまずかない者たちの考えを推し測ることができない。彼らは怖がらない人に対処できないため、彼らが見下す人びとから権威を取り戻すために、拳銃を発射する。ガーナーにはノーという意思表示をする大胆さがあった。ブラウンには抵抗する厚かましさがあった。しかし、それらの行為は、アメリカを維持する為の構造的人種差別や階級差別の邪魔になる。もし有色人種が、自分たちは警察に恩義など受けていないことに気づけば、奴隷制度以来続く、国家公認の暴力の体制をひっくり返してしまう。ファーガソンに住む黒人の中には、警察にまったく何の理由もなく止められる可能性があることを知っているため、特定の時間を過ぎたら家にいるように努めている人もいる。二〇〇九年、ファーガソン警察は間違えてヘンリー・デイヴィスを逮捕し、彼を釈放するどころか監房で暴行を加え、警官の制服を血で汚したとして物的損害で起訴した。[*9] 五年後、ダレン・ウィルソンはなぜブラウンを殺したのかと問われたとき、身の危険を感じたと答えた。「五歳児がハルク・ホーガンにしがみついているかのようだった」とその警官は、自分とブラウンの身体の大きさの違いについて主張した。パンタレオはガーナーを恐れていたとは主張しなかった。しかしそれは、警官たちから明らかに挑発を受けていた男を攻撃したからにすぎない。

　マイク・ブラウンの父親、マイケル・ブラウン・シニアにとって、心の傷はまだ生々しい。彼は息子の死について語るときに信じられないほど落ち着いているが、あの日の苦痛を和らげるために、その逸話を短く切り上げた。「息子が道の真ん中で死んでいるという電話があったんだ」とブラウン・シニアは僕に語った。「車に乗っても、生きた心地はしなかったよ」。彼が現場に着くとすぐに、息子のサンダルが道に、赤い野球帽が彼の頭のてっぺんに置かれているのを目にした。「私がそこに着いたとき、マイクは（白いシートに）覆われていたんだ」と彼は思い返す。「彼は四時間半も地面の上にいたんだ、劣化した状態でね」。その姿は、控えめに言っても心をかき乱すものだった。しばらくの間、ブラウンの体は何にも覆われていなかったため、隣人たちは携帯電話で写真を撮ってソーシャル・メディアに投稿することができた。ブラウンの死体は夏の暑さの中で腐敗するまで放置されていて、地元の緊張感を増大させるばかりだった。

時間がたつにつれて、現場はファーガソンの住民でごった返していった。「その遅れが激しい怒りを煽ったんです」[*10]とファーガソンの元女性委員長パトリシア・バインズは、二〇一四年に『ニューヨーク・タイムズ』紙に語った。「それはコミュニティとそこに住む人たちにとって、非常に無礼な事件でした。またそれは、『俺たちはいつ何時でも、白昼堂々とお前らにこういうことができるし、お前らにできることなど何もない』という警察からのメッセージでもあったんです」。ブラウンが殺された二日後、射殺現場近くでろうそくを灯して追悼集会が行われた後、暴動が起こった。商店は押し入られるか、放火された。パトカーはレンガで窓を割られた。それはケンドリックの身近で起こった暴動――一九六五年にワッツで、一九九二年にサウス・セントラルで――と似通っていた。マイケル・ブラウンの死以前、アメリカ人はファーガソンのことを知らなかったが、間もなく知ることになり、アメリカにおける騒乱の中心地となった。ファーガソンの黒人はもううんざりしていた。長年にわたって蓄積した激しい怒りがついに表面化し、その後の二週間にわたって爆発した。いまだ強力な苦痛を伴う二〇一二年のトレイヴォン・マーティンの死と、二〇一四年七月のエリック・ガーナーの死と相まって、ファーガソンとアメリカ黒人は文化的な革命の真っただ中にいた。両腕を上げていたにもかかわらず凶弾に倒れたブラウンの事件に抗議して、抗議者《プロテスター》は両手を挙げて、「手を挙げているんだ！　撃つな！」と詠唱《チャント》しながら、ストリートを行進した。

一方、ニューヨーク市でも、同じような闘いが進行していた。八月下旬、二五〇〇人と推定される人びとが——アル・シャープトン師[5]と亡くなったエリック・ガーナーの妻、イーソウに導かれて——エリック・ガーナーの殺人に抗議するために、スタテンアイランドを平和的に行進した。店の商品を略奪したり、不動産を破壊して、不満を表現する人もいたファーガソンの抗議者《プロテスター》とは異なり、シャープトンとイーソウは非暴力を説いた。「私たちは警察に反対はしていません」とシャープトンは群衆に語りかけたと伝えられている。「ほとんどの警察は職務をちゃんと遂行している。しかし法律違反をする者は、他の人と同じように責任を問われなければならない」。彼らはヴェラザノ＝ナローズ橋を横断してブルックリンへと行進しながら、「エリック・ガーナーよ、安らかに眠れ」、「ニューヨーク市警を取り締まれ」と書かれたプラカードを持っていた。そして彼らはガーナーの最後の言葉を引用した独自の詠唱《チャント》——「息ができない！《アイ・キャント・ブリーズ》」——を繰り返した。この言葉は後に、ニューヨーク市の抗議者《プロテスター》だけでなく、それぞれの街でデモをした世界中の黒人たちにとっても、運動のスローガンになった。その年の後半、このスローガンはスポーツやポップカルチャーの世界にも

5　アル・シャープトン師：公民権運動活動家、バプティスト派の牧師。黒人に差別問題や事件が起こると、必ずと言っていいほど公の場で代表となって発言する存在で、そのカリスマ的なスピーチは有名。二〇〇四年に大統領選に出馬した。元ジェームス・ブラウンのツアーマネージャー。

広がり、レブロン・ジェイムズ、デリック・ローズ、コービー・ブライアントなどのプロバスケのスーパースターたちが着用するTシャツにも描かれた。方法は様々だったが、スタテンアイランドやファーガソンの抗議者《プロテスター》によって、僕たち黒人は、自分たちが住む黒人コミュニティが警察にどう扱われているかを考えざるを得なくなった。そして僕たち黒人が自分たちの手で築いたこの国[6]で、もはや二流市民として扱われることを受け入れるべきではないと迫られていた。

ファーガソンの大陪審が判決を下す二日前に、タミア・ライスという名のある若い黒人男性が、オハイオ州クリーヴランドのガゼボ[7]で凶弾に倒れた。[*11] 今回は、ティモシー・ローマンという名の新人警官によるもので、ライスが持っていたおもちゃの拳銃を本物と間違え、彼の胴体に二発撃ち込んだのだ。警官らは、その少年に両手を上げるように要求したが、代わりに彼はウェストバンドにある銃に手を伸ばしたため、ローマンは即座に発砲したと主張した。またしても、もうひとりの警官——今回はローマン——が、現場に到着して二秒以内にタミアを撃ったにもかかわらず、身の危険を感じたと主張した。タミアの一四歳になる姉は、弟を助けることすらできなかった。彼女が彼を助けようと駆け寄ると、警官が彼女に組みつき手錠をかけ、パトカーの後部座席に押し込んだ。

彼らの母親のサマリアは、ちょうど食料品店から帰宅したとき、二人の少年が家を訪れ、彼らからタミアが撃たれたことを聞いた。善意ある親であれば誰だってそうするものだが、彼女は何が起こったかを確かめるために通りを走って横切った。しかし彼女がそこに着くと、警察は彼女を止め逮捕すると脅した。「彼らは、落ち着け、さもなければパトカーの後ろに乗せるぞ、と言ったんです」とミズ・ライスは僕に語った。彼女は息子と一緒にメトロヘルス医療センターに行き、そこで救命治療を受けた。しかしその後彼女は警察に邪魔され、情報をほとんど与えられなかったため、地元のニュースに電話して、タミアとクリーヴランド警察の間に起きたことを伝えた。「大惨事の渦中にいたんです」とミズ・ライスは思い返す。「彼らからは、なぜ彼が撃たれたのか、何の返答もなかったんです」。タミアは生きて病院を出ることはなかった。彼は翌朝、負傷が原因で死亡した。彼はたった一二歳だった。

この悲劇はまったく起こるべきではなかった。ローマン警官はクリーヴランド警察の一員となる前、インディペンデンス警察で精神的に不適格と判断され、辞めていた。同署の副所長、ジム・ポラックは、ストレスの多い状況で正しい判断ができるかどうかを疑問視し、彼には火器の取り扱いを任せるべきではないと述べていた。その報告によると、ローマンは銃器訓練で「泣きそうになって」「気が散って」しまい、「明確な考えを伝える」ことができなかったという。ローマンの銃器訓練の成績は「惨憺たるもの」で、訓練中はガールフレンドとの問題で感情的になっていたという。「もしかしたら僕は辞めるべきかも。僕には友達もいない」と言っていたとも伝えられている。ポラックによると、ローマンは実弾射程訓練の間に「危険なほど冷静さを失っていた」とのことで、時間をかけても、訓練を続けても、彼の振る舞いは直らないという。

6　僕たち黒人が自分たちの手で築いたこの国：アメリカ合衆国の建国の際に、当時奴隷とされていた黒人たちは、あらゆる道路や建物などの建設労働に利用された。二〇二〇年（オバマが大統領の時）の民主党全国大会のヒラリー・クリントン大統領候補の応援演説で、ミシェル・オバマが、「私は毎朝、奴隷によって建てられた家（ホワイトハウス）で目を覚まします。そして私の娘たち、ふたりの美しく知的な黒人の若い女性が、ホワイトハウスの芝生で犬と遊ぶ姿を目にしています」と発言し、拍手喝采を浴びた。

7　ガゼボ：西洋風あずまや。庭園、公園、広場などに見られるパビリオンの一種。

ローマンは二〇一四年初めに、嘘をついてクリーヴランド警察に加入した。彼はもっと様々な活動に身を投じるためにインディペンデンス警察署を去ったと主張した。その結果、クリーヴランド警察は彼の身元調査を行わず、ローマンに銃を持たせて街を徘徊させた。したがって、タミアが流した血はローマンひとりの責任でなく、この警官がこの仕事をする準備ができているかどうかを十分確認しなかった警察署全体の責任だった。彼らの不備がタミアの命を奪ったのだ。ローマンは罪に問われなかった。

あらゆる世界を目前にした一二という歳で、タミアの将来にどんな可能性があったのかは分からない――スポーツ選手、アーティスト、誰が知り得ようか。ミズ・ライスはタミアのことを、母親と姉のことが大好きな、人懐っこい子どもとして覚えている。彼は絵を描くのが好きで、サッカーやバスケ、フットボールをするのが大好きだった。「彼は多忙な少年、興奮しやすい子どもでした」と母親は振り返る。そして彼はＰＢＳ[8]が大好きで、『セサミストリート』と『The Big Comfy Couch』がお気に入りの番組だった。タミアには幼いうちから大きな夢があった。「彼はいつだってもっとやりたいと思っていました」と彼の母親は言う。「彼はバスケとサッカーをもっとたくさんやりたがっていたんです」。彼女はタミアについて、かなり幼い頃にトイレのしつけを身につけたこと、優れた泳ぎ手だったこと、自転車には補助輪を必要としたことがなかったことなど、些細なことを覚えている――「誰も彼に何のやり方も教えてないのに、彼は自分で覚えたんです」。五歳のときでさえ、タミアは率直に意見を述べ、家族を笑わせるのが好きだった。小学校一年生のときには、背が高いことで他のクラスメイトより目立つ存在だったため、先生が授業中によくタミアを指していたほどだ。彼はまた、場を明るくすることが大好きな性格だった。

マイケル・ブラウン・シニアは、もしもコンビニエンスストアの従業員が息子の盗みを指摘して（彼曰く「彼は貸し付けていた分を受け取っていた」）警察に通報しなかったら、もしも警察が彼を探していなかったら、もしもウィルソンが彼と話すために立ち止まっていなかったら、どうなっていただろうかと考えずにはいられない。〝ビッグ・マイク〟はおそらくまだ生きていて、ライムを書き音楽をサウンドクラウドにアップロードし、彼の家族を笑わせ、パソコンでケンドリック・ラマーを聴いていただろう。「彼は卒業したばかりで、ラッパーになりたがっていました」とブラウン・シニアは振り返る。「彼には自分の夢が、自分で答えを見つけ出したかったことがあったんです」。ビッグ・マイクという名でラップしていたこのティーンエイジャーは、スターになって地元を脱け出すことについての小節《バー》を、よくスピットした。彼はまだまだ駆け出しだったが、サウンドエンジニアリングを学びながら、職業訓練学校に通う計画を立てていた。

その後、人種間の対立はさらに激化したが、国民はファーガソンと大陪審の判決に目を向けていた。やがて判決はやって来た――二〇一四年一一月二四日、大陪審は、ダレン・ウィルソン警官がマイク・ブラウンを殺害したことに対する刑事告訴を行わないと決定した。抗議者《プロテスター》は激しい怒りに駆られた。ニューヨークは怒気につつまれ、ファーガソンの人びとの感情は爆発した。「このクソ野郎《ビッチ》を焼き尽くせ」とマイク・ブラウンの義父、ルイス・ヘッドは、大陪審の判決の後に群衆に向かって叫んだ。そして、その通りになった。人びとはパトカーとウェスト・フロリサント・アヴェニュー沿いの商店に火を放った。暴動は、不動産の破壊は間違っていると主張したマイケル・

8　PBS：公共放送番組提供協会。日本でいうNHK Eテレのようなもの。

ブラウン・シニアの意向に反していた。彼はニューヨークのスタテンアイランドと同様に、平和なデモを行いたかった。「騒ぎを起こすだけじゃなく、変化を生み出していこう」と家族の声明には書かれていた。しかしすでに手遅れだった。人びとはもう十分に苦しんできたのだ。長年にわたる警察の嫌がらせ、逮捕令状にまで至った疑わしい交通違反の切符、自分自身が住むコミュニティに属していないという気持ち。人びとは答えを求めた。心の痛み、怒り、恨みがついに沸騰し、ほとんどのミュージシャンがそれに応えた。ラン・ザ・ジュエルズ（ラッパー兼プロデューサーのエル・Pと共に）の一人であるラッパーのキラー・マイクは、セントルイスでショウを行う前にマイク・ブラウンの死と大陪審の評決を嘆き悲しみ、ファーガソンの役人を激しく非難した。「今夜、俺は検察官の言い分を聞いて完敗した」[*12]と彼は涙を流しながら群衆に語った。「そうなることは分かっていた……俺には二〇歳になる息子と一二歳になる息子がいて、彼らのことがとても心配だ」。シアトルでは、マックルモアがファーガソンの評決に抗議するためにストリートに出た。伝説的なラップグループ、ア・トライブ・コールド・クエストのQ・ティップは、ニューヨーク市の抗議者《プロテスター》に加わり、その意思を示した。J・コールは、マイク・ブラウンの死を悼む「Be Free」という曲をリリースした。「教えてくれないか／なぜ俺は外へ出るたびに仲間が死ぬのを目にするんだ!?」とそのラッパーは嘆き悲しんだ。

　そんな中で、ケンドリックは、「i」と呼ばれる曲をリリースした。この曲は自己愛を称えるアップビートな曲で、社会情勢にはそぐわないものだった。ファーガソンとニューヨーク市の人びとは憤慨していて、中にはなぜこのラッパーはそんな呑気なトラックをこのタイミングで出したのか、不思議に思う人もいた。黒人はいきり立ち、中にはその怒りに身を乗り出したがる人もいた——自分たちのブラザーやシスターが、加害者に責任が問われることなく殺害されているのだから、誰かが償いをする必要がある。コミュニティとしての黒人は寛大で——おそらく寛大すぎて——トレイヴォン・マーティン、エリック・ガーナー、マイク・ブラウン、タミア・ライスの殺害が注目を集めたことで、寛大さを使い果たしてしまったようだった。ケンドリックの「i」は抗議音楽《プロテスト》ではなく、少なくとも僕たちリスナーが聴き慣れた形でのそれではなかった。それはスライ＆ザ・ファミリー・ストーンが「Stand!《立ち上がれ！》」と聴き手をせき立てたり、ギル・スコット＝ヘロン[9]が革命を予測しているものとも違っていた。それはケンドリック自身の地元から生まれた音楽でさえなかった——ドクター・ドレーの一九九二年の名作アルバム『The Chronic』に収録された「The Day the Niggaz Took Over」は、ロサンゼルス警察にうんざりして反撃してやろうと腹を立てていた黒人の気持ちを捉えた。アイス・キューブの「We Had to Tear This Mothafucka Up」は、彼が共同でリリックを書いたN.W.Aの曲「Fuck tha Police」の続編だったかもしれない。「青い制服の白人野郎《クラッカー》[10]は信用ならない」とキューブはこのトラックで宣言している。公平を期して言うなら、ドレーとキューブの

9　ギル・スコット＝ヘロン：シカゴ出身の詩人、口語詩《スポークンワード》アーティスト、ミュージシャン、著者。ラップを思わせるリズミカルな口語詩《スポークンワード》のスタイルから、ラップのゴッドファーザー、ラップの先駆者とも呼ばれ、多くのラッパーが彼の作品をサンプリングしている。数多い名作の中でも「The Revolution Will Not Be Televised」は特にヒップホップへの強い影響を与え、「Whitey On the Moon」、「The Bottle」も有名。二〇一一年に六二歳で他界。

10　クラッカー（cracker）：白人野郎、貧しい白人を意味する軽蔑的な呼称。鞭をピシャリと鳴らす（crack）人（-er）という意味に基づき、奴隷制時代に、奴隷にされた黒人を鞭で打って威張り散らす白人というネガティブなイメージが歴史背景にあると言われている。コメディアンのクリス・ロックがよく使う用語。

抗議《プロテスト》ソングは、彼らの地元ロサンゼルス市警の残虐行為という、とても身近な問題を取り上げていた。そしてケンドリックは、ファーガソン、クリーヴランド、スタテンアイランドで起こった問題に直接影響を受けておらず、もちろん自己愛を表現することには何の問題もないものの、世界で最も優れた才能を持つリリシストの一人が出す曲にしては、黒人の身に起こっている問題に対して無神経なように感じられた。ケンドリックがそれを理解していたかどうかにかかわらず、彼は人びとが尊敬するアーティストであり、二〇一四年に人種差別が悪化したときに必要とされた批判的な声を持っていた。この時期に「i」を出すことは、失策のように感じられた。人びとは、ケンドリックがポップスに行ってしまうのではないか、ちょっと自己満足し始めたのではないか、と心配した。ケンドリックが独りでじっと考え事をする性質に慣れている人たちは「i」に当惑し、彼の陽気な側面に慣れるには多少時間がかかるのだろう。

ケンドリックは批判の声を耳にした。「俺は同じところに停滞していたくはない」[*13]とケンドリックは『フェイダー』誌に語った。「成長がないと言われたくはないんだ。人は革新していかなければならないし、自分に挑戦するだけじゃなく、リスナーにも挑戦してあっと言わせて、彼らに理解してもらわなければいけない。アーティストであるということは、自分がやるべきことを誰にも命令させるべきじゃない、ただやるしかないんだ」。実際、人びとはミュージシャンに彼らが考える最高の作品に立ち返って欲しいというある種不公平な期待を持つため、リスナーが「i」を聴いたとき、ケンドリックの次のアルバムは『good kid, m.A.A.d city』の輝きからかけ離れてしまうのではないかと心配する人たちもいた。ファンの目には、彼はそのレコードを超えるか、少なくともそれに近づかなければならなかった。しかし「i」は単なるアイズレー・ブラザーズの曲の作り直しではなかった。僕たちリスナーは、ケンドリックが僕たちの知りもしない暗いところから抜け出そうとしていたことを、後になって知る。もし『good kid』が、ティーンエイジャーの頃に受けたトラウマを訴えているとしたら、「i」は、彼が大人になってからの苦しみ、生き残った者としての罪悪感へと僕たちを連れていく。「俺はいろんな目に遭ってきた／試練に苦難、でも俺は神がいることを知っている」とケンドリックはラップする。「周りを見渡せば／あまりにたくさんの最低なヤツら《マザーファッカーズ》が俺を引きずり降ろしたがってる」。近年、彼が自殺を考えていたことや、今や有名になったこのミュージシャンは、仲間への不信感と向き合っていたことが分かる。成功によって彼への期待が高まり、施しを求める新たな友人たちが現れたのだ。

その結果、ただでさえ消極的なこのスターは、さらに後ずさりした。この曲で、彼は年下の子どもたちが学ぶためのストーリーとして自身の人生に触れている（『good kid, m.A.A.d city』で、留守電に残された彼の母親からの直々のお願い）。ケンドリックは自身の死について考え、彼や他の人たちが見ようとしないであろう未来について考えるために、様々な手段を講じているようだった。ケンドリックはホット97のインタビューで、「i」を書いたのは、「いま刑務所に入っているホーミーたちのために……もうこれ以上生きていたくないと言って手首に切り傷を付けて、それでも俺のショウに来てくれた若者たち《キッズ》のため」だと述べた。ケンドリックは『good kid, m.A.A.d city』で支配的な立場を手にして以来、この手のプレッシャーを感じていた。彼はもはや単にコンプトンをレペゼンする声ではなく、かつてのアイドル、トゥパック・シャクールと同様、同世代をレペゼンする声になっていた。

だから「i」は確かにその点では気高かった。単に適切なタイミングではなかったのだ。トレイヴォン、エリック、マイク、タミアの家族には、まず僕たちの愛が必要だった。スタテンアイランドの大陪審が、エリック・ガーナーを窒息死させたダニエル・パンタレオ警官を起訴しないことを決めた二〇一四年一二月三日、被害者の家族は大きな打撃を受けた。失望と不当な事件から一年たった頃には、その評決は驚くべきことではなく、アメリカの司法制度は黒人の命を尊重していないという最新通知にすぎなかった。そして、事件から五年後の二〇一九年、連邦検事は、パンタレオがエリック・ガーナーの死について民事責任を負わないと判断した。彼はその直後に解雇された。その一方で、イーソウ・ガーナーは夫のために正義を求め続けると誓った。「この身に命ある限り、最期まで闘います」と彼女は発言した。その後、ニューヨークの警官が、拡散された動画を撮ったラムジー・オルタに嫌がらせ行為を繰り返し、多くの人びとはガーナーの殺害を撮影したことへの報復だと見なした。[*14] ガーナーの友達のオルタは、二〇一四年の事件の前に逮捕されたことがあり、その日以来、彼は警察の責任を追究したため彼らに標的にされた。「エリックが死んで以来、警察は毎日俺を尾行して、毎晩俺の家に照明を照らしているんだ」。二〇一六年に、オルタは様々なドラッグや銃の所持容疑で罪を認め、四年の懲役刑を言い渡された。これを書いている時点で、彼は今もなお釈放を待っている。

二〇一七年、タミア・ライスを撃った警官がクリーヴランド市から解雇された——タミア殺害の行為ではなく、採用応募に虚偽の情報を書いたためだと伝えられている。一年後、他ならぬこの警官は、オハイオ州の小さな村、ベレアの警察に雇われた。

二〇一九年になっても、サマリア・ライスは、クリーヴランドの人種間の関係はまったく改善されていないと述べた。彼女の息子を撃ったクリーヴランドの警官は、仕事を取り戻そうと陳情していた。そしてファーガソンでは、マイク・ブラウン・シニアが、息子の思い出を称えるために美術館を開いた。マイク・ブラウン・ジュニアの死から五年間、ファーガソンの抗議《プロテスト》行動に関わっていた六人の男性が謎の死を遂げている。いずれも銃撃され放火された車の中で遺体が見つけられたか、バセム・マスリーの場合には、フェンタニル[11]を過剰摂取した後にバスの中で意識不明の状態で発見されたと伝えられた。他の人たちは建前上は自殺したことになっているが、ダニエ・ジョーンズの母親は、彼がリンチされたと信じている。二〇一九年八月九日、マイク・ブラウン・シニアは、事件を再捜査しマイク・ジュニアのために正義を示すよう州に要求した。しかし市警察との歴史や、彼の息子の事件のために、彼はいまだになかなか警察を信頼できないでいる。「あの制服が俺たちを縮みあがらせるんだ」とマイケル・ブラウン・シニアは僕に語った。「いまだに緊張して硬くなる。ポジティブであり続けようとしているが、この制度はいったん解体され、焼かれて、新しい政策と共に再出発する必要があるんだ」。

二〇一四年一二月、シンガーのディアンジェロは、現代における黒人の抗議《プロテスト》音楽がどのようなサウンドになるべきかという基準を設けた。長年待ち望まれ、しばしば遅れた彼の三枚目のスタジオ・アルバム『Black Messiah』は、一五日の夜にリリースされた。そこからは、二〇一四年に黒人であることや、自分のブラザーやシスターたちがストリートで撃ち殺される姿を見る怒り、無力感、

11　フェンタニル：鎮痛や麻酔に使われる強力な合成オピオイド。

悲惨な想いが伝わってきた。ケンドリックと同様に、彼の二〇〇〇年のアルバム『Voodoo』が高い評価を得て以来、このジャンル（彼の場合はR&B）の救世主と呼ばれていた。『Black Messiah』は、黒い手を振り上げた群衆を映した粒子の粗い白黒のカバーと共に、ファーガソンでの反乱とスタテンアイランドの大陪審の評決に直接異議を申し立てた。またケンドリックのように、ディアンジェロも彼の音楽を通してのみ、想いを語った。もし彼に売り込みたい音楽がなければ、彼が発言することはない。『Black Messiah』は、すべてが抗議《プロテスト》音楽というわけではなかった。「Really Love」と「Another Life」という曲は、しなやかな声を持つコーンロウ・ヘアーのリラックスしたクルーナーとして、彼が一九九〇年代半ばに演奏したものと同じように、甘美なソウルバラードだった。

しかしこのアルバムの至るところで、ディアンジェロは、黒人があらゆるところで感じた心の痛みを語っている。「The Charade」では、「俺たちが欲しかったのは話す機会だけだったのに／代わりにチョークでアウトラインされた[12]ただけだった」と彼は歌う。そして「1000 Deaths」は、戦争に送り込まれ、その準備をすることをテーマにした薄暗いサイケデリック・ロック・トラックだった。戦争とは、異国の地か、故郷に近い土地での戦いを指す可能性もあり、解釈は様々だ。「俺たちが困難に陥っても俺は狂ったりしない／臆病者は一〇〇〇回でも死ぬが／兵士は一度しか死なないから」というリリックを持つこの曲はこのシンガーのディスコグラフィの中で、最も革命的なトラックと言えるだろう。当時、ミュージシャンはファーガソンに影響を受けた曲をあちこちでリリースしていたが、黒人コミュニティ内に大きく広がった絶望に取り組んだ本格的なレコードはなかった。「（ディアンジェロのような）地位ある人が政治的なレコードを発表したのはいつ以来だろうか？」レコーディング・エンジニアで、ディアンジェロと頻繁にコラボレーションしているラッセル・エルヴァドが、レッド・ブル・ミュージック・アカデミーで問いかけた。「誰も社会問題について語っていない。それも取り戻そう」。『Black Messiah』は、黒人の苦境を軸に、細部までこだわったファンクやソウルとして、スライ&ザ・ファミリー・ストーンの『There's a Riot Goin' On』や、カーティス・メイフィールドの『Curtis』のようなレコードを思い起こさせる。スライやカーティス、ディアンジェロのようなミュージシャンは、僕たち黒人に語り掛け、僕たちの代弁をしてくれた。彼らは、音楽を通じて僕たちの美しく完全な自己を認識させてくれた。たとえ世界が僕たちをなおざりにしようとしたときでさえ、僕たちは二級市民などではないということを思い出させてくれた。アメリカは、自分で身を守らなければ僕たち黒人を叩きのめさないとも限らないが、スライの唸り声、カーティスのファルセット、ディアンジェロのハミングを通して、人びとはブラック・カルチャーの美しさと侘しさを感じ取った。時に、それが抗議行動《プロテスト》というものなのだ。それはプラカードや気の利いた詠唱《チャント》だけでなく、悲惨な状況をかき分け、その中から光を見つけ出すような経験すべてを意味している。『Black Messiah』は、二〇一四年の冬から二〇一五年の春の間にリリースされた、警察の銃や蛮行による武器を持たない黒人の殺害の影が折り込まれた三枚のアルバムのうち、最初にリリースされた作品だ。カマシ・ワシントンの無秩序に広がった芸術作品『The Epic』は、三枚のうち一番最後にリリースされたレコードだ。ワシントンのアルバムは、ゴスペル、ジャズ、ソウルのミックスを通して、アメリカの黒人が必要としていたスピリチュアルの本質を発した。

12　チョークでアウトラインされた（チョーク・アウトライン）：殺人現場などで被害者を囲い、その位置を一時的にチョークで書き記しておくこと。ここでは多くの黒人が殺される現実を示唆している様子。

「The Rhythm Changes」や「Askim」、「The Message」のような曲は、人びとのコミュニティを癒やし、僕たちが日々感じている心の痛みと激しい怒りから前進させてくれた。「世界全体に必要な、もっと深いレベルの癒やしがある[*15]」とワシントンはかつて、人物紹介記事を書くための『ワシントン・ポスト』紙の取材で僕に語った。「多くの人たちがくじけているんだ」。『Black Messiah』と『The Epic』は、批評家のお気に入り作品だったが、一方ケンドリックはその頃、音楽シーンを震撼させ、数年間にわたってアメリカの黒人に計り知れない影響を与えることになるアルバムをリリースした。それは『good kid, m.A.A.d city』よりさらに大胆であり、『Overly Dedicated』や『Section.80』のようなプロジェクトを、さらに後方へと押しやるものだった。ケンドリックは次のアクトで、人種全体に贈る言葉を用意していた。

6　キング・ケンドリック

二〇一四年、ケンドリックはカニエ・ウェストと一緒にアメリカ全土をツアーで廻りながら、新しい音楽に心を開き始めていた。「このツアーバスは五五歳以上の人しか乗っていないんじゃないかと思うぐらいでさ」[*1]とかつてプロデューサーのサウンウェイヴは『スピン』誌に語っている。ケンドリックは主にウェストコーストのヒップホップを聴いて育ったため、自身も認めているように、ナズやノトーリアス・B.I.G.のような並外れたラッパーの絶頂期を見逃していた。彼は新しいインスピレーションを見つけるために、ブラック・ミュージックの革命的な英雄たち――マイルス・デイヴィスやドナルド・バードのようなアイコン的なジャズ・トランペット奏者や、スライ・ストーンやジョージ・クリントンのようなファンクのレジェンド――に深く入り込んでいった。ケンドリックは人生や音楽において自由を探し求めていたが、これらのクリエイターたちはそれを体現していた。マイルスは、一九五九年に画期的なアルバム『Kind of Blue』を、次に一九六九年に『In a Silent Way』を、そして一九七〇年に『Bitches Brew』をリリースし、ジャズの方向性を少なくとも三回は変更した。『Kind of Blue』は、ジャズにモード奏法を導入した先駆として評価された。『Silent Way』と『Brew』はエレクトリック・マイルスの始まりを告げる作品であり、ファンクやロックの要素を取り入れることで自身の音楽性を拡張した。スライとジョージは、アメリカがまだ彼らのような黒人アーティストを受け入れていなかった時代に登場した、特異な存在だった。メインストリームの音楽が、サイケデリックでアシッドな方向に向かっていた一九六〇年代後半、彼らは人に希望を与えながらもとげとげしく、かつ既存の価値観を打ち壊すサウンドを作り出した。

マイルスやドナルド、スライ、ジョージはみな、創造的で、精神的な自由さを持つ黒人男性であり、彼らはケンドリックも同じタイプのミュージシャンになれるということを、間接的に示してくれた。とはいえ、虚勢とストリートでの信頼に支配されるラップ・ミュージックに身を置く者にとって、そのような自由を獲得することは、難易度が高い。彼は確かに今まで以上に目立つ存在になってはいたが、依然として自由の身であったし、TDEはファンがアーティストに期待することではなく、自分たちがやりたいことをやる傾向があった。ケンドリックは革新することを目指していたが、鬱やキリスト教、名声の罠について語る代わりに、派手な車や目がくらむような宝石についてラップしたがるスターがひしめくジャンルの中で、それを実現しなければならなかった。ケンドリックはラップ・ミュージックに深くのめり込み、それと一体化し始めていた。そこに南アフリカへの旅が組み合わさったことで、彼の魂はさらに大人びて賢明なものに成長していった。

ケンドリックは次のアルバムで、ジャズ、ファンク、口語詩《スポークン・ワード》を取り入れ、このようなテーマに取り組みたかった。ジャズとファンクは、ラッパーのコモンが二〇〇〇年の名作『Like Water for Chocolate』でブレンドしたのを最後に、少なくとも一五年はメインストリームのヒップホップにブレンドされていない、忘れ去られたジャンルだった。コム（コモン）のブレンドはより明るく、九〇年代初期の権威、ア・トライブ・コールド・クエストやギャング・スターのジャズ・ラップと近しいものに感じられた。一方、ケンドリックはもう少し暗く、両者をより難解にブレンドさせることを志向した。「トライブはその先駆けだったし、その頃のラップのトレンドも変えた。当時のラップはかなり攻撃的だったけど、彼らはちょっと過去にさかのぼった。結果、その時代の音に向かうアーティストの流れを作り出したんだ」とハンク・ショックリーは言う。彼はロックの殿堂入りしたレコード・プロデューサーで、一九八〇年代と九〇年代にパブリック・エナミーの複雑なサウンドを創り上げた主な設計者だ。「俺は常に、ジャズはヒップホップの次の進化形だと考えていた。以前はファンクの方が強かったけどね」。ショックリーは、ヒップホップとジャズがブレンドされていく様子を目の当たりにしてきた。このプロデューサーは八〇年代後半に、ア・トライブ・コールド・クエストの最初の六曲入りデモを、デフ・ジャム・レコーズの創設者、ラッセル・シモンズのところに持って行った。「彼らの音楽は攻撃的じゃなかったし、彼らは怒鳴っていなかったから、ラッセルは興味を持たなかったんだ。ビートはハードじゃなかった。自分たちが聴いていたものと違うからってだけで、それを理解できない人たちがいた。音楽は常にそういうものなのにさ。物事を前進させて、後ろを振り返らないことが大事なのであって、それを実行するアーティストが時代を越える傾向があるんだ。誰も行きたがらないエリアで限界に挑むことを恐れない人たちこそがね」。

ケンドリックは、ビーバップやサイケデリック・ジャズ、ジェイムス・ブラウンを中心としたファンク、独特の雰囲気のあるソウル、風変わりなビートの野心的なミックスを求めていた。そして彼にとって最も重要なのは、音楽から取り上げる主題まで、そのすべてがブラック――紛れもなくブラック――であることだった。ケンドリックは『good kid』を完成させた直後の、次のアルバムのためのブレインストーミングを始めた時点で、黒人のコミュニティ全体に取り組む必要があると確信していた。僕たち黒人同胞には癒やしが必要だった。「(彼は)俺たちのコミュニティにずっと起こってきた問題に絆創膏を貼りつつ、何か伝説的なことをしたかったんだ」[*2]とコラボレイターのテラス・マーティンは、かつて『リヴォルト』に語った。ケンドリックは、僕たちみんなのためのアルバムでありつつ、自身の個人的な目覚めを中核に据えたアルバムにしたかった。彼は計り知れない影響を受けたラッパーを称賛する新たな方法として、そのアルバムを『Tu Pimp a Caterpillar』、または略して『Tupac』と呼ぶつもりだった。しかし彼は、新たにつかんだ名声と、アーティストを激しくコントロールしようとする音楽業界へ挑戦すべく、すぐにタイトルを『To Pimp a Butterfly』に変更した。「『pimp』という言葉には強い攻撃性があって、いろんなことをレペゼンしているんだ」[*3]と彼は二〇一五年に『MTVニュース』に語った。「俺にとって、〔このアルバムタイトルは〕俺の名声を良いことに利用《ピンプ》することをリプレゼントしている。もうひとつの理由は、俺の名声を使って業界に利用《ピンプ》されないようにすることだ」。ケンドリックには、以前よりはいくぶんかのお金と、知名度があったため、決して心から彼の利益を考えることのない業界――そして国――に従うことを期待されていた。しかしだからこそ、あらゆる意味で、名声という概念そのものを拒絶していた。ケンドリックはこの瞬間に到達するために一二年間必死で努力してきたものの、名声に向き合うことはいまだに大きな課題だった。

　もし『To Pimp a Butterfly』がケンドリックの最も意欲的な作品になるとしたら、完成に至るまでの道のりは最も過酷なものになることが予想された。彼は本物の楽器を使った新鮮なライブ・サウンドを求めていたため、参加するミュージシャンは熟達者でなければならなかった。ケンドリックには自分と演奏者たちに、「概念的に自分に制限をかけるな」というひとつのルールを課した。「とにかく創り出すんだ。そしてどんな類の限界があったとしても、俺がやっていることを止めないでくれ」と彼は言った。『good kid, m.A.A.d city』はリリース数年前にコンセプトを固めていたのに対し、『To Pimp a Butterfly』では、リリックを書き、修正し、旅に出かけ、アイディアの再構築を繰り返し、実現までに二年間を要した。

このアルバムは、この都市のジャズとファンク・シーンの全容をとらえた地元の演奏家と一体となった、「LAのレコード」でなければならなかった。それを実現するにはジャンルに精通したプロデューサー兼マルチ・プレイヤーのテラス・マーティンを、このプロジェクトに起用する必要があった。テラスはTDEの活動範囲に常に近い存在だった。彼は『Section.80』や『good kid, m.A.A.d city』の曲を制作してきていたため、TDEは彼がこのセッションに最高のミュージシャンを連れて来てきてくれる存在として信頼されていた。サウスLAには、一九六〇年代と七〇年代にレジー・アンドリュース&フェロウシップのバンド・リーダーで、ソウル、ジャズ、ファンクのグループ、カルマのキーボード奏者だったレジー・アンドリュースが手掛けた、世界トップ・レベルのジャズの課程を持つ一流校として知られるロック高校があった。テラスはその高校を卒業していた。アンドリュースは伝説的存在であり、世界でも有数のジャズとファンクのミュージシャン――テラスの他、ベース名演奏家のステファン・〝サンダーキャット〟・ブルーナー、ファンクとソウルのヴォーカリストのパトリース・ラッシェン、テナー・サックス奏者のカマシ・ワシントン

——を指導してきた。テラスはLAジャズの精神《エートス》を体現したカリフォルニア男《カリ・ガイ》であり、クールでゆったりとしていて、絶えずクリエイティブだった。ケンドリックと同様、テラスにとってもアートは最優先であり、物悲しい音を奏でるサックス、変調されたヴォーカル、ピアノのコード演奏のひとつひとつと一体になることで、サウス・ロサンゼルスが生み出したジャズの豊かな歴史に敬意を表していた。一九四〇年代、セントラル・アヴェニュー[1]はロサンゼルスのジャズの中心地となり、エリック・ドルフィーやチャールズ・ミンガスといった地元ミュージシャンは「ダウンビート」や「クラブ・アラバム」、「ダンバー・ホテル」などで経験を積んだ。

サウスLAには、そこに着けばすぐに感じ取れるほど、先祖代々の豊かな精神が宿っていた。ここにはドラム奏者のビリー・ヒギンズ、テナー・サックス奏者のハロルド・ランド、ピアノ奏者のホレス・タップスコット、ビートメイカーのラス・Gの魂が重々しく漂い、タイル張りのコンクリートや黒人経営の企業などが、訪れる者を導いてくれる。ヒギンズとカマウ・ダウードが共同所有していたパフォーマンス・アートの空間で、かつてテラスやカマシのような新進ミュージシャンに演奏する場を提供していたワールド・ステージからは、そのエッセンスが流れ出ている。「ビリー・ヒギンズが実質上、俺たちに成功の手掛かりを与えてくれたんだ」と『To Pimp a Butterfly』でフィーチャーされたLA出身のトロンボーン奏者、ライアン・ポーターは言う。「俺、テラス、ブルーナー・ブラザーズ（サンダーキャットのバンド）。あれがみんなの最初のギグだったことは、まず間違いないね。彼らは演奏者の名前を窓に貼り出してくれてさ、いい気分だったよ。俺たちはみんなティーンエイジャーだったんだけど、ジャズ・ミュージシャンとして目指すべき場所を与えてくれたんだ」。暴動、構造的人種差別、警察の蛮行《ポリス・ブルタリティ》を通して、LAは長年の間に多くの文化的な変貌を耐え抜いてきたが、レイマート・パークの地域は、それらすべてのことから解放してくれる憩いの場所だった。「そこはハーモニーが感じられる、ある種の文化的な場所だったんだ」とポーターは言う。「ダシキ[2]を着て歩いてる人たちがいれば、本について人と話をしたがるブラザーたちがいた。この意識の高いコミュニティで何が話されているか、自分の地域で何が起こっているかを聞くことができるコーヒーショップや床屋があった。そういうことを、ジャズ・ミュージシャンがやっていたんだよ」。

おそらくタップスコットがこの流れを一番最初に提供した人物だったのかもしれない。このピアノ奏者、教師、活動家は、一九六〇年代と七〇年代にパン・アフリカン・ピープルズ・アーケストラのリーダーとして、ジャズや他の形態のブラック・ミュージックをロサンゼルスの子どもたちに届けることを使命にしていた。彼は生徒を自分のバンドに入れて、彼らにプロのグループで演奏する最初のチャンスを与えた。LAの新世代のジャズ・ミュージシャンは、間接的には七〇年代のそのムーブメントに起源があり、ライアン・ポーター、テラス、カマシ、サンダーキャットのようなアーティストを生み出した。彼らの両親の中には、タップスコットやヒギンズのような象徴的な存

1 セントラル・アヴェニュー：LAのダウンタウンから南に一直線に走る通りで、一九二〇年から一九五五年まで、この通り沿いがアフリカ系アメリカ人コミュニティの中心として栄え、活発なブルース、ジャズの音楽シーンがあった。

2 ダシキ：特徴的な絵柄と鮮やかな色使いの西アフリカの民族衣装で、ゆったりしたプルオーバー型の主に男性用の半そでシャツや、女性のドレスとしても活用される。アメリカでは公民権運動やブラックパワー運動をきっかけに、一九六〇年代から一部のアフリカ系アメリカ人に広がった。

在と共に学び、彼らが学んだことを自分の子どもたちに伝えた人たちもいた。その子どもたちが、そのエネルギーをそれぞれの音楽や『To Pimp a Butterfly』全体に持ち込んだ。

またレイマート・パークには、プロジェクト・ブロウドと呼ばれる自由参加《オープンマイク》のステージがあった。この都市の抽象的なリリシストたちが、毎週志を同じくする言葉の職人《ワードスミス》と会うためにそこに集い、新しい作品を試したり、うっぷんを晴らした。エイシーアローンやバスドライヴァー、マイカ・ナインのような難解な作品を作り出す詩人たちにとって、そこは安住の地だった。彼らは幾分中道左派寄りであったため、そこは伝統的な意味での自由参加《オープンマイク》のステージではなく、ストリート・ラッパーが展開する銃を持ったお決まりの話《ナラティヴ》は敬遠された。もしプロジェクト・ブロウドでパフォーマンスをするなら、リリック的に巧妙な作品を用意しなければならなかった。ケンドリックは直接的にも間接的にも、プロジェクト・ブロウドとその抽象的なリリシズムの生徒であり、彼のクリエイティブな美学は、LAのアンダーグラウンド・ラップのどんな小さな集団より、それに同調していた。「たとえケンドリックがその周辺にいなかったとしても、おそらくそこに繋がる誰かを知っていたんじゃないかな」とポーターは言う。「それはまるでヒップホップのサポート・グループのようだったよ。LAにいてあの雰囲気《ヴァイブ》に影響を受けないなんて、あり得ないね」。

『To Pimp a Butterfly』はそんな歴史——タップスコットのレコードの堂々たる黒人らしさ《ブラックネス》、ミンガスの名作のハードバップ、ヒギンズのトラックの熱狂的なスウィング、エイシーアローンとマイカ・ナインのオフビートのフロウ——のすべてを結集して生まれた。ラッパーは車の中でかっこよく聴こえるように音楽を作る傾向がある。ベースはトランクをガタガタ鳴らし、窓は壊れそうになるくらいまで揺らさなければならない。しかしケンドリックはそのすべてを既にやっていた。

『Section.80』と『good kid, m.A.A.d city』だけでなく彼の初期のミックステープは、筋金入りのヒップホップ・ヘッズが車で聴くヒップホップ・レコードだった。しかし、『To Pimp a Butterfly』は、ラジオ受けするシングルやクラブで盛り上がる華やいだ曲を作ることにフォーカスしていなかった。リスナーは、今までとは違ったものになるだろうからという理由でこのアルバムを好きじゃないかもしれないし、理解しないかもしれない。ケンドリックの作品には、忍耐と思慮深く聴き込む耳を必要とする。『To Pimp a Butterfly』もその例外ではなかった。たとえリスナーがハマるまでに数回の再生、または数年を要したとしても、彼はリスナーにゆっくりとこのレコードに引き込まれて欲しかった。

しかしそのような意図の背後で、『To Pimp a Butterfly』は輝かしくなるか乱雑になるか、壮大になるか失望する作品になるかは、まだ定かではなかった。ケンドリックは自身の新たな生活、黒人が抱える苦悩、彼が南アフリカで見てきたことについて、伝えるべきことはたくさんあったが、このアルバムが名作になるかどうかはまったく定かではなかった。リリースに至るまでの数カ月間、ケンドリックは『ビルボード』誌とのインタビューに応じたが、それは彼にとって好ましいものではなかった。インタビュアーは、特にファーガソンで起きた、警察が武器を持たない黒人男性を殺害した事件について、このラッパーの思いを訊いた。するとケンドリックの返答はマイク・ブラウンに起こったことに同情を示すどころか、攻撃者ではなく犠牲者を責めた「すべての命は大事だ《オール・ライヴス・マター》」の支持者のように聞こえるものだったのだ。「俺たち地元の人間は既に精神的な問題を抱えていて、ボロボロの状態だってことを知った上で、見てくれたらいいのに」[*4]と彼は言った。「マイケル・ブラウンに起こったことは、決してあってはならないことだった。絶対にね。でも俺たちが自分自身をリスペクトもしてないのに、どうやって人に俺たちをリスペクトしてもらうことを期待できる？変化は内面から始まるんだ。単に決起集会をやったってダメだ、略奪をしたってダメなんだ――それは内面から始まるものなんだよ」。この返答は、ファーガソンで起こっている苦闘というよりも、トラウマを抱えた黒人少年としての自分に話し掛けていた。彼のコメントの核心は、コンプトンで生まれ育ってからまだそれほど時間が経っていないということ、そしていまだにトラウマに悩まされているというところにあった。

この返答は、ソーシャル・メディアでちょっとした炎上を起こし、黒人男性であるケンドリックが何故そんなことを言うのか疑問に思ったアーティスト仲間からの辛辣な批判を生んだ。ラッパーのアゼリア・バンクスはツイッターで、ケンドリックのコメントは「今まで聞いた黒人男性の意見の中でもっともバカげている」と述べた。それからキッド・カディ――かすみがかったようなエモ・スタイルのラップの先駆けとして高く評価されてきた――は黒人アーティストたちに「すべての黒人たちに対して自分は神の贈り物だみたいな、黒人コミュニティを見下すこと」はしないで欲しいと求め、ケンドリックをサブツイート[3]で間接的に批判した。さらに「The Blacker the Berry」の三ヴァース目も批判の的になった。『To Pimp a Butterfly』の二枚目のシングルとしてリリースされたその曲は、自分たちが受けている不当な扱い――字面だけを読むと、ギャングに加入している黒人が四六時中お互いを撃ち殺しているのに、自分たちは警察の射撃に腹を立てることはできないと言っていた――について黒人を非難しているように聴こえた。ケンドリックはこの曲の最後で、こうラップする。「じゃあ、なんで俺は、トレイヴォン・マーティンがストリートで殺されたときに涙を流したのか／俺はギャングバンギンのせいでより肌の黒いヤツを殺すのに／偽善者が！」。このラインもまた、一部のリスナーの感情を爆発させた。ケンドリックは世間体を気にして駆け引きをしていると、このラッパーをネット上で罵倒したのだ。

ケンドリックはMTVニュースのジャーナリスト、ロブ・マークマンからのインタビューで、黒人コミュニティをこき下ろそうとしていたわけではないと述べた。「これは俺の経験なんだ」とケンドリックは言った。「俺は俺の人生について語っているんだ。コミュニティに向かって語りかけているわけじゃないし、コミュニティのことを話しているわけでもない。俺はコミュニティそのものなんだよ。俺だって今でも衝動を感じるし、今でも隣に住むヤツに怒りや憎しみを……どうにかしてやりたくなる悪意が芽生えることもある。だから、音楽を作ることは俺自身にとって癒やしの効果があるんだ」。「m.A.A.d city」の以下のラインのように、彼にはこのような曖昧な表現をする前歴があった――「もし俺が一六のときに人を殺したって言ったら、信じてくれるか？／ストリートでみた無邪気なケンドリックに気づいてくれ」。そしてこれは「Hol' Up」からだ――「俺は子どもの頃ふたりの大人を殺した、俺は高度過ぎるのさ」。それから『To Pimp a Butterfly』収録の「Institutionalized」では――「俺はゲットーの中に閉じ込められていて、それを誇りを持って認められない／収容された社会さ、それでも俺は人を殺せるぜ、だから何なんだってんだよ？」。さらにまた、彼はギャングの一員だったことがあるのだろうかという疑問もあった。ケンドリックは、パイルーの縄張りであるコンプトンの西側で育った。彼は長年にわたって、曲やインタビューの中でギャングとの関係を否定してきたが、「good kid」に出てくる「俺を襲ってお前のナイキのロゴ

3　サブツイート：名前をタグせずにその人のことに言及する陰口的なツイート。

に血を付けてみろよ」というようなリリックは、異論の余地を残していた。このラインは、彼は実際にギャングに所属していたことを意味しているのか、あるいは彼がギャングと仲がよかったために、彼らに擁護してもらっていることを意味しているのかもしれない。

「俺はこの業界に入ってたかだか三、四年だ」とケンドリックはMTVニュースに語った。「俺がコンプトンの街で過ごしてきた二〇年間を忘れることなんてできやしないさ。こういう話をすると、俺がこの男性をリスペクトする必要があるのは、彼が着ている服の色[4]のためじゃなく、彼が黒人男性だからだということを思い起こさせてくれる。俺だって自分のコミュニティをぶち壊すことは散々やったよ」。

ケンドリックはこれまで、少なくともこれほどのレベルでリーダーになったことは一度もなかった。コンプトンで崇められることと、この国中、世界中で称賛されることは、まったく別だった。セレブの手引書の中には、一〇代の若者《キッド》から、あなたの音楽の正直さによって僕の人生は救われたと言って、手首の切り込みを見せて証明してくれる日のために、心の準備をしておくようにとは書かれていない。それからケンドリックの周りには、単に有名人の周りにいたいだけの新しい友人や取り巻き、日々を乗り切るために〝ほんの数ドル〟をせがんでくる寄生者が現れた。さらに人は、物理的に自分の家族の側にいてあげることができない罪悪感を隠すことはできない。ケンドリックはホームシックに襲われ、各地を転々とする暮らしはすぐに輝きを失った。気がつけば、地元もかつて知っていた人たちもすっかり変わってしまった。ケンドリックは彼の新旧の暮らしの狭間で引き裂かれていたため、この二分法を『To Pimp a Butterfly』に反映させようとした。「俺は自分自身の不安に取り組んでいたんだけど、リスナーが共感できるようにもしていたんだ」とかつて彼は言った。「ストーリーの全体像は、要するに俺がリーダーとしての役割を受け入れ、それをどう受け入れるかを学び、それに感謝してそこから逃げない、ってことなんだ……俺たちが人として恐れているものは、変化だ——社会的立場から日常的な視点までね。俺はこのレコードでそれを体現したかった」。ケンドリックは実際に新しい人間に生まれ変わっていて、それは彼の周りの人たちも同じだった。

ある日、プロデューサーのスティーヴン・〝フライング・ロータス〟・エリソンは、ケンドリックと一緒にツアーバスに乗って、自身のプロジェクトのために取り組んでいたインストゥルメンタルを流していた。トキモンスタやガスランプ・キラー、サミヤム、ラス・Gのような志を同じくするプロデューサーが、ファンク、ジャズ、ヒップホップ、エレクトロニカを宇宙を思わせるようなダンスミュージックにブレンドすることで有名なLAのビートシーンにおいて、ロータスは先駆者と見なされていた。ロータスは、大叔母、アリス・コルトレーンを尊敬していた。ゴスペル、環境音楽を取り込んでミックスされた彼女のスピリチュアル・ジャズは、この惑星に仕掛けられた罠から脱出し、精神を宇宙へ飛翔させることを目指していた。ロータスは、その同じ精神《エートス》を体現することで知られていた。彼は、『Los Angeles』や『Cosmogramma』、『Until the Quiet Comes』、『You're Dead!』のようなアルバムで、あらゆるジャンルをひとつの鍋に入れ、コルトレーンがかつて作っていたアストラル《スピリチュアル》・ジャズに根差した、万華鏡のようなブレンドを生み出した。ケンドリックは、素早いドラムと分厚くて波打つようなベースラインが入った激しいファンク・ループのトラックに

4　彼が着ている服の色：クリップスのチームカラーの青か、ブラッズ（パイルー）のチームカラーの赤のどちらか。

興味を引かれた。それはドクター・ドレーのビートに似た強打したドラム音と、七〇年代初期にファンカデリックのトラックで耳にしたような類の、スペイシーな電子音の奇妙なハイブリッドだった。それはロータスが最も得意とするところだったが、ケンドリックにとってはそうでもなかった。「彼に『何それ？』って訊いたんだ」とかつてこのラッパーはレコーディング・アカデミーに語った。「彼は言ったんだ、『お前がまったく知らないものさ。本物のファンクだ……これでラップはしないよな？』ってさ。挑戦を受けたように感じたね」。

その音楽は、ロータスとサンダーキャット——熱狂的なスタイルのベース演奏でラッパーのマック・ミラーやシンガーのエリカ・バドゥが頼りにするミュージシャンであり、ロータスと頻繁にコラボレートする——によって生まれた。彼らはコンピューター上でジョージ・クリントンの研究をしていた。「彼は俺にとって創作のエネルギー源になったんだ」とかつてこのベーシストは思い返した。「ケンドリックがあの曲にすっかりのめり込んだのには驚いたね」。彼らはクリントンを信奉していたのだ。ロータスは二〇〇八年にブレインフィーダーという自主レコード会社を立ち上げた。ロータスのレーベルは、サンダーキャットのようなアーティストが所属し（後にジョージ・クリントンとも契約）、クリントンが作っていたような難解なファンクを求める人たちにとって、信頼のおける供給源となった。それはまた、ケンドリックの音楽と同様にLAらしさを訴えかけたが、外部都市の人たちにとっては、馴染みのないものだった。主に八〇年代と九〇年代のギャンスタ・ラップ・ムーブメントによって、またケンドリックのようなより新しいラッパーにも起因して、外部の人間の多くはLAをラップの街としてみなしていた。そしてロータスやサンダーキャットのスタイルは、クリントンのようなアーティストだけでなく、メタルやパンク、インディ・ロックを聴いていたアーバン・オルタナティブ好きの若者たちに適していた。したがって、ロータスとケンドリックは表面上は奇妙な組み合わせではあったが、それはまさに、このラッパーが新作をどれだけ深く掘り下げようとしていたかを示していた。事実、ケンドリックはロータスに、彼がツアーバスでかけたトラックは誰を念頭に置いて作ったのかと尋ねた。「俺は笑って、ジョージ・クリントンだと言ったんだ」とそのプロデューサーは言った。「それが実現するなんて思ってもいなかったよ」。

完成した「Wesley's Theory」は――実際にクリントンをフィーチャーして――成功の危険性とそれがもたらし得る向こう見ずな行動に関する訓話として、『To Pimp a Butterfly』の幕を開ける。この「Wesley」は、二〇一〇年に脱税で有罪判決を受け、連邦刑務所に三年間送られた俳優のウェズリー・スナイプスのことである。しかしケンドリックは、スナイプスの名前をディスとしてではなく、金融に関して適切な教育を受けていないアメリカの黒人男性に起こりうることの象徴として、リスナーの記憶に呼びかけた。ケンドリックは突然、今まで持ったこともなかった大金を手に入れ、それを使いたい衝動に駆られた。彼が育ってきた環境を考えればそれも当然のことだ。金欠でたびたび食料配給券《フード・スタンプ》を必要とする環境で育った人が、いったん数十万円、ましてや数億円を稼ぐと、成功したような気分になるものだ。しかし公立学校は生徒にお金の管理方法を教えてはくれないため――少なくとも黒人が住む地域では――ケンドリックは自力で、しかも速やかにこの問題を解決しなければならなかった。彼は常に自分の殻に閉じこもっていた上に、殺人的なツアー・スケジュールで世界からさらに深く断絶されてしまったため、「Wesley's Theory」でのケンドリックは、まるでアメリカ政府《アンクル・サム》が今にも彼の財産を奪いにやって来るかのごとく、被害妄想を持っているように聴こえた。しかし、もしケンドリックが、黒人男性として大成功を収めることに怯えているとしたら、少なくとも一人は、同じようなことを経験してきた大きな味方がいた。「お前が初めて俺の家に来た時のことを覚えてるか？　お前は俺みたいな地位が欲しいと言ったよな」とドクター・ドレーがこの曲中に流れる留守電で思い起こす。「でも覚えとけよ、手に入れるのは誰にだってできるんだ。難しいのはそれをキープすることなのさ、バカ野郎《マザーファッカー》が」。

「Wesley's Theory」は『To Pimp a Butterfly』のアルバム・ジャケットにインスピレーションを与え、それだけで十分に力強いメッセージとなった。冴えないグレーの色合いに反して、ケンドリックと友人たちは——そのほとんどがシャツを着ていない——晴れやかな顔で札束を見せびらかしている。彼らはまるで地獄の苦しみを耐え抜き、自分たちなりのアメリカン・ドリームを勝ち取ったかのように、最大限の喜びと安堵を表現している。彼らはフォトショップで編集されたホワイトハウスの前にいて、彼らの足元には死んで目を黒いバツで消された白人の裁判官がいる。ケンドリックは真ん中で、満面の笑みを浮かべ幼児を抱いている。彼はくつろぎ、安心し、自由に見える。彼にとっては、これこそが現実の生活なのであり、名声とはこういうもの——今でも彼をドットと呼ぶ、昔から最悪な時を乗り越えてきた仲間たちと共に、それを共有すること——なのだ。

　この曲とこのカバーは、ケンドリックが主要レーベルと契約を結んだまさにその瞬間、いよいよ達成感を味わい始め、富を分配する必要があると感じていたそのときのことを象徴している。「地元に戻って、地元以外の場所は見たことがない人たちを連れて、世界中を連れて回るんだ」とケンドリックは彼の考え方をＭＴＶニュースに語った。「彼らを無知と呼びたかったら呼べばいいさ。でも彼らはそういうものを見る必要があるんだ——それがホワイトハウスであれ、アフリカであれ、ロンドンであれね」。

　ケンドリックは親切心からすべての人たちを救おうとしていたようだが、現実的にそんなことは難しいという事実が、彼の心を蝕んでいた。だからこそ、自分を見失いそうになったケンドリックがリスナーをホテルの自室に誘《いざな》う、アルバム中盤に収録されたふさぎこむような二部構成の物語《サガ》である「u」のような曲にも合点がいく。それは彼が自殺を目論んだり、妹を導くことができなかったことについて掘り下げた生々しいリリックに満たされ、彼が最も弱さをさらけ出した曲だ。彼の妹はティーンエイジャーの時に最初の子どもを妊娠し、ケンドリックはそれを止められなかった自分を責めた――「お前のアンテナはどこにあったんだ？　お前が語っている影響はどこだよ？　一〇万人の前で説教《プリーチ》したのに、彼女にはまったく手を差し伸《リーチ》べなかった」。ケンドリックはこの曲で自身に否定的な立場の人の視点からライムしていて、それは彼の親しい友人か家族、もっと言えば彼の頭の中の否定的な声だったのかもしれない。ケンドリックは心に重くのしかかっていた疑念を鎮めることができず、「u」は彼が闘っていた感情の起伏、なかなか修復できなかった人間関係のほころびを描いた。この曲のセッションは、現場に居合わせた者たちの心をかき乱した。「彼はスタジオに入って来るとすべての照明を消して、ブースに入ったんだ」とエンジニアのアリは『リヴォルトTV』に語った。「そして彼は三時間も出て来なかった。あのセッションに入った人はみんな、目に涙を浮かべていたよ」とサウンウェイヴは言った。

　テラス・マーティンは、『To Pimp a Butterfly』のトラックがまさに出来上がったところで、ビートに生楽器を加えるために友人たちをスタジオに呼び寄せた。特に印象的なのは、彼がスタジオで伝説的なラテンとジャズのパーカッション奏者であるウィリー・ボボの音楽をかけていると、そのサウンドがケンドリックの耳をとらえたときのことだ。「ある日彼がスタジオに入って来て、『それ何だ?』って聞いてきてね」とマーティンは振り返る。「『こいつはドープだ!』って彼は言うんだ」。それからマーティンはケンドリックに、デンゼル・ワシントンがブリーク・ギリアムという名の架空のニューヨークのジャズ・トランペット奏者を演じた一九九〇年のスパイク・リーの映画『Mo' Better Blues』を観たことがあるかと尋ね、ふたりはジャズについて語り始めた。ケンドリックはその映画を観たことがなかったため、彼らはそれを観ることにした。映画の終わり近く、バンドがステージで熱狂的なジャズのブレイクをし[5]、すべてのドラム・フィルイン[6]、ゆるやかに波立つベースと押し寄せるトランペットのもの悲しい音が鳴り響く最中、スパイク・リー演じるジャイアントが、ナイトクラブの裏通りで暴行されるシーンがある。「音楽の力が真っ直ぐに迫ってきて、俺たちは目を見開いたんだ。音楽のおかげで、そのシーンはものすごく強烈に感じられた」とマーティンは言う。「ケンドリックは、『おい、俺たちもこんな感じのヤツをやらなきゃな』って感じだったよ」。

その夜、マーティンはポーター・ランチにある自宅に車で帰宅し、『Mo' Better Blues』の極めて重要なシーンで彼らが耳にしたものと似た曲を書いた。しかし彼は、ドラムマシーンなど人工的なものは一切使いたくなかった。彼は小さなグランドピアノでデモを演奏し、そのファイルを携帯メールでケンドリックに送った。「俺は緊張感が高まっていくような、ある種、目覚まし時計みたいな感じのメロディを彼に渡したかったんだ」。次の数日間、マーティンはミュージシャン――ドラムにロバート・〝スパット〟・シーライト、ベースにブランドン・オーウェンズ、オルガンにクレイグ・ブロックマン、ギターにマーロン・ウィリアムズ、そしてピアノにロバート・グラスパー――を集めた。「ケンドリックがセッションに加わって、俺たちは最高のヤツ《マザーファッカー》をマジで演奏したんだ」

とマーティンは思い返す。「部屋の中にいた人はみんな目を輝かせたよ。そこにいた誰もが、『何なんだ、これは!?』って感じでね。音楽はいい感じだったけど、幸せそうな彼を見て言ったんだ、『今からこの最高のヤツ《マザーファッカー》をやってやるぜ』ってね。一発録りだったよ。俺たちはそうやって『For Free?』を作ったんだ」。マーティンはスタジオを出て、一時間後に戻って来た。そのときまでには、ケンドリックはその曲にリリックを付け始めていた。「この・ディックは・タダ・じゃねぇぇぇ」とマーティンはできる限りケンドリックの声を真似ながら語る。「そして俺は言ったんだ〔息をのんで〕、『なんてこった』。俺たちはクソ野郎ども《マザーファッカー》を怒らせることになるぜ。俺は言ったよ、『この曲は人を不快にすることになるぜ』ってね。最高にワクワクしたね」。

マーティンは『To Pimp a Butterfly』に取り入れられたジャズ寄りのサウンドを、自分の手柄にすることに抵抗しているが、このジャンルの超大物が参加したのは彼の功績だ。たとえ二〇一二年のLP『Black Radio』がグラミーで最優秀R&Bアルバム賞を受賞したとしても、ロバート・グラスパーのような名前は、『To Pimp a Butterfly』が出る前にはメインストリームではあまり知られていなかった。彼は知る人ぞ知るヒップホップ界の秘宝であり、ラップ、ジャズ、ソウルの境目を曖昧にし、若い人たちが古いジャンルの音楽を受け入れることをクールにした、わずかふたりのうちのひとり、もう一人は――トランペット奏者のロイ・ハーグローヴ――だった。二〇〇〇年半ばに、

5　ジャズのブレイク：曲を演奏している際中に、ソロ奏者がメロディ・ラインを即興演奏している短い間、他の楽器演奏者が演奏を止めること。稀にソロ奏者の演奏中に、他の楽器演奏者が一時的に同時演奏することもある。

6　フィルイン：主にドラムセットにおける演奏技法で、ジャズやロックなどの小節の間を埋めるために変化をつける演奏方法。

グラスパーはエリカ・バドゥやマックスウェル、ビラルのようなソウルの大御所と並んで、モス・デフやQティップのような著名なラッパーと仕事をした。彼はあらゆるジャンルを演奏することができた。ロバート・グラスパー・トリオで指揮を執る彼は、ハードバップや伝統的な曲を独自に解釈し、ロバート・グラスパー・エクスペリメントのリーダーとしての彼は、ジャズやロック、エレクトロニカの境目を曖昧にして、よりエレクトロニックでアブストラクトな演奏をした。しかしグラスパーの名前はニッチな観客層に響く一方で、当初はメインストリームのスターとは見なされていなかった。「俺は『クロスオーヴァーなヤツ』として知られていたんだ」と彼は今日語っている。「俺はグラミーで最優秀R&Bアルバム賞を受賞した、初めての歌わないR&Bアーティストなんだ。俺が受賞したとき、みんなに新しい希望を与えたんだよ、『ああ、自分たちは既成概念にとらわれなくてもいいんだ』ってね。でも『To Pimp a Butterfly』が出たときは、関係者全員にとって完璧なタイミングだったんだ」。ケンドリックと仕事をしたことで、グラスパーはキャリアを向上させるチャンスを手に入れたのだ。「『good kid, m.A.A.d city』が出たときに、俺はあのレコードに夢中になったんだ。テラスに言ったよ、『ブロ、次のレコードでは俺を何かの曲に入れてくれよな』」とグラスパーは思い返す。当時、グラスパーは『Black Radio』に続く『Black Radio 2』に取り組んでいて、ケンドリックをあるトラックに入れたかったため、紹介してくれるようにマーティンに頼んでいた。

このピアノ奏者は間もなくして、キャピタル・スタジオズで『Covered』と呼ばれるライブ・アルバムをレコーディングするために、LAに赴いた。そこに着くと、彼はマーティンから電話を受け取った。「彼は、『なぁ、まだLAにいるか？　今ケンドリックと一緒にドクター・ドレーのスタジオにいるんだ。この曲にあんたが必要なんだよ。レコーディングが終わったら立ち寄ってくれないか?』って感じだった。俺はウーバーかリフトに乗ってそこに向かった。着いたとき、彼らは「For Free?」をやっていたんだ」。ケンドリックはグラスパーの生演奏を見たことがなかったが、その演奏を気に入り、「For Free?」のレコーディングが終わると、彼に他のアルバム・トラックでも演奏して欲しいと頼んだ。「ケンドリックはエンジニアに言ったんだ、『なぁ、これこれを頭出ししてくれ。『Mortal Man』を出してくれよ』ってね。それから彼は、今聴いたものを演奏してみてくれと言うんだ。そこで俺は一度聴いては演奏し、八曲続けてやったよ」。『To Pimp a Butterfly』のライナーノーツには、グラスパーの名前は五曲提供した人物として記載されているが、その最後の曲が「Complexion (A Zulu Love)」だ。「この時点ではサンダーキャットがいた。彼はしっぽやら何やらが付いたアライグマのスーツを着てたんだけど、何事もなかったかのように振る舞っててさ」とグラスパーは笑いながら思い出す。「『お前、マスコットとかかよ……?』って感じで」。モノ／ポリーというプロデューサー——二〇一六年の次作『untitled unmastered EP』に貢献した——は、別の電話の会話で、サンダーキャットについてまったく同じエピソードを覚えている。「テラスは、『おお、いま彼マジだからさ』とか冗談みたいなことを言って、なぜか俺はそこにいて言ったんだ、『いいか、彼らが今日何を作るとしてもだよ? ヒット曲になるぜ。サンダーキャットがこのスタジオでやることは何だってな』。すごく間抜けだったけど、すべてはうまくいくって分かっていたよ。まさにそのときに彼らが『These Walls』にさらに付け足し始めたんだ」(「These Walls」はグラミーで最優秀ラップ／歌唱パフォーマンス賞を受賞した)。

グラスパーは「Complexion (A Zulu Love)」に没頭した——「彼らが録音ボタンを押して、俺はそれを演奏し始めた。テープが止まっても俺は弾き続けた。そういう雰囲気《ヴァイブ》だったんだ。俺はコードをちょっと変更してみた。ケンドリックの方を見ると、彼はガラス越しに『そのまま続けて』って表情で俺を見ていたんだ。俺がそこから出ると、彼は、『おい、ドープだったぜ！　このパートにまったく新しいビートを入れて、違った声でラップするよ』って感じで。それがラプソディのパートになった。あのパートは、俺がひたすら弾き続けたから実現したんだ。俺が文字通り弾き続けていたら、彼は『やべぇ！　違ったベースラインと違ったドラムを入れるぜ』って言ってくれたんだ。すべてはあっという間の出来事だった――『これで弾いて、あれで弾いて』ってね」。ケンドリックのマネージャーのデイヴ・フリーは、この曲にラプソディに出演してもらうため、彼女を売り出していたジャムラ・レコーズを所有する、プロデューサーのナインス・ワンダーに電話をかけた。ケンドリックとラプソディが共演するアイディアは、二〇一三年に「Control」のヴァースが話題を呼んだ翌日に生まれ、長く温められていた。「ナインスが連絡してきて、『いま、デイヴから連絡があって、ケンドリックが何か送りたがってる』[*5]って言ったの。わたしは『すごい！』って感じだった」とラプソディはMTVニュースに語った。それから二〇一四年一月に、ナインスとラプソディはメリーランド州ハイアッツヴィルのハウス・スタジオで落ち合い、『To Pimp a Butterfly』のためにヴァースをレコーディングした。彼女は曲のコンセプトに沿って、「Complexion」（肌の色）というアイデアを、色の違いに取り憑かれたこの国にあって、褐色の肌を持つ女性として、自身の生い立ちと結びつけることにした。「わたしはレッドボーン[7]とは違うのよ」とラプソディは『ヴィーヴォ』に語った。「色の薄い肌……子どもの頃はそれが美しいと思ってた。ビデオでみたのがそれだったから。一日中外で遊んだ後に姉妹がやって来て『うわーっ、あなたまた黒くなったわねえ』……とか言われたこともある。肌の色が濃くなることには、何か問題があると思っていたのよ」。

『Butterfly』のセッションでは、相当数の音楽がレコーディングされた。そしてケンドリックは近くに居合わせた人なら、たとえ楽器を演奏する人だったとしても、別の形でアルバムに加えるために、その人を引き止める可能性すらあった。プツプツとしてたレコードのサンプリングが流れ、ボリス・ガーディナーの「Every Nigger Is a Star」という歌声が流れた後に僕たちが最初に耳にするのは、『Butterfly』の大半の曲に参加しているトランペット奏者、ジョゼフ・ライムバーグの声だ。彼は「Wesley's Theory」でアルバムの使命を演説し、「For Sale? (Interlude)」では、ケンドリックを厳しく非難する敵対者になった——「どうしたんだぁぁぁ、お前?／ギャングスタらしく生きるん[8]じゃなかったのか?／それがお前の望みだと思ってたのになぁ」。ライムバーグはあるインタビューで彼のヴォーカル参加は単に偶然の出来事だったと述べる。「ケンドリックは俺の低い声を聞いたことがあって、俺がスタジオでテラスと話していたら言ったんだ、『おい、その声、俺のアルバムに入れてくれよ』ってさ」と彼は思い返す。「テラスが電話してきて、ケンドリックがその会話を覚えていると言ったのは、その数週間後のことだった。彼は俺にヴォーカル、口語詩《スポークン・ワード》をやって欲しくて呼んだんだ。俺がヴォーカルをレコーディングしている間中、彼はずっと俺に指導していたよ。彼はどんな抑揚をどの辺に入れたいのか、はっきり分かっていたんだ」。

7　レッドボーン：歴史的にアメリカ南部でよく使われてきた用語で、多民族か多文化を持つ人を意味するが、主に多民族と黒人が混ざって生まれた肌の色の薄い人を指す。ラプソディは南部のノースカロライナ州出身。
8　ギャングスタらしく生きる：ハードで忠実であり続ける行為。マッチョなメンタリティ。

スタジオの中には、名作を作っているという雰囲気はあったものの、ケンドリックと仲間たちはあまりに仕事に集中していたため、最終的にそのような考えは控え、長年に亘って聴かれ続けるレコードを出したいと思うようになっていた。見た目にも雰囲気が変わっていた。スタジオは最高級で、アナ・ワイズは、食べ物や飲み物もさらにスケールアップしていたことを覚えている。ファストフードがなくなった代わりに、特製サラダと特別注文のメニューが用意されていた。ミュージシャンたちはみな、ケンドリックは成功には満足しない男だと言い、天才だと称賛する。もちろん彼には才能があるが、常に向上しようと努めるか、少なくとも人びとが今までに聴いたことのないものを与えようとしていた。そして彼は、曲を一、二テイクしたくらいでは妥協しなかった。「簡単に済ませようとするだけの人がいれば、努力する人もいる。ケンドリックは両者なんだ」[*6]とカマシ・ワシントンは二〇一七年に『ピッチフォーク』に語った。「彼は一瞬で最高にドープな曲を書くことができるけど、その後に細心の注意を払って練り上げて、完璧にするために時間をかける。普通はいずれか一方だけだ。彼は俺が弦楽器のパートを書くのを座って見ている。ほとんどの人は気にしないだろうけどね……でも彼はいつもスタジオにいてアイディアを出してくれる。その直感は驚異的なんだ」。アップライト・ベース奏者のマイルス・モーズリーもそれに同意する。「How Much a Dollar Cost」と「Mortal Man」のレコーディングのプロセスが終わりに近づくと、ワシントンはこれらの曲で演奏してもらうために彼をスタジオに呼んだ。「彼は俺に、ビッグ・ママを、俺のアップライト・ベースを持ってくるように言ったんだ」と彼は振り返る。「俺はそいつを車に投げ込んですぐに向かったよ」。その場で、彼はどの曲のレコーディングが行われているか知らなかった。ワシントンとマーティンがトラックのある部分を頭出しをして、モーズリーにベースを足してくれと頼んだ。「それはとても自由形式だったよ。なんの先入観もなかった」と彼は言う。「何が起こってるか分からなかったけど、何か重要なことが起こってるのは分かった。彼らはそこでむちゃくちゃ仕事に集中していたし、それが大きな目的に繋がっていたのも分かったよ」。

『To Pimp a Butterfly』は、ジャズやその他の伝統的なブラック・ミュージックを盛り込んでいた点で革命的だった。ジャズは年配の人たちのための音楽であり、白髪のベテラン勢が小さなクラブで特定の観客に向けてパフォーマンスするものだと考えられていた。ケンドリックのアルバムはその蓋をこじ開けたのだ。ここに集まったミュージシャンは、LAドジャーズの野球帽やニット帽、アフリカのダシキ、それから人によってはアライグマのスーツを着て現れるような、新しくクールな存在だった。今は一九五〇年代ではないし、彼らはジョン・コルトレーンでも、ハービー・ハンコックでも、チャーリー・〝バード〟・パーカーでもなかった。「彼らはジャズのサンプルを使わなかったし、年を取ったジャズ・ミュージシャンも必要としていなかった」とグラスパーは『To Pimp a Butterfly』のセッションについて述べている。「それはまさに『リアル・ヒップホップ・ミーツ・ジャズ』だったね。俺の世界では既にやっていたことだけど、ケンドリックがそれをやることで、すべてを変えちまったんだ。このアルバムには素晴らしいミュージシャンが勢揃いしていたよ」。

ライアン・ポーターは『Butterfly』のセッションを、タズ・アーノルド、サウンウェイヴ、ラーキー、フーアーアイなどによる既に素晴らしいインストゥルメンタルに、新たな命を与える手段だとみなしていた。彼らには、サウンウェイヴとサンダーキャットがアニメ『北斗の拳（『Fist of the North Star』）』を観て、吉野家の丼を食べていたときに作った、「King Kunta」のような取り組むべき曲があった。サウンウェイヴがあまりにジャズ・ヘッズであり、ジャズこそ彼とケンドリックが『To Pimp a Butterfly』で使ったサウンドであったために、最初に「King Kunta」で使われていたビートは、「心地よいフルートが入った」極めてジャズ主体なものだったと、サウンウェイヴはかつてレコーディング・アカデミーに語っている。ケンドリックはそれを気に入っていると言っていたが、「それを下品《ナスティー》な曲にするために、俺は別のドラムを足して、シンプルにして、サンダーキャットのベースを入れて完成したんだ」と彼は振り返る。ケンドリックはそれをヒップホップのようなサウンドにしたくはなかった。それは荒々しく正真正銘のファンクでなければならなかった。彼はサウンウェイヴに、すべてのジャズの要素を取り除くように依頼した。完成した「King Kunta」は、まるで夏のコンプトンのローズクランズ・アヴェニューのような埃っぽいループに仕上がった。そのビート自体は、二〇〇〇年に「Get Nekkid」という曲をリリースした、マウスバーグという名のコンプトンのラッパーへのオマージュだ。ケンドリックの曲には、同じようにハードなドラムとシンセサイザーのコード、低いベースラインが使われており、決して大成功することがなかった才能あるミュージシャンを称えていた。曲のタイトルは、アレックス・ヘイリーが一九七〇年代に刊行した小説『ルーツ』の主人公である、クンタ・キンテという名の奴隷に敬意を払っている。この小説の中で、クンタは自由に走ろうとしたために足を切断され、ケンドリックはそれを、憎しみに対抗するための比喩《メタファー》として使っている。「どんな類の妨害や暴力があったとしても、神の力によって走っている脚を切断することはできやしない」[*7]と彼は『NME』誌に語った。

ケンドリックはもうひとりのブラック・ミュージックのレジェンド——燦然と輝くミスター・ジェイムス・ブラウン、ソウルのゴッドファーザー、ショウビジネス界で一番の働き者——からリリックのヒントを得た。ブラウンは現代ブラック・ミュージックの立役者であり、ある意味、ヒップホップ・ミュージックの先駆者だった。詩人のギル・スコット＝ヘロンは、ラップと詩の間のギャップを埋めたことで評価されているが、ブラウンは――彼の絶え間ないファンクのグルーヴとコール＆レスポンスのスタイルで[9]――ブラック・ミュージック最高位のアイコンのひとりである。ケンドリックは「King Kunta」でブラウンと交流《チャネリング》して同じリズムを用い、ブラウンの「The Payback」のラインを手直ししてサンプリングし、自分で小節《バー》を書く代わりに、ヒップホップにおける大罪であるゴーストライターを使う他のラッパーたちをディスっている。「お前のラップはいいぜ、でもゴーストライターに書かせてるラッパーかよ？／いったい何が起こっちまったんだ？」と彼はスピットした。

さらにこの曲の中には、ケンドリックの周りに形成され始めた新しい群衆に言及する箇所も見受けられる。この曲は、彼が長年ツアーに出て新しいものを見てきた後に、コンプトンへ凱旋した様子を表現している。彼が再びこの街に戻ると、以前は彼の成功を疑っていた人たちが、今や掌を返したように誰よりも先に街中で彼の名前を叫んでいる。それはマット・ジーズィが語る、二〇〇九年にギャングスタ・ラップを控えて他の音楽をやっていたケンドリックを批判した、彼を信じない人たちの話にさかのぼる。彼らはケンドリックを敬遠し、彼の新たな方向性に疑問を呈していた。

9　コール＆レスポンス：音楽における「掛け合い」。ミュージシャンが一節歌う（または演奏する）と、後に続いて観客がそれに応答して歌う行為を繰り返す。奴隷にされた黒人の子孫たちの音楽で特によく聞かれる楽式で、アフリカの音楽文化から直接的な影響を受けている。

したがって、フックで彼が、「てめぇ、俺が貧乏だった頃どこにいたよ？／今じゃゲームを支配する俺、世界中で話題だぜ」と問いかけるとき、彼はそのような人びとに真っ向から中指を立て、自身がキング——ウェストコート・ラップの、コンプトンの、そしてヒップホップ全体の——であることを宣言する。この時、誰がケンドリックを否定できようか。もしできる人物がいるとしたら、それはドレイクぐらいだろうが、彼はポップで拡散力のあるヒットは作れても、ケンドリックのように深く掘り下げてはいなかった。彼は僕たちリスナーとは距離をおき、Spotifyのストリーミングを超えて響いてくることのない表面的なテーマを選んだ。一方、ケンドリックとTDEは、歴史の教科書や学校のシラバスに永遠に残る音楽を作ろうとしていた。テラス・マーティンはこの曲のために、様々な時代、ジャンル、地理をブレンドした。「マイケル・ジャクソンと共にクインシー・ジョーンズのエネルギーを、スティーヴィー・ワンダーのハーモニーを受け取ることができるよ」とマーティンはかつて『リヴォルト』に語った。その意味で「These Walls」は、マイケル・ジャクソンの一九八二年のアルバム『Thriller』からのヒット曲「Human Nature」に似ている、と彼は続けた。

『To Pimp a Butterfly』を制作する上で彼らが掲げていた主な目的のひとつが、808のドラム——重低音のパーカッション——をこのミックスから外すことだった、とポーターは僕に語った。[10]「『To Pimp a Butterfly』をすごく特別にしたのは、俺たちはある程度それに背を向けたところにある」とこのトロンボーン奏者は記憶している。「いったんテラスがスタジオに入って、彼らがやりたかったものや、いかに彼らがそれをライブ・ミュージックとつなぎ合わせたかったかという話を聞き始めたら、その中に俺たちの得意な音を持ち込まないわけにはいかないだろ？　いくつかの楽曲は、俺たちがなにかしらの曲を演奏しているうちに夢中になって、お互い一緒に演奏することに慣れてきたことにも助けられて、その場で新しくできあがったものなんだ。何曲かはそこにフル・オーケストラがいるんだよ」。ポーター、マーティン、グラスパーは、熱狂的ともいえる絶え間ない創造性に満ちた場面を語っている。彼らがどこかで演奏していても、スタジオの別の場所ではワシントンがストリング・アレンジを書き上げ、プロデューサーたちに聴かせている。生演奏がどんな風に響き始めているかを確かめるために、ケンドリックが不意に現れた夜も幾度かあった。「だいたい出来上がっていい感じのサウンドになったところでケンドリックがやってきて、『トラックがどんな風に出来上がったか聴かせてよ。帰る前にホットだったのは知ってるから、それに何が加わってどう変わったかを聞いてみたい』って感じでさ」とポーターは言う。「彼が後でやって来ると、エネルギーが変わるんだよ。俺たちの楽器がトラックにまた違ったスピリット、違ったエネルギーを与えたから、彼は今やそれに準じて書かなければならなくなる。彼は来るようになって、曲のヴァイブを確かめるようになったんだ、『おお、彼はこれにサンダーキャットを入れたんだ！』って感じでさ。様々なものが様々に色を加えていたよ」。

『To Pimp a Butterfly』は、ケンドリックだけでなく、そこに参加したミュージシャンたちも注目されたが、プロデューサーとしてのケンドリックがもっと評価されるべきだというのは誰もが認めるところだろう。彼には、自分の音楽がどんな風に聴こえるべきか、自分のヴァースに余白を作ることでいかに作品が自然と生き生きとしたものになるか、ということについて非常に明確なビジョ

10 ８０８のドラム：ローランドが一九八〇年に発売した伝説のドラムマシン、ＴＲ－８０８。

ンがあった。ラッパーの中には、自分の腕前を証明したくて、矢継ぎ早のフロウでビートを窒息死させてしまう者もいる。それに対して、ケンドリックは、彼自身がジャズ・ミュージシャン、あるいはマーティンや仲間たちが楽器で演奏するのと同じバイタリティで言葉にアプローチする、口語詩《スポークン・ワード》の詩人と呼ばれてきた。

このミュージシャンたちにとって、すべての音符を演奏することは実はどうでもよかった。彼らは注意深く慎重に、そして最高の音符を演奏することに力を注いだ。ケンドリックも同じだった。「彼はまさに俺たちの一員みたいなもんだったよ」とポーターは言う。「すべてを書き留めて完成形にする必要はない。もし俺たちが未知のものに取り組んで、ここで起こっているものから何かを作り出さなくちゃならなかったとしたら、俺たちはみんなで一緒になって、この状況から何かを作り出そうとしていた。彼は、『ストップ！　ちょっと書く時間をくれ』とは言わなかった。ケンドリックはその瞬間に感じていることを話すんだけど、実に優れた詩人、ストーリーテラーだから、うまくいったんだ」。誰に聞いても、ケンドリックは『To Pimp a Butterfly』のビートの構築に深く関わっていて、彼がライムを扱うのと同じ熱意で音楽を扱っていたという。彼は、マイルス・デイヴィスがトランペットから音符を放つのと同じように、入り組んだ技法を自身のヴォーカルのデリヴァリーにも採用する、正真正銘のジャズ・ミュージシャンなのだ。ケンドリックは科学者か偉大な画家のような存在であり、『To Pimp a Butterfly』が名作になることは間違いなかった。このアルバムは、明るく色鮮やかなサウンド・トラックの中に深刻なテーマが織り込まれていたが、それはケンドリックのレコードにとっては驚くべきことではなかった。『good kid, m.A.A.d city』収録の「Swimming Pools」と同様に、ケンドリックは三作目のアルバムに、海外で学んだことを友人に話すために帰郷したという個人的な話《ナラティヴ》をちりばめている。そう考えると、彼が南アフリカに行き、そこで学んだ教訓をコンプトンの友人や若い世代の人たちのために持ち帰った旅への賛歌「Momma」という曲に説明がつく。ケンドリックが生まれ育った地域の人たちは、自分のごく身近な所から離れた世界を滅多に見ることがない。しかし彼は世界がどう動いているかを目にし、実際にネルソン・マンデラが収監されていた独房に足を踏み入れたことで、自身の視野が広がり、その知識を共有したいと思うようになった。彼はコンプトンの境界を越えて、コミュニティに新しい考え方を持ち帰っていた。「このアルバムはコンプトンにとってだけじゃなく、ロサンゼルス全体にとって、非常に深い意味があるの」とレイラ・ハサウェイは僕に語ってくれた。ハサウェイは著名なソウル・シンガーで、ソウル・ミュージックのレジェンド、ダニー・ハリウェイの娘であり、その声が「Momma」でサンプリングされている。マーティンが彼女のバックアップ・ヴォーカルを『To Pimp a Butterfly』の何曲かに加えたいと彼女に連絡をしたのだ。「このコミュニティに住む人間の立場から言えば、彼がこの子どもたちに手を伸ばして彼らに夢を与えるってことは、とても重要なことなのよ。それから彼が今でも自分のコミュニティとしっかり触れ合っているのは素晴らしいことよ、だって多くの人はそうしていないもの。事実、彼には子どもたちに重要なことを聴かせる凄い才能がある。子どもたちは自分たちが聴くものに注意を払ってもいないのに、それでも実現できるんだから。子どもたちに賢いことを聴かせるのって難しいのよ」。

しかし、実際に変化するということは実に難しく――ケンドリック自身も『To Pimp a Butterfly』のプレス・ラン[11]の期間を通して何度かそう発言した――ひとりの男が一枚のアルバムでギャング・カルチャー全体を変えることはできない。赤と青の対立はこの街中に深く根付き、自分の街区《ブロック》以外のものが見えず、ニュースで知る以上にアフリカの暮らしを想像することができない人びとに、母なる大地《マザーランド》の神秘を伝えるのは難しい。アメリカのメディアは、アフリカを貧乏で抑圧された、いわゆる「暗黒大陸」[12]、恐ろしくて住めるわけがない場所、という印象で描きたがる。もちろん、その視点は人種と大いに関係しているが、アフリカは文学やアート、ビジネス、テクノロジーの最先端をいく美しい黒人がたくさんいる。彼らは誇り高く、それがナイジェリアのラゴス、南アフリカのヨハネスブルグ、ケニアのナイロビであれ、アフリカはまさにケンドリックと同様に、野心的でクリエイティブな人びとが住む賑やかな大陸なのだ。「Momma」は、シルクのようなベースラインとぼんやりと揺らいだドラム（J・ディラの信奉者、ノウレッジの厚意による）が一体となった、黒人らしさ《ブラックネス》への賛歌であり、彼自身の成功を祝している。ケンドリックはこのトラックや『Butterfly』の至るところで、現実と超現実主義の境界線を曖昧にし、短い間でここまで到達したことに対する不信感と格闘している。長年にわたり、ケンドリックはTDEのスタジオであくせく働き続け――次から次へとミックステープやアルバムを制作し、熟練に近いところまで作詞能力を磨いてきた。二〇〇三年に高校で参加したサイファーや、マット・ジーズィとの歩道フリースタイルをした頃からはるかにかけ離れたところに、彼は突然現れた。彼は今やバスケ会場のアリーナを満員にすることができたが、自分に忠実であり続け、正気を損なわずに保つという、まったく異なる克服すべき闘いがあった。そしてケンドリックは南アフリカへ旅をすることによって精神が再び調整された一方、それでも、彼や友人たち、コンプトン全体を苦しめる昔からある問題へと返らなければならなかった。ケンドリックは「Momma」で、南アフリカで出会ったとある少年の顔に自分の姿を見出し、少年時代の自分の課題と、今の自分ががが直面している課題とを和解させようとしている。ケンドリックには、学校で教わったアフリカに関する戯言すべてを捨て去り、友人たちに故郷《アフリカ》に帰るよう懇願する時が来ていた。

アメリカ黒人としてアフリカに住むということは、アメリカに住むこととはまったく異なる経験だ。この大陸に移動して初めて、自分がどれほどトラウマを抱えていたかが分るのだ。アフリカを訪れてみようと考えることでさえ、いつか実現したらいいなと思う程度のものでしかなく、実際に行くことは理解し難いことだった。公立教育とプロパガンダを通して、人びとはアメリカはチャンスのある国であり、それ以外の国はすべて劣っていると教えられる。公立教育は、そもそも僕たち黒人の祖先をアメリカの海岸に連れてきた奴隷制度の残酷な歴史は無視しておきながら、黒人はより劣った人種だと間接的に伝えている。しかしひとたびアフリカに行けば、一瞬にして自分の歴史的遺産との繋がりを感じる。ここは自分が属するところだという生得的な感覚があり、自分本来の血筋を知らず、公共学校制度は黒人の歴史の全貌を教える気がないことに気づき、怒りが湧いてくる。もちろん、僕たち黒人はマーティン・ルーサー・キング・ジュニア博士、マルコム・X、マーカス・ガーヴェイなどのよく聞く名前については教わるが、アフリカの大地に足を踏み入れるまでは、その完全なる美しさを理解することはできない。アメリカ黒人として、そして一般的なアメリカ人として、人は常に警戒し、大きな破裂音がしたら身をかがめ、常に人びとに最悪の事態を想定するよう訓練される。自分に向かって歩いてくる男は何かを求めてくるものであり、彼が人に豊か

11 プレス・ラン：宣伝活動。ここでは、ケンドリックが『To Pimp A Butterfly』のリリースに向けて行ったインタビューの記録。
12 「暗黒大陸」：一九世紀にヨーロッパの人が未知のアフリカ大陸を侮蔑的にこのように名付けた。

な一日を祈りたいだけ、不安を持った表情を和らげたいだけであるわけがないと信じるよう訓練される。僕たちは獲物を探し、それが探しに行った場所にいなければ驚くように訓練される。僕たちは善意による行為に大きな衝撃を受けるべきではないのに、実際は衝撃を受けてしまう。「Momma」は、ケンドリックが――街である少年に偶然遭ったことから――少なくとも彼が思っていたほどには母なる大地《マザーランド》からそんなにかけ離れていなかったことに気づく瞬間を、完璧に封じ込めている。また、人は実際にアフリカの人びととしばらく一緒に暮らすまでは、アフリカ内の経済格差には気づかない。ニューヨーク市のような場所の公営住宅（低所得者向けの公営団地）に住むか、その側を通り過ぎるのは覚悟があればできることだが、何百万人という人びとが食料や清潔な水を日常的に利用できずに暮らす、いわゆる〝スラム〟を前にしたら、なすすべがない。僕たちが抱える問題は、大局的な見地から言えば取るに足らないことなのだと実感できる。ケンドリックも、アフリカを訪れている間にこれに気づいた。彼は、アフリカに関する自身の考え方は歪められていて、自分がそこにいることは、気づく必要性すらも知らない夢だったことを悟ったのだった。

　著名なソウル・シンガー、ロナルド・アイズレーを迎えた奥深い一曲、「How Much a Dollar Cost」は、ケンドリックがケープタウンのガソリンスタンドでとあるホームレスの男性と偶然出会ったことがきっかけになって生まれた曲だ。ケンドリックは、その男がお金だけを欲しがっていると思った。この曲によれば、ケンドリックは、多くの人がするように現金は持っていないと告げ、追い払った。その男はドラッグ中毒だと思ったのだ。彼は一〇ランド（南アフリカ共和国の通貨）――またはアメリカ・ドルだとおよそ六七セント（日本円で約七〇円）――を乞い、ケンドリックは彼がある種の高揚感《ハイ》を得るために使うのだと思い込んでいた。永遠のように思えるほどお互いをじっと見詰め合った後、この男は単にケンドリックに人生の教訓を教えたかったことが判明する。『To Pimp a Butterfly』の他の曲のように、この曲には二つのテーマが同時進行していた。片方には、自身のエゴと闘っているケンドリックがいる。彼は今や、世界に冠たるケンドリック・ラマーであり、急成長する名声に反発する気持ちがつきまとう。「人が必死で働いてるときは分かるんだ」と彼はこの曲のある時点でラップする。しかし、ケンドリックの前に現れたこの男は神の反映であり、彼の出現が、絶望の人生に向かって落ちていくケンドリックを救うのだ。その意味で、「How Much a Dollar Cost」は、『good kid, m.A.A.d city』の「Sing About Me, I'm Dying of Thirst」と直結する。同様にアルバムの終盤近くに位置する「How Much a Dollar Cost」も、ほぼ同じストーリーなのだ。ケンドリックが最も必要としていたちょうどそのタイミングで聖なる存在に出会うとき、彼は進退きわまりつつあり、精神的な崩壊に向かっていた。この男はケンドリックに、お金に取り憑かれないように、お金はあなたを虚しくするかもしれないし、あなたが手に入れようと必死に闘ってきた人生はすべてではない、と警告する。彼はケンドリックの疲労を感じ取り、このラッパーの心に話し掛け、彼がティーンエイジャーの頃に発見した崇高なる力と繋がるように勇気づけている。「I'm Dying of Thirst」では、ケンドリックと友人たちに、友人を殺した男たちを殺すことを思いとどまらせた信心深い女性という形で、悟りが訪れた。そして「How Much a Dollar Cost」は、一〇代の頃の彼の人生を変えたその事件から一〇年の時が過ぎていた。ケンドリックは神を再び中心に置き、それが「i」の一点の曇りもない内省を生んだ。この曲は、群衆の殴り合いで中断された即席のライブ・パフォーマンスを通じて、このLPに新たな命を吹き込んだ。ケンドリックが再びジェイムス・ブラウンに交流《チャネリング》したこのトラックのこのシーンは、マーティン・ルーサー・キング・

ジュニアが殺された翌日、一九六八年四月五日に行われたブラウンのライブに不気味なほど酷似していた。このソウル・アイコンは、人びとに最も愛された公民権運動のリーダーが暗殺されたことを公然と悲しむボストン・ガーデンの聴衆を落ち着かせなければならなかった。ブラウンは警備する警官たちを振り切り、自ら聴衆を静めたことで有名だ。彼はショウの中で「俺たちは黒人なんだ！」と宣言した。「かっこ悪いところを見せるんじゃない。君のやっていることは君自身にも、俺にも、そして俺たち黒人にとってもフェアじゃないだろう。さあ、警察に退いてもらうよう頼んだぞ。俺だったら自分の同胞たちからリスペクトされると思ったからだ」。

一方ケンドリックのシーンでは、彼は世界ツアーから戻ったばかりで、コンプトンで小さなショウをしていた。彼がステージで、今回は生のドラムとバックアップ・シンガーと共に「i」をパフォーマンスすると、観客の中で喧嘩が始まり、ケンドリックは曲を途中でやめてしまう。ブラウンが世界的リーダーの逝去をなだめようとしていたのに対し、ケンドリックは地元に留まり、おそらく相対するギャングの色の違いや街区《ブロック》を巡って分裂していた観客を静めていた。彼はまた、喪失――コミュニティにいた彼の友人たちの喪失――に対する懸念を抱えていた。「何人の仲間を失ったよ、ブロ？」とケンドリックはマイクを切って尋ねた。「今年だけで、だ！　俺たちは時間を無駄にできないんだ、仲間たちよ！」。もし彼が、『Butterfly』で彼のコミュニティと世界中の黒人を癒やすことを求めているとしたら、ここで行われたスピーチと口語詩《スポークン・ワード》のフリースタイルは、そのテーマを結晶化したものだ。彼がスピーチでその考えを表明すると、喧嘩はゆっくりと解消され、観客はケンドリックの一語一句にすがるようになる――「N‐E‐G‐U‐Sという言葉の意味は、黒人の皇帝、王、支配者、いいから最後まで聞いてくれ／歴史の教科書は見て見ぬふりをしてその言葉を隠蔽している／アメリカは家を分裂させようとしたんだ」[13]。

ケンドリックは、インナーシティの人びとは失敗する運命にあるという考えに反論しながら、Nワードを取り巻く話《ナラティヴ》をひっくり返そうとしていた。ケンドリックの友人たちはまだ世界を見たことがなかったが、このラッパーは『To Pimp a Butterfly』で彼らに世界を持ち帰ることができた。彼はでっち上げられた話を変えるのに遅すぎることはないと彼らに知らせていたが、彼の同胞は取り得もない単なる〝サグ〟や〝ギャンスタ〟ではないことも世間に伝えていた。彼らは人間のくずなどではなく、単に白人と同じ成功のチャンスが与えられていないだけだった。つまり、彼らがギャングバンギンしているのは、黒人が劣等視される国で生き延びるための必然的な結果だった。全般的に、彼らには最高の教育が与えられておらず、彼らが本来受け継いでいる王家の血筋について知らされていなかったのだ。彼らは（語尾が -er の辛辣な）Nワード[14]が象徴するようなネガティブな存在ではなく、ニーガス（Negus）――単に彼らの故郷、真の故郷であるアフリカから遠く離れた最高指導者、黒人の王と女王――だったのだ。ケンドリックは旅の間にそれを発見し、結果として、『To Pimp a Butterfly』をリリースすることで、彼の心を癒やすことにもなった。

13　アメリカは家を分裂させようとした：エイブラハム・リンカーンが大統領になる前に行った、「アメリカが半ば奴隷（南部）、半ば自由（北部）という状態でもはや永続できない」と訴えた「分れたる家立つこと能わず演説（House Divided Speech）」について示唆していると思われる。

14　（語尾が -er の辛辣な）Nワード：現在の若者世代やヒップホップ世代の黒人がお互いを親愛の情を込めて呼び合う末尾が「a」の「nigga（ニガ）」ではなく、元々奴隷制時代に奴隷主人が奴隷を蔑み、人種差別的な意味を込めて呼んでいた末尾が「-er」の「Nigger（ニガー）」というNワードの方で、ネガティブな意味合いを持つ。

それはアルバムの終盤で最も顕著だった。「Mortal Man」で音が消えていき、ケンドリックがLP全体をかけて解き明かしてきた詩を朗読し終えると、彼はマイクを切って誰かに話し始める。それは彼のヒーロー、トゥパック・シャクールだった。もちろん実際の2パックではないが——彼の死からほぼ一九年が経ってた（一九九六年に死去）——転用されたバージョンの彼だった。音楽ジャーナリストのマッツ・ニーラシャーが一九九四年に2パックと雑談を行い、その音声をTDEが利用できるように共有したものだった。この曲では、ケンドリックと2パックが同じ部屋で会話しているように感じさせる編集が施されている。このフル・アルバムを聴いた者にとって、2パックの未発表インタビューが収録されていたのは衝撃的だった。リスナーは彼の声を聞くことなど想像もしておらず、しかもどこからともなく現れた彼の声を聞くことは——さらに言えば、この超越的なレコードの終わりで——開いた口が塞がらないほど驚くべき瞬間だった。しかしこれは単にショックを与えるためのお喋りではなかった。ケンドリックはついに故郷《ホーム》に——LAに、彼の感情的な苦境を理解できる重要な人物のところに——戻って来たのだった。2パックもケンドリックと同じく双子座であるため、ふたりの異なる人物が存在すること、そして世間の目にさらされながら成長に伴う痛みを経験することを計り知ることができた。ケンドリックは、裕福であることにどう向き合うのか、有名人としてどう分別を持ち続けたらよいか助言を求めた。2パックはどう対処したのだろうか？「神への信仰心、ゲームへの信頼によって、そして『果報は自分に忠実であり続ければやって来る』という教訓を信頼することによって」と彼はケンドリックに語った。

7 「俺たち、きっと大丈夫さ」

『To Pimp a Butterfly』の中ほどに、全米の抗議行動《プロテスト》のアンセムとなった曲がある。ケンドリックとサウンウェイヴは、このトラックがそのような形でヒットするとは思いもしなかった。その曲は「Alright」という、ファレル・ウィリアムス――ジャスティン・ティンバーレイクからビヨンセの楽曲まで幅広いクレジットを持ち、グラミー賞受賞歴もある名プロデューサー――がビートを制作している。彼は〝トラップ・ミュージック〟――トランクを叩きつけるような低いドラムとストリート・ラップの人気のブレンドで、二〇一〇年代にヒップホップで最も人気があるサブジャンルになった――を独自にアレンジしてそのビートを制作した。ファレルは、トラップのように聴こえつつ、彼が九〇年代後半にN.E.R.D.の三人組のひとりとして、またソロアーティストとして知られる彼の音楽のように、より〝カラフル〟なものを作りたかったと語っている。彼は「Alright」のビートにトラップが持つ強い衝撃が欲しかったが、同時にソウルフルな要素を与える生楽器も加えたかった。「俺はその日、ア・トライブ・コールド・クエストっぽいクリエイティブなムードだったんだよね」[*1]とファレルは二〇一五年に言った。彼は『good kid, m.A.A.d city』収録の「good kid」の制作とバックアップ・コーラスで、既にケンドリックと仕事をしたことがあった。それ以前にも、ファレルと彼のアシスタントは、東京をドライブしながらケンドリックのミックステープを流したことがあった。そのとき彼は、ケンドリックには稀にみる才能があることに気づき、いつか彼と仕事をしたいと思っていたのだ。

　しかし、実のことを言うと僕たちリスナーが知っている「Alright」は、もう少しで実現しないところだった。「あのビートは……ファレルは俺たちの前でかけるつもりもなかったと思うんだけど、彼の親しい友達が、セッションを手配した俺たちの親しい友達でもあって、『ファレル、彼らにあのビートをかけなくちゃ』とかって言ったんだ」とサウンウェイヴはかつて『スピン』誌に語った。「それから彼はそれをケンドリックに聴かせたんだ。十分いい感じだったんだけど、すべては揃っていなくてさ、ヴァイブの点でね。だからドラムにレイヤーを重ねて、テラス〔・マーティン〕を呼んでそこにサックスのリフを入れて、それを俺たちらしくするのが俺の仕事だった。オリジナルとはまったく違う曲になったよ……両方を比較できたら分かるだろうけど、おそらくその機会はないだろうね。可能性のあるどんな小さなサウンドにも耳を澄まさなくちゃならないんだ」。曲の到来を告げるどもったヴォーカルのループから、鮮やかな色合いのトラックに浸った軽やかなシンセサイザーのコードまで、それは一度聴いたら忘れられないインストゥルメンタルだった。ファレルは口ごもりながら始まるイントロで知られてきた。しかしカチカチ鳴るドラムが差し迫ったビートの降下を強める「Frontin'」や「Happy」のような曲とは異なり、「Alright」のオープニングのヴォーカル・ループはこの曲を——街角《ストリートコーナー》に捧げる賛美歌か、地球にやって来る異星人のような——

勝ち誇った気分になれる曲にした。

ケンドリックは、このインストゥルメンタルに乗せて言うべき言葉を思いつくまでに、六カ月間寝かせておいた。このトラックは喜びに満ちていて、パーティ・レコードのように聴こえる。しかしこのアルバムのテーマがとてもシリアスだったため、彼はそのトラックの中に何か暗いもの、求心力のある言葉を必要とする何かを見出した。「素晴らしいレコードなのは分かっていた――ただそこにアプローチするスペースを見つけようとしていたんだ」[*2]とケンドリックは二〇一五年の『GQ』誌の特集記事で、プロデューサーのリック・ルービンに語った。「って言うのは、ビートは楽しそうなんだけど、ファレルが書いたコードの中に、旋律というよりは声明になり得るような何かがあったんだ。最終的に適切な言葉を見つけたよ……それから俺はもっと気持ちを高める、それでいて挑戦的なものとしてアプローチしたかった。被害者ぶるんじゃなくて、それでも俺たちは強いんだ的なものがあるっていうかさ」。ケンドリックは、記念碑的な作品を作れ、少なくともとっとと完成させろというプレッシャーを、ファレルと、サム・テイラー――音楽業界におけるプロのドット・コネクター（点と点を結んで全体像を作り上げる人）――から受けたと述べた。「言葉が何も浮かばなかったんだ」とケンドリックは続けた。「P（ファレル）はあのレコードが特別だって知っていた。サムはあのレコードが特別だって知っていた。おそらく彼らは、俺が気づく前から知っていたんだ。だから俺が自分自身に挑戦するようにプレッシャーをかけてくれてよかったと思ってる。時にライターは書いている途中で壁に突き当たることがあるからね。それに好きなサウンドやインストゥルメンタルがあると、それにちゃんと正しい方法でアプローチしたくなる。だからそれを寝かせるんだ」。六カ月後、ケンドリックは異なるリズムでその曲をいじり回し始めた。

一方、ファレルは既にあるフックを考えていた――「俺たち、きっと大丈夫さ《ウィ・ゴン・ビー・オーライ》、俺たち、きっと大丈夫さ《ウィ・ゴン・ビー・オーライ》」。「あのコーラスのフィーリングはしばらく前から持ってたんだ」とAMC[1]の「Hip Hop: The Songs That Shook America」（ヒップホップ――アメリカを震撼させた曲）で彼が述べたと伝えられている。「ケンドリックはそれを再解釈したんだ。俺が考えていたコーラスは、フッドの環境にいるヤツらが、現状を脱出するための唯一の手段として、おそらくドープを売っている内容で。でもその後サツが駆け込んで来るからそれをトイレに流さなければならなくなる。彼らはすべてを失ってしまったと思ってるんだけど、まぁ、俺たち、きっと大丈夫さ《ウィ・ゴン・ビー・オーライ》、という感じだったんだ。でもケンドリックはそれにきちんと注目して、より広い視野で考えた。文化について考え、この時の文化に何が起きているかを考えたんだ」。アメリカでは強烈な出来事が起きていた。ケンドリックはそれを軸にリリックを構築した。「Pに、おい、リリックができたぜって携帯メールを送ったのを覚えてるよ」と彼は『GQ』誌でルービンに語った。「それで彼にリリックをタイプして送ったんだ。彼は、これだ、って感じだったよ」。そのリリックは、彼が南アフリカで目にした深刻な貧困に影響を受けていた。「彼らはおそらく俺よりも一〇倍は困窮していて、俺よりも狂った環境で育てられていたんだ」と彼はMTVニュースに語った。「その瞬間、俺は気づいたんだ、『わかった、俺はこの状況を利用《ピンプ》するか、犠牲者になるかのどちらかだ』ってね。それが転機になったんだ」。しかしリリックを注意深く見てみて欲しい。それらはさらにアルバムのテーマを拡大して、ケンドリックが抱える苦悩により深く潜り込んでいる。「Alright」は、有名になった彼につきまとう悪霊としてのルーシー――または悪魔のルシファー――というテーマを継続している。ケンドリックの世界では、ルーシーが精神の中に留まり、彼にはその価値があるのだから、高価な車に豪邸、たくさんの服を買えと彼に告げている。ショッピングモールに住め、今やお前は大物セレブだ、とルーシーは言う。ケンドリックは「Wesley's Theory」と「For Sale? (Interlude)」でその登場人物を紹介するが、ここではかろうじてそれを食い止めようとしている。「自滅はしたくなかった」と彼はこのトラックの終わり近くの口語詩《スポークン・ワード》の中で宣言する。「俺はルーシーの邪心に取り囲まれていた」。

完成した「Alright」は、『To Pimp a Butterfly』の中で最もポップ色の強い曲になった。そしてこの曲は、ブラザーやシスターが警察に殺されるのを目にすることにうんざりしていた有色人種の人びとのために作られた抗議《プロテスト》行動のトラックになった。しかしこの曲は、「We Shall Overcome」[2]のような何か立派なものを意図していたわけではなかった。「Alright」は、権力層と、エリック・ガーナー、オスカー・グラント、マイク・ブラウン、タミア・ライス、トレイヴォン・マーティンや、彼らの前にも多くの人たちを同じように殺した警察に向けて、敵意ある中指を立てる曲だった。その曲は大胆でなければならず、人を怒らせなければならなかった。そのリリックは単刀直入で、リスナーを不快な気分にしなければならなかった。そしてリスナーは、特に彼が話し掛けているコミュニティの住人でなければ、実際にそう感じたのだった。「それに俺たちはサツが大嫌い」とケンドリックは宣言した。「マジでストリートで俺たちを殺したがってる」。

1 AMC（アメリカン・ミュージック・アンド・カルチャー）：アメリカの映画館チェーン。テレビ向けの映画も制作する。

2 「We Shall Overcome」：公民権運動が高まった一九六〇年代に、フォーク・シンガーのピート・シーガーが歌って広めたゴスペル・ソングで、運動を象徴する重要なアンセムとなった。曲名は「勝利を我等に」の意。

「Alright」はブラック・ライヴズ・マターのムーブメントが絶頂期を迎えた二〇一五年三月にリリースされ、人種差別主義の警察官に直接狙いを定め、世界中の不満を抱いていた黒人の苦悩と響き合った。その曲にはN.W.Aの「Fuck tha Police」が持つ敵意と、七〇年代初期のスティーヴィー・ワンダーの「Living for the City」や「You Haven't Done Nothin'」のようなソウルフルな勇気があった。ついに新世代の人びとは、権力に対して真実を語る抗議行動《プロテスト》のアンセムを手に入れたのだ。今やシャンペンの栓を抜いてパーティをするような、型通りの振る舞いをしている場合ではなかった。僕たち黒人は攻撃を受けていて、その感情を向ける何かが必要だったのだ。ケンドリックは激怒しているように聴こえたが、ファレルの豪華な伴奏のトラックとテラス・マーティンの軽やかながらも物悲しいサックスの音が組み合わさることによって、「Alright」は黒人コミュニティのために前進する道を示した。確かに今は混乱状態ではあるが、僕たち黒人は歴史を通じて、人類最悪の事態を持ちこたえてきたし、それでも頂点に立ってきたのだ。僕たちは今のところ酷い状態に置かれてはいるものの、お互いに支え合う限り、何らかの形の安息の境地《ニルヴァーナ》に辿り着ける日がくるだろう。

それからこの曲にはビデオがあった——よくないことが起きるのではないかと予感させるようなモノクロームの、濃密で映画的な、驚くべき映像だ。それは曲と同様にドラマチックなものだ。黒人少年がコンクリートでうつ伏せになり、パーカーを着た別の若者の顔には血が飛び散っている。警察官がまた別の男を地面に叩きつけて手錠を掛ける。彼が起き上がって大急ぎで逃げると、その警官は銃を発砲する。銃弾はスローモーションで放たれ、標的に当たるかどうかは定かではない。その二コマ後、今度はTDEのリード・ラッパーたちが車の中で体を弾ませている。ケンドリックがハンドルを握り、スクールボーイ・Qは助手席に座り、アブ・ソウルとジェイ・ロックは後部座席でビールを飲み交わす。彼らはお祝いムードで、モルト・リカーらしきものを車の窓から注ぎ、彼らの活力に祝杯を挙げている。「俺は史上最高のラッパーになってやるぜ！」とケンドリックはビデオ・クリップの中で宣言する。「死んじまったホーミーたちのためにな！」。このシーンは音楽的にも視覚的にも、バスタ・ライムスの一九九六年の「Woo-Hah!! Got You All in Check」のビデオを思い起こさせる。ケンドリックと友人たちが道を静かに進んでいくにつれてソウル調のビートが始まり、ケンドリックはさらに胸を張る――「『To Pimp a Butterfly』はまたしても最高傑作のCDだぜぇぇぇ！／MCをするすべての者たちへのゲットーの子守歌さぁぁぁ！」。ケンドリックは、バスタのデビュー・アルバム『The Coming』からのリード・シングル「Woo-Hah!!」のリズムと口調を拝借しているように思われる。車に乗っている（TDEの）四人の男たちは「Woo-Hah!!!」の冒頭シーンを思い起こさせる。そのシーンでは、バスタがアルバム・カット「Everything Remains Raw」のオープニングのラインをスピットしながら、友人たちとタイムズ・スクエアを走り抜けるのだ。しかし、ケンドリックのビデオでは、カメラがズームアウトすると、最も重要なことが明らかになる――TEDのラッパーたちは、実際には車で通りを走っているわけではなかった。彼らは四人の警官に車ごと運ばれていたのだ。この映像はリリースされた年を考えると、鮮烈なイメージだった。TDEのラッパーたちは外見だけで判断すれば、警官がストリートで標的にするであろう男性のように見える。「強烈なイメージを目にすると、すべて（の言説）がそこから構築されていくんだ[*3]」と監督のコリン・ティリーはかつてMTVニュースに語った。『面と向かって『これはクソだ。あれはクソだ』って言ってるわけじゃない。むしろ、これがリアルなことであって、いま世界で起こっていることだって感じなんだ」。

その後ケンドリックは、まるでスーパーヒーローか、都市を見下ろしている精霊のように、ロサンゼルスの街を浮遊する。それは意図的に行われた。「僕たちが作り出した世界は、幻想、夢の世界のようなものだ」とティリーは言う。ヒーローとは、「子ども《キッズ》たちが目指すことができる人物であるってことだ。だから子ども《キッズ》たちが空を見上げると、それはほとんどスーパーマンを見ているようなものなんだ」。ケンドリックはそうすることで、コンプトンを、彼が『good kid, m.A.A.d city』で始めた旅を、ポジティブに見せていた。最後のコマでは、警官が眼下から見上げている中、彼は街灯の上に立ってラップする。警官は指を曲げて即席の銃を作り発砲すると、このラッパーに命中し――文字通り、そして比喩的にも――彼は地面に落ちていく。ケンドリックは人生のその時点で、世界の頂上に上り詰めていた。しかし彼は人間であり、ヒップホップや人類にとっての救世主ではなかった。それはケンドリックのような飛び抜けた才能を持つ者でさえ、一瞬にして殺されてしまう可能性があることを示していた。「結局のところ、僕たちはみな人間なんであって、無敵な者など誰もいないんだ」とティリーはMTVニュースに語った。

「Alright」はまた、リスナーが心のうちで求めていた衝撃を与えた、一九八九年にさかのぼるもうひとつの抗議行動《プロテスト》ソング――パブリック・エナミーの「Fight the Power」(権力と闘え)――ともつながっていく。スパイク・リーの『ドゥ・ザ・ライト・シング』の音楽的テーマにあたる「Fight the Power」は、ラッパーのチャック・Dとフレイヴァー・フレイヴが、リスナーに抑圧に打ち勝てと促したボースティングに溢れるトラックだった。「俺たちにはアンセムが必要だ」[*4]とリーはかつて『ローリング・ストーン』誌に語っている。「俺があの脚本を書いていたとき……ラジオ・ラヒームというキャラクターが登場する度に、音楽を爆音でかけていた。だから俺にはパブリック・

エナミーが必要だったんだ」。その前年、このグループはまだメインストリームのスターにはなっていなかったが、社会へのコンシャスネスを誇大にコラージュした『It Takes a Nation of Millions to Hold Us Back』をリリースし、ラップ・コミュニティで評価された。彼らは「Fight the Power」でブレイクした。その単刀直入なフロウと力強いビートは、なぜか多くの観客に受け入れられたのだ。「パブリック・エナミーが始まったとき、人びとはリズムとライムには耳を傾けていたんだけど、内容はちゃんと聞いてなかった。ほとんどの人たちは、うるさくて攻撃的だからっていうだけで『Fight the Power』を欲しがったんだ」とハンク・ショックリーは思い返す。この曲は『ドゥ・ザ・ライト・シング』のような大作映画と結びついていたため、「音楽界の知識人、作家、まだヒップホップに夢中だった学者たちに受け入れられたんだ。さらに同じ雰囲気《ヴァイブ》を持った他のアーティストたちが出現した。それがコンシャス・ラップの始まりだったんだ。俺たちは気づいたんだよ、全米で誰もが同じ雰囲気《ヴァイブ》を感じていたけど、誰もそれについて語っていない、誰も実際に声に出していないってことにね」。それはケンドリックにも共通していた。「Alright」と『To Pimp a Butterfly』がその雰囲気《ヴァイブ》を変え、また新たなふたり――フレディ・グレイとサンドラ・ブランド――がソーシャル・メディアでハッシュタグになったときに定着した。

　二〇一五年四月一二日、二五歳のフレディ・グレイは、メリーランドの州法で違法とされていた飛び出しナイフを所有していたとして、ボルティモアで六人の警察官に逮捕された。[*5]グレイはボルティモアの西側にあるサンドタウン＝ウィンチェスター地区で育った、問題児だと思われていた。報道によれば、彼は何度も逮捕され、様々なドラック犯罪で服役していた。しかし、グレイの逮捕の経緯は不明瞭だった――何らかの理由で警察を見て逃げ出し、手錠をかけられた後、「喘息だ」

と言って吸入器を求める姿がビデオに収められている。そして逮捕された後は、警察のヴァンに引きずり込まれ、警官たちは彼の体を無理な姿勢に折り曲げながら身体を拘束した。両手両足を拘束された彼は、ヴァンの床に頭から叩きつけられたという。ボルティモア警察の方針では、輸送時はヴァンのシートベルトに固定しなければならないとされていたのにもかかわらずだ。また、グレイは呼吸困難に陥っていただけでなく、脊髄を損傷していたにもかかわらず、医師の治療を受けることもできなかった。その後、警察は署に向かって車を走らせ、午後九時三〇分前に目的地に到着した。

　四月一八日、ボルチモア市民数百人が西部地区の警察署前に集まり、彼の逮捕と負傷に抗議した。黒人と警察の間にはいまだ緊張が高まっていたため、この事件は平和に解決するというよりも、怒りが加熱する可能性があった。グレイは翌日、四月一九日に亡くなった。またしても、もうひとりの若い黒人男性が不審な状況下で死亡し、コミュニティは激怒していた。彼らは答えを求めていて、しかも今すぐ欲しかった。グレイの事件は、警察とウェスト・ボルティモアの間で長年鬱積していた緊迫関係を悪化させた。そして四月二五日――グレイの葬儀の二日前――組織的な抗議行動《プロテスト》が、この都市のダウンタウン地区にあるボルティモア・オリオールズ（プロ野球チーム）の野球スタジアムの外で混乱に陥った。略奪された商店もあった。パトカーには石が投げつけられた。今にも紛争が起ころうとしていて、もし市当局が注意を払わなければ、この日の抗議行動《プロテスト》の間に起こった小競り合いの暴力は、はるかに大きなものに発展するかもしれないという緊張感があった。インスタグラムには謎めいたフライヤーが投稿され、住民に「処分せよ《パージ》」（一二時間のあいだは犯罪が合法化されるという設定の、同タイトルの映画［邦題『パージ』］にちなんだもの）と促していた。

四月二七日から五日間、街のあちこちで暴動が起きた。車や商店は焼き討ちされた。それはボルティモアの歴史上、間違いなく最も不安定な瞬間だった。当時市長だったステファニー・ローリングス＝ブレイクは多くのアメリカ黒人が事態を注視する中、グレイの死についての審理無効に続く民事訴訟の結果として、彼の家族に六億七二〇〇万円の賠償金を支払った。市の職員はファーガソンとクリーヴランドで起こった事態を見てきたが、今や自分たちの街が危機に陥ってしまった。市長はあまりにも長い間傷ついてきたコミュニティの人びとを癒やしたかった。しかし、この事態に貼って解決できるような絆創膏はなかった。どんなにお金を積んでも、グレイの死を穴埋めすることはできなかった。そしてファーガソンやスタテンアイランドと同様に、少なくともひとりの抗議者《プロテスター》の命が早すぎる幕を下ろした。ファン・グラントはグレイの親しい友人で、グレイ事件後、西部地区の警察署で抗議行動《プロテスト》を先導したのだが、グレイの葬儀の日から四年後の同日、撃ち殺されてしまった。警察とマスコミの報告によれば、グラントが祖母の家に向かって運転していたときに、彼の車がオフロード・バイクと衝突した。そのバイクに乗っていた人物が彼を撃ち殺したのだ。グラントは父親であり、殺害された友人のために正義を求めた献身的なコミュニティの活動家だった。今やグラントの家族には、なぜ彼はあまりに不合理に命を奪われてしまったのか、という疑問が残された。

二〇一五年七月一三日、テキサス州ウォーラー郡の留置場でサンドラ・ブランドの遺体が首吊り状態で発見された。[*6] 彼女は軽い交通違反で身柄を拘束されていたという。その四年後、彼女の携帯電話に残されていた映像が公開された。そこには彼女と州警察官ブライアン・エンシニアが道路脇で緊迫したやり取りをしている様子が映っていた。スタンガンを持った州警察官は、車から降りなければ交通違反の切符を切るぞと脅していたのだ。ブランドの死は自殺と判定されていたが、活動家たちはすぐに疑問を投げかけていた。彼らは警察に不信感を抱いており、彼女が亡くなった状況について彼らが嘘をついていると考えたのだ。エンシニアは偽証罪で起訴されたが、二度と警察で働かないと同意した後に、その罪は棄却された。ブランドは、警察の蛮行《ポリス・ブルタリティ》や人種差別について積極的に発言していたため、その映像が公開された二〇一九年までは、自身の命が危険に晒されたと感じた警官が、自分を守るためにスタンガンを使って彼女を脅したのだと、世間は信じ込まされていた。しかし、その映像は別の真実を語っていた。そこには、自分の権利を知り主張する人間に対して怒りを募らせていくエンシニア警官の姿が映っていたのだ。「わたしの妹は、警官が彼女を人間というよりはむしろ、脅迫的な黒人女性として見たために死んだのです」[*7]とブランドの姉、シャロン・クーパーはかつて『USAトゥデイ』紙の論説で執筆した。「わたしたち黒人は存在するだけで警官にとってそのような脅威として受け取られていて、時にわたしたちの血を流してまで、自由のための対価を払うよう絶えず求められているのです……わたしの妹は恐れていませんでした。彼女の強さは、わたしたちが彼女のために闘い続け、彼女の名前を言い続ける力を与えてくれるのです」[*8]。

二〇一五年七月下旬、緊張が非常に高まった真っただ中で、抗議行動者《プロテスター》たちはタミア・ライスの殺害を嘆き悲しむべく、クリーヴランド州立大学のキャンパスに集まっていた。全米のデモ参加者は、他州で起こった似たような死から今もなお怒りで煮えくり返っていて、ほぼ毎日、新たなグループが不当に反対するために街頭に集まっていた。この日は、地元のデモ参加者とブラック・ライヴズ・マターのメンバーたちが、国中に波及した狂暴な警察の蛮行《ポリス・ブルタリティ》について話し合うために、ムーブメント・フォー・ブラック・ライヴズという会議を開いていた。会議後、それぞれの家に向かうバスに乗り込もうとしていたときのことだ。バスの外に立っていた彼らは、警官が開栓したアルコールをバスに持ち込もうとしたと疑った少年に嫌がらせをしているのを発見した。その少年は一四歳で、この都市ではちょうどタミアの死を追悼したばかりだったこともあり、緊張感が極限に達した。警察に懐疑的だった群衆は、交通警察官に、なぜ子どもを拘束しているのかと質問した。すると警官は彼らに催涙スプレーを浴びせた。群衆の中の誰かが、この少年に母親の電話番号を聞いた。母親はその報せを受けるとすぐに警察に駆けつけた。報道によると少年は留置場から解放され、母親と一緒に家に帰宅したそうだ。二〇〇人の観衆は喜びを爆発させた。警察に勝利したのはここ一年で初めてのことだった。やがて集団の至るところである詠唱《チャント》が大きくうねり始めた。

俺たち、きっと大丈夫さ！《ウィ・ゴン・ビー・オーライ！》
俺たち、きっと大丈夫さ！《ウィ・ゴン・ビー・オーライ！》

それは英雄的な光景だった。勝ち誇った黒人たちが溢れるように街を歩き、パトカーなどそこにいないかのように通り過ぎていった。この出来事が、過去二年の間に失われた人たちの命を埋め合わせることなどできるはずはないが、ほんのひと時、すべての苦悶がクリーヴランドのこの瞬間につながっていたのだ。数カ月の間に、そのムーブメントは平和の余地がないまま悪化して、様々な段階で暴力的になった。しかしそのクリーヴランドのデモがムーブメント全体の火種となり、今やムーブメントを結びつけるアンセムがあった。ニューヨークやクリーヴランドのような都市で活動家たちが遂げた前進と共に、多少の罵り言葉を伴いつつも——しかしこれがこの時代を表す温度感なのだ——今やこのムーブメントは独自の「Lift Ev'ry Voice and Sing」[3]を手に入れた。僕たち黒人は困難を乗り越えようとすることにうんざりしていて、今すぐ平等な待遇が欲しかった。

この行動はビデオに撮られ、一瞬のうちに拡散された。ケンドリックの音楽はあっという間に政治ムーブメントの中心となり、このラッパーは——彼が知っていようといまいと——突然、この国の抗議行動《プロテスト》音楽の第一人者になった。ケンドリックとＴＤＥは、拡散のためにこのアートを作ったわけではなかったが、おそらくだからこそ、この曲は人びとの心に非常に強く共鳴したのかもしれない。それは彼の素直な感情から、暗闇とその中でもがく個人的な苦悩から生まれた曲だった。それがたまたま大衆と繋がったのだ。彼は自分の苦悩を率直に表現し、警察の蛮行《ポリス・ブルタリティ》をストレートな言葉で告発したことで、「Alright」はリスナーの心を強く揺さぶったのだ。ブラック・ライヴズ・マターの共同創立者、アリシア・ガーザは、マイク・ブラウンの銃殺でダレン・ウィルソン警官が無罪放免になった後、ＢＬＭと地元のデモ参加者が集まったミズーリ州ファーガソンから家に帰る途中で、初めてこの曲を耳にした。「人びとがこれらの問題にどのように触れていたかを覚えています」とガーザは僕に語った。「そこにあるメッセージは、『わたしたちは子どもたちに何を教えているのだろうか？』という道徳観でした。多くの人たちが現実の厳しさを目の当たりにしているのに、メインストリームでは滅多に取り上げられないんです」。二〇一六年、実業家からリアリティ番組スターになったドナルド・トランプという男がアメリカの大統領選に出馬し、決起集会がセキュリティ上の理由からキャンセルされた後に、イリノイ大学シカゴ校にいた抗議者《プロテスター》たちが、「Alright」のフックを詠唱《チャント》した。この一〇年間が終わるまでに、各種音楽誌は「Alright」を二〇一〇年代の最高の曲のひとつ――史上最高ではないにしても――と見なした。そして売り上げとストリーム回数によって数値化できる他の商業的ヒット曲とは異なり、「Alright」は測定できないような方法で人びとの心に触れた。「この曲はラジオで一日中かかるような曲じゃないかもしれないけど、ストリートで、ニュースで、コミュニティではそれがかかっている様子を耳にしていて、人びとはそれを感じ取ったんだ」[*9]とケンドリックは『Variety』誌に語った。

全体的にみても「Alright」と『To Pimp a Butterfly』は、一時的に盛り上がった作品ではなかった。この曲とアルバムは瞬時に傑作となり、ケンドリックをラップの殿堂入りに導いた。批評家は、彼は今や、世界が今まで見てきた中でも最も偉大なラッパーになったのではないか、そして彼の作品の数々は、今まで残されてきた中で最高の目録《カタログ》なのではないかと、率直に考えた。それはこのゲームに参加してまだそれほど時間が経っていない、本人も認めているようにまだ最高作品を作っていない者にとって、ものすごく高い称賛だった。彼は完璧なプロジェクトを探し求めていまだに取り組み、今もなお身を潜めて静かにしていた。しかし『To Pimp a Butterfly』がリリースされると――二〇一五年三月一五日、発売予定日の一週間前にサプライズでリリースされた――そのカバー・アートや、スピーカーから流れ出る臆面のないブラック・ミュージックの突風によって、この作品はヒップホップと音楽全体の基盤を揺り動かした。それは『good kid, m.A.A.d city』とはまったく異なって聴こえた。事実、ファンの中には、このレコードに華麗で開放感のある音の風景と、

3 「Lift Ev'ry Voice and Sing」：「黒人の国歌」と呼ばれることもある聖歌で、正式な曲名は「Lift Every Voice and Sing」（Ev'ryはスラング的な言い方）。曲名は「すべての声を上げて歌おう」の意。

緻密なストーリーラインを切望していたため、趣の異なる新作に怒りを感じた者もいた。『To Pimp a Butterfly』は、より広大で、より野心的で、テーマとアイディアがパッチワークのように複雑に構成されていた。それはより怒りに満ち、より密度が濃く、ヘッドフォンで聴くために作られていた。何よりも、それはケンドリックが今までで最も多い聴衆の目の前で自らの恐れ《デーモン》と闘っているサウンドであり、この作品は彼が直面していたプレッシャーを軽減しただけでなく、彼はあらゆる種類のリスナーと繋がることを可能にしたのだった。「ケンドリックは誰からもものすごくリスペクトされていたよ」とロバート・グラスパーは僕に語った。「彼はジャズ演奏家、音楽オタク、バックパック・ラッパー[4]、ギャングスタたちに語り掛けた。あのアルバムはあらゆる人たちの心に響いたんだ」。

そこにはブライアン・ムーニー――二〇一五年に『To Pimp a Butterfly』の講座を教えるためにすべての履修を取り止めたニュージャージー州の教師――も含まれていた。彼はトニ・モリスンの一九七〇年の小説『青い眼が欲しい』を基に英語の授業を教えていたが、ケンドリックの一連の作品を聴いたときに、このラッパーの作品はより多くの生徒たちと繋がることができると考えた。「世界ではいろんなことが起こっていました」とムーニーは言う。「都市の若者を教える教師にとってそれが何を意味しているかというと、とてもリアルなトラウマを抱える子どもたちと一緒に、どのようにその重荷を下ろしてあげることができていたのかを考えてみることなです。彼らには取り組まなければならない問題があります――コミュニティで起きている暴力、貧困、中毒を抱える親、銃による暴力。ケンドリックは心の病や自身の恐れ《デーモン》との闘いについて語ることで、そうした問題に取り組んでいるんです」。ムーニーと生徒たちは、授業中、このアルバムの曲を分析したり、ある授業の時間を丸ごとアルバム・カバーを見て過ごすことに費やしたりしていた。「それがどれだけ素晴らしかったかを覚えていますよ」とムーニーは驚きの声を上げる。「子どもたちはものすごく熱中していました。私たちは長い対話をしたんですよ、ええと、『なんでカバーは白黒なんだろう?』とかね。子どもたちは家に帰ると、授業のブログページに彼らがどう解釈し、反応したのかを書き込みました。『King Kunta』のような曲について考えたのです」。ムーニーは、『To Pimp a Butterfly』に基づいて授業を教える決断を下したことを、個人のブログに投稿した。するとそれがTDEの目に止まり、ケンドリックが投稿を読んで連絡を取りたがっているというEメールをTDEから受け取った。その二週間後、ムーニーはデイヴ・フリーと電話で話した。二〇一五年六月に予定したケンドリックの学校訪問を調整していたのだ。「私には、『彼は実際の授業を見に来たいはずだ。彼は子どもたちの素晴らしい才能を見たいはずだ』っていう思いがあったんです」。ケンドリックに学校で居心地よく感じてもらうために、ムーニーは生徒と教師がラップするサイファーの場を設けた。彼らはみな、ラッパーのゴーストフェイス・キラが以前使っていたビートでライムし、それがケンドリックの注意を引いた。「これで打ち解けられました」とムーニーは言う。それでも、中にはそんなことをする価値はないと感じていた教師がいて、ケンドリックの歓迎集会に来たがらなかったことをムーニーは覚えている。教師たちにはケンドリックと彼のアートを誤解していて、

4 バックパック・ラッパー：メインストリームや商業的に成功しているラップを嫌い、実生活や自身の経験についてラップする、深いリリックに重点を置くラッパー。実際にそのようなラッパーの多くがバックパック（リュックサック）を背負っていたことからそう名づけられた。

「間違いなく人種差別的な態度があったのは確かです」と彼は言う。最終的に、ムーニーは『青い眼が欲しい』と『To Pimp a Butterfly』を比較して、モリスンの作品をケンドリックのアルバムの母体と呼んだ。

リリース当時、『Butterfly』のインパクトを描写するのは若干難しかった。この作品には、何ともいえない重々しさがあった。そこには「これだ！」という決め手があり、再生すると、どこか馴染みがあることと新しいことが同時に聴こえてくるような感じがした。彼のようなアーティストは、通常、これほど音質的に挑戦するような作品は創らない。ほとんどの場合、彼らはいったん音楽をうまく制作する手段を見つけて、結果的に多くのレコードが売れれば、経済的な安定を確保するためにその路線に留まる傾向がある。期待されている以上のことをする推進力を持つことは稀だ。だからこそケンドリックがこのようなレコードを創り出すことはとても勇敢な行為であり、他の者にも同様の挑戦をするための道筋を示した。この作品は、ライナーノーツの中に名前が載ったミュージシャンたちの知名度を高めた。また、その濃密なジャズの質感により、『To Pimp a Butterfly』に収められたケンドリックとジャズの専門家たちは、このジャンルを不遇の時代から蘇らせたことで高く評価されている。『To Pimp a Butterfly』は人びとにジャズの全盛期――五〇年代のハードバップと、六〇年代後半と七〇年代前半のフュージョン――を思い起こさせ、この音楽をより若い聴衆の元にもたらした。『Butterfly』の冒険的な特質のために、そしておそらく新たに発見されたジャズへの関心が原因で、カマシ・ワシントンはその後間もなくして『The Epic』というアルバムをリリースした。『To Pimp a Butterfly』のおかげで、ワシントンは人びとの集中力が長く持続しない時代に、そのような野心的なプロジェクトを出すことができた。いかなる種類であれ、三時間という長さのレコードは、ケンドリックのプロジェクト以前には存在し得なかっただろう。「あのレコードは音楽を変えてしまったし、俺たちはいまだにその効果を目の当たりにしているよ」とワシントンは『ピッチフォーク』に語った。「ジャズを超えたんだ。つまり、知的な刺激がある音楽は、アンダーグラウンドである必要がないということなんだ。メインストリームになることも可能だ。他のあらゆるものも超えたんだよ。和声《コード》の面でも、楽器奏法が持つ知性の復権という面でも、音楽の構造的な面でも、リリックの面においてもね。人びとの期待感も変わった気がする。音楽を変えなかっただけでさ。聴衆を変えたんだよ」。

したがって、ケンドリックはアメリカに住む黒人たちの世界を変えていただけでなく、音楽シーンも変えていた。しかしそれは『To Pimp a Butterfly』以前のブラック・ミュージックのトレンドを無視するわけではなかった。ケンドリックがこのアルバムを考えつくずっと以前の二〇〇七年に、ヴォーカリストのジャネール・モネイは『Metropolis: Suite I (The Chase)』というEPをリリースしている。モネイはこの作品で、R&B、オーケストラ演奏のジャズ、SF小説をブレンドすることでスケールの大きいパフォーマンス・アートを作り出し、彼女の音楽キャリアを決定づけていた。さらに二〇一四年には、フライング・ロータスがフリー・ジャズに貫かれたアルバム『You're Dead!』をリリースしていた。そこで彼とサンダーキャットは、人間の身体がこの世を去るときの生から死への魂の旅を探求していた。また規模は小さいが、『To Pimp a Butterfly』の成功によって、大手のロック出版物に難解なブラック・ミュージックが取り上げられるようになった。『Butterfly』のリリース以前の数年間は、編集者に新世代のジャズ・アーティストに関心を持たせることはほぼ不可能だったが、リリースの数カ月後には、あらゆる記事がジャズ・レコードについて特集し、グラスパーやテラス・マーティン、サンダーキャット、カマシ・ワシントンなどに取材依頼をしやすくなった。彼らにはあるレベルの好奇心をそそる振る舞いがあったため、メディアは、彼らが『To Pimp a Butterfly』のセッションから、ソウルやファンク、ヒップホップ、ジャズが融合した躍動感ある作品を作るために、いったい何をしたのかということを知りたがった。『Butterfly』に貢献した仲間たちはスターになり、彼らの名声と共に、彼らの音楽をさらに世界に推し進める大きなチャンスがやって来た。ケンドリックはジャズの救世主としてもてはやされ、グラスパーが指摘するように、このラッパーはこのジャンルで権威のある出版物にも取り上げられるようになった。彼はさらに網を広げて、より多くの聴衆に触れ、自分のメッセージを広げていった。そうしてケンドリックはリーダーになった。「彼は反逆者みたいだわ」そうレイラ・ハサウェイは言う。「彼が姿を現せば、何をやることも言うこともできた。彼が語っていることは、まさにストリートで起こっていることなの。彼のアートは彼の人生を映し出しているのよ」。

8　ケンドリック、王位継承の夜

二〇一六年頃、ある厳しい現実がアメリカに根を下ろし始めた。この国初の黒人大統領、バラック・オバマが――任期は限られていた――一年以内に、ホワイトハウスを後にしてしまう。そして僕たちはオバマ大統領を失うだけでなく、彼の家族であるファースト・レディのミシェル・オバマ、娘のサーシャとマリアも失ってしまう。史上最も活力に満ちた大統領一家が間もなく去り、僕たちに残されるのは過去七年間の思い出だけになるのだ。オバマ一家は、二〇〇八年に希望と変化の大きな波に乗って圧勝し、ワシントンＤＣで大統領の座に就いた。そして黒人コミュニティの人びとは、あまりに長い間、僕たちは属していないと釘を刺してきたこの国が、突然、トップの座に黒人男性を選出するほどリベラルになったことに強い高揚感を感じていた。僕たちは何かを勝ち取ったと考えていた。僕たちはアメリカの最悪の時代を耐え忍び、恐ろしい過去を何とか乗り越えてきたのだ。バラック・オバマが当選した夜の、僕たちの嬉し泣きを見ればお分かりだろう――純粋な喜び、衝撃、戸惑いの表情を。これはあの同じアメリカだったのだろうか？

考えてみれば、僕たちは人種差別のないアメリカに移行した、という考えは愚かなものだったが、僕たちはこのようなもの――あるいはバラック・オバマのようなもの――を今まで見たことがなかったのだ。彼はアメリカの政治制度を乗り切るための何か特別なものを備えていなければならならなかった。彼は均等に人当たりがよく、カリスマ性があってひるまず、有言実行し、その超越的な声を保ちながら、共和党と民主党の間のギャップを埋めるために最善を尽くしていた。しかしそれでもこの問題を引き起こした――黒人男性がアメリカ大統領に当選するということは、奇跡を起こすくらいのことをやってのけなければならなかったのだ。彼には完璧な家族、完璧な経歴、誰よりもクールな歩き方と、タイムズスクエアを照らすぐらいの輝かしい笑顔がなければならなかった。オバマは当然のことながら多くの人たちの抵抗に遭ったが、公衆の面前で冷静《クール》さを保った。おそらく彼は、市民に激怒する姿は見せられないことを知っていたのだ。もし見せてしまったら、一般的によく言われる〝怒れる黒人男〟としての印象を与えることになってしまう。たとえ彼が大統領の任期の初年度が順調でなかったとしても、彼の冷静《クール》さは僕たちをリラックスさせてくれた。彼の一期目の一年目にあたる二〇〇九年、オバマは金融崩壊の淵に立たされた経済を引き継いだ。株式市場は崩壊し、失業が広がり、住宅所有者は住宅価格が下がっていくのを目の当たりにした。それは一九三〇年代の世界恐慌《グレイト・ディプレッション》以来の、この国最悪の経済破綻だった。大統領は大不況《グレイト・リセッション》と呼ばれた二〇〇九年の危機を解決するために[*1]「アメリカ復興・再投資法」という計画を実行した。これは、八二兆六三五〇億円という大胆な一括対策で、ビジネス、家族、差し迫ったニーズを持つ分野に緊急救済を提供した。一方、今となっては興味深い動きだが、ドナルド・トランプは、特に気候変動に関する話題で、オバマの初期の支持者としての立場を確立した。トランプが、友人で世界レスリング・エンターテイメントの会長兼最高経営責任者であるヴィンス・マクマホーンとプロレスの話をしていない時は、オバマが希望したクリーンエネルギーへの移行に支持を表明する、ビジネス所有者の代表団の一員だった。この団体は『ニューヨーク・タイムズ』紙で公開されたある広告の中で、この移行は経済成長に拍車を掛け、新たなエネルギー関連の仕事を生み出すだろうと述べた。しかし一年後、トランプは気候変動の考えを一変させた。さらに二〇一二年には、気候変動は「中国によって、中国人のために作り出された」とツイートした。これは彼がその後数年間にわたって行っていくことに比べれば些細な例だが、彼がゆっくりと政界に入り込んでいくためによく使う、一種の調子のいい話《ダブルトーク》を明示していた。

トランプは一九八八年と一九九八年と同様、改めてアメリカ大統領選への出馬を表明した。たとえリベラルな投票者たちが彼を脅威とはみなしていなかったとしても、今回の出馬は本気のようだった。この男——有名なキャッチフレーズ（「お前はクビだ」）で知られるリアリティ番組の司会者——に、この自由主義世界のリーダーになるために必要な資質があるわけがなかった。確かにトランプは不動産王としての資質は証明してきたが、いくつかのカジノと彼の名字が付いた高層ビルを除けば、少したりとも、人びとがいつか大統領執務室の職務に最も相応しいと思い描くような男ではなかった。しかし彼はゆっくりと確実に、新たな標準、新たなバカげた標準を作り出すために次々と行動を起こしながら、ホワイトハウスに向かって進んでいた。二〇一一年の春、一部の陰謀論者たちが主張したように、オバマがケニアではなくアメリカで生まれたことを証明するために、トランプは彼に公式の出生証明書を公開するよう強要した。しばらくの間、オバマ大統領は、トランプの要請を無視していた。彼は目の前の問題に注目するようにアメリカ国民に要請しながら、そんなことは〝愚行〟だと述べた。この国がいまだ財政赤字から抜け出せていないのに、トランプの立てる雑音に耳を傾けることは非生産的だ。しかしトランプは、『The View』（トーク番組）のような番組やフォックス・ニュース（保守、右派、共和党寄りの報道姿勢を持つニュース専門の放送局）にたて続けに出演し、激戦州における自身の票田にあわせた荒唐無稽な主張でオバマを非難した。トランプは、オバマの祖母がケニアでオバマの誕生を目撃し、この見解を認めた様子が録音されていると主張した。ニューヨーク以外の世界にとって、これはドナルド・トランプが演じる風刺漫画ショウの始まりであり、次の五年間、彼はこのような戦術――脅迫と根拠のない大袈裟な言葉――を用い、この国の急変する人口構成や政治構造が気に入らないアメリカの階層を苛つかせた。

少なくともオバマは気に掛けたが、彼の後継者はそうではなかった。トレイヴォンが死んだときに、オバマは個人的な視点で心の内を語った。コネチカット州ニュートンのサンディ・フック小学校で起こった銃乱射事件の結果、一〇人の幼い生徒が命を落としてしまったとき、オバマは公然と涙を流し、自分の涙だけでなく、国民の涙をも拭き取った。二〇一五年半ばには、二〇一二年と二〇一四年に世間を騒がせた警察による発砲事件から若干時が経っていたものの、より多くの武器を持たない黒人が警察の手にかかって命を落としていた中で、人びとの心の痛みはいまだに癒えていなかった。事実、虐殺は増加していた。黒人成人男性はアメリカ人人口の二パーセントの構成に過ぎないにもかかわらず、警官に殺される確率は九倍で、それ自体憂慮すべき統計だが、この問題における世間の注目の少なさを考えるとなおさらのことだった。オバマが在任していたにもかかわらず、人種的な対立は緊迫していた。そのような時勢のときに黒人であるということは、僕たちのような容姿の人びとに起こっていることをめぐって、絶えず恐れか怒りを抱えて生きることだった。

黒人がこれらのニュースを見たり、ソーシャル・メディアをスクロールしていると、自分の命は大事ではないと感じることは容易く、たとえ大統領が僕たちの心に平穏を植えつけようとしても、次は自分の名前がハッシュタグに[1]、次はCNNのニュースのひとコマに、次はアル・シャープトンの演説の話題になるチャンスは五分五分だった。

　この頃、ケンドリックの人気が高まるにつれて、彼はますます世間の目から遠のき始めた。彼はソーシャル・メディアから身を引き、インタビューは以前ほど頻繁に行なわなかった。彼はプロとして見事な進歩を遂げたが、それでもケンドリック・ラマーはタフな街の出身であることに変わりはなく、平和と静けさを求める物静かで内気な子ども《キッド》と同一人物で、つまりケンドリック・ラマー・ダックワースのままだった。今や彼は、ひと騒ぎ起こしたいと思わない限りは、簡単に外に出掛けることさえできなくなっていた。彼は自分の身と感情を守らなければならず、彼にとってそれは、単にパフォーマンスをする必要があるまでは姿を消していることを意味した。彼は常に舞台裏に身を置いてきたため、スターになることにためらいがあった。しかし、そのような動きは彼の謎を深めるだけで、彼の才能はさらに明るく輝いた。彼は音楽を、業界と、日夜彼に接近したいと願うファンのためにリリースしていた。彼の作品は人びとの心に深く響き、非常にリアルであったため、リスナーは彼を知っているような気持ちになり、より深い繋がりを感じたいと思うようになった。彼のリリックの真の意味に関して様々な噂が飛び交い始めた。ファンや批評家、ブロガー、業

1　次は自分の名前がハッシュタグ：警察の蛮行によって次々と殺される黒人の名前をハッシュタグにして、ソーシャル・メディアで追憶、言及すること。

界関係者は、まるでニュースで扱われる最新の出来事のように、ケンドリック・ラマーのアルバムについて喜んで意見を交わし合った。彼は床屋に出掛ける人たちの会話で話題になった――どのアルバムがベストだ？　彼は「These Walls」で誰に話し掛けていたと思う？　彼は本当にゴスペル・ラッパーなんだろうか？　ケンドリックは今、何に取り組んでると思う？　このような疑問はケンドリックに関する典型的な会話として、あちこちに存在した。人びとに影響を与えているアーティストなら誰でも、こんな風に話題になる夢を思い描くものだ。アーティストは、リスナーに彼らの音楽に身を投じて、その音楽を中心に彼ら自身の物語《ナラティヴ》を作って欲しいものだ。そうすることが、短期的には彼らが今日的であり続ける最も確実な手段であり、永遠のキャリアを持ち続ける方法でもあるのだ。

　ケンドリックは今や二枚の傑作を作っていて、それ以外に世間に何かを証明する必要はなかった。彼は二枚のアルバムで、他の人なら五枚か六枚のアルバムを要するかもしれない偉業を達成した。ケンドリックは同格のアーティストたちと比較されたばかりでなく、今やジェイ・Z、ナズ、ノトーリアス・B.I.G.、トゥパック・シャクールのような偉大な人物と同列に扱われていた。四年前なら、彼にとってこんな比較は夢に過ぎなかったが、たとえ彼が自分では完全に信じられなかったとしても、今や彼のレコードはそのレベルに到達していた。彼はただ感情を発散させるために、気にかかっていることを言っていただけだった。ラップ・ファンがそれを非常に情熱的に受け取ったことは、彼にとって驚くべきことであり、かつ喜ばしいことでもあった。

　彼はひそかにではあったが、いつも通り確固たる信念で、すでに次のプロジェクトのことを考えていた。「それがケンドリックなんだ」とサウンウェイヴは、二〇一九年にレッドブル・ミュージック・アカデミーで語っている。「彼は四枚目のアルバムのことを考えていたよ、三枚目のアルバムをすっ飛ばしてね。彼の頭脳はさ……うまく説明できないんだけど、俺たちは文字通り『To Pimp a Butterfly』のマスタリングを終えたばかりだったのに、彼は『よし、それはよかった。それで次のアルバムでは』って感じでさ。俺は『ブロ、いや、まだ出してもいないんだからさ。これをまず出してから次の話を始めようぜ』って感じさ。そしたら彼は『いやいや、心配すんなって。ファンは分かってくれるから。この次のアルバムでは……俺たちはこれをやって、あれをやって。これを復活させたいんだ』って感じで。もうついて行くしかないのさ、彼は天才なんだから」。ケンドリックはまだ『To Pimp a Butterfly』の販売促進をしなければならなかったが、彼とライブバンド、または彼とアリのみという、従来の構成にとらわれずに考えていた。彼はそれをはるかに超えて、さらにレベルアップするときが来ていた。彼は今やクロスオーバー・スターであり、彼のコラボは新たな自己を反映し始めていた。ケンドリックはテイラー・スウィフトの曲（「Bad Blood」）でラップをし、シンガー、ジデーナの大人気トラック「Classic Man」のリミックスでスムーズなフロウを披露していた。もちろん彼は少しは自慢気な態度も取れるが、それでも彼はケンドリックなのであり、『To Pimp a Butterfly』はその年に誰もが打ち負かそうと目指したレコードだった。彼の次のパフォーマンスは、少なくともその時点までに彼がやってのけた中で最も大胆なアクトでなければならなかった。

二〇一五年六月二八日、ケンドリックはロサンゼルスのマイクロソフト・シアターで開催された第一五回BETアウォーズに出演した。それは彼が前年に参加したグラミー賞と同様、スターが勢ぞろいするイベントだったが、このショウは黒人《ブラック》の祭典であり――美しく黒人《ブラック》で満たされていた。

そこにはジャネール・モネイがいた。俳優のトレイシー・エリス・ロスとアンソニー・アンダーソン（彼自身もコンプトン出身。ふたりは人気TVドラマ『ブラッキッシュ』で主演を務めている）もいた。プロデューサーでレーベルの大御所ショーン・〝ディディ〟・コムスは、一九九〇年代の重鎮レーベル、バッド・ボーイ・レコーズの同窓会をステージ上で主宰した。モータウンのレジェンド、スモーキー・ロビンソンは、「Cruisin'」や他の代表曲を歌った。それは同窓会、黒人らしさ《ブラックネス》を祝う力強いパーティのように感じられた。ショウの最初に登場したケンドリックは、グラフィティに覆われたパトカーのフレームの上に立っていた。背景には巨大なアメリカ国旗があり、その端は擦り切れ、風になびいて揺れていた。それだけでも象徴的だった――国が人種的、かつ政治的な境界線に沿って分裂していたときに、その旗は国が誇っていた団結がぼろぼろになった様子を象徴し、生地は徐々に引き裂かれて破れていった。ケンドリックの周りには大勢のダンサーが立っていて、ステージ上に作られた街灯の下で、みなが互いに足並みを揃えて移動するように振り付けされていた。外から見ると、そのシーンは混沌として危険で、崩壊する一歩手前のように感じられた。それは有色人種に向けられたあらゆる美辞麗句と形だけの謝罪と一体になって、二〇一五年のアメリカを象徴していた。銃弾が飛び交う度、死者のための祈りと、僕たち黒人とは容姿が違う他者からの団結を求める声が聞こえてきた。だからケンドリックがその車の上に立ち、皮肉な笑みを浮かべて靴をその屋根に押し付けている姿には、ただならぬ何かがあった。彼はリーダーのように力強く、自由な黒人男性のように見えた。彼はこの瞬間にシンボルとなり、もはや単なるラッパーでも、死すべき運命を持つ者でもなかった。人びとはその解体されたパトカーの上に乗った彼を見上げなければならなかったが、あれはなんという王座だったのだろう。

ケンドリックは、あらゆる反警察的なリリックと黒人を力強く支持することでムーブメントの新たなアンセムとなった「Alright」をパフォーマンスするためにそこにいた。そのライブ・パフォーマンスは『To Pimp a Butterfly』と同様に、体制を揺るがし、最高に手厳しく、何もかも正直に話すように意図されていた。テラス・マーティンがケンドリックのレコード制作の考え方について述べた言葉にさかのぼると――彼は言うべきことを、正々堂々と恐れることなく言っていたのだ。それは黒人が抱えるトラウマ、絶望、そして人種差別を取り巻く議論を変えるために、人びとを不快に感じさせることだった。「警察がそこにいて、ブラザーたちが抗議《プロテスト》している。聞こえてくるのは『俺たち、きっと大丈夫さ！』《ウィ・ゴン・ビー・オーライ！》だけだった時には、興奮したね」とマーティンは僕に語った。「俺たちは同胞たちにとって本当に重要なことに興奮したんだ。俺たちはＬＡ出身で、様々な問題に向き合っている。『いや、きっと誰かがメッセージを理解してくれるさ』っていう気持ちがあったし、それが実現してすごく嬉しかったよ。同胞たちには何かが必要だって感じていたからね。彼らには何か目を向けられるもの、感じられるもの、聴けるものが必要だった。同胞たちは何かリアルで正直なもの、挑戦、突破口、勇気をしっかり表示するものを必要として、求めていた気がするんだ」。

　ケンドリックとＴＤＥの知り合いである、ブルーという名の画家がそのパトカーをデザインした。ＴＤＥは彼に、ケンドリックがパトカーの上でパフォーマンスするというアイディアを持ちかけた。ケンドリックが今回のパフォーマンスの一カ月前に『エレンの部屋』（トーク番組）に出演した際に、このアーティストがライブ・ペインティングのスケッチをしたため、ケンドリックがＢＥＴアウォーズで行うパフォーマンスのために彼がパトカーにタグ[2]を打つことは、自然な流れだった。ＢＥＴアウォーズでは、大勢の黒人で溢れかえった会場で、「Alright」はより激しく視聴者の心に迫った。

そこには何か人びとの心を打つものがあった。N.W.A、アイス・Tの「Cop Killer」（警官殺し）、またはJ・ディラの「Fuck the Police」以来、ケンドリックや彼のコミュニティの人たちが警察の虐待的な行為についてどう感じていたかについて、これほど直接的に表現したアーティストはいなかった。そのように解釈される様子を目にすることで——不当な扱いのシンボルの上で——その曲やその瞬間が、明確な形をとった。この皮肉について考えてみて欲しい。ツイストした髪と引き裂かれたジーンズを身に着けたある若い黒人男性——警察に標的にされている他の人たちと同じ容姿を持つ——が、自由と繁栄のアイディアを公然と取り戻していたのだ。さらに、その曲を初めてライブで見るときの衝撃を、あんな大胆な姿勢を取るケンドリックのような人物を見る歓喜を、じっくりと考えてみて欲しい。そのイメージは際立っていた。僕たちは彼が最高のリリシストであることは既に知っていたが、このようなパフォーマンスで——二〇一四年にイマジン・ドラゴンズと共に出演した彼のグラミーでの芸術的な表現と並んで——このラッパーは世界で最も偉大なエンターテイナー、純粋なアーティストのひとりになっていたのだった。

しかしケンドリックの声明が気に入らなかった人物が、少なくともひとりいた——「Alright」のパフォーマンスを非難するためにフォックス・ニュースに出演した、トーク番組の司会でご意見番のジェラルド・リヴェラだった。リヴェラは『The Five』（フォックス・ニュース・チャンネルのトーク番組）のひとコマで、その曲は役に立たないと述べ、こき下ろした。「だから私は、ヒップホップは近年、人種差別より若いアフリカ系アメリカ人にダメージを与えてきたと言っているんです」と彼は言った。「これは正に間違ったメッセージです」。ケンドリックはこのテレビのご意見番に応えて、こう質問した。「どうやったら希望についての曲を取り上げて、憎しみに変えられるんだ？　問題は俺がパトカーの上に乗っていたことじゃない。真の問題を隠蔽しようとする彼のやり口であり……少年たちを無分別に殺す警察の行為なんだ。彼の言い分の大部分は、真実を避けている。ヒップホップが問題なんじゃない、俺たちが置かれた現実が問題なんだ」[*2]。ジェラルドの話《ナラティヴ》は、一部の右派・保守派が、有色人種が何世代にもわたってさらされ、長年続いてきた虐待を軽視するために使った上辺だけの言葉「すべての命は大事だ《オール・ライヴズ・マター》」と同じタイプのものだった。「すべての命は大事だ《オール・ライヴズ・マター》」と言うことは、「昔のやり方に戻りましょう、私たちが黒人に対する虐待から目をそらすことができた、対処する必要がなかった頃へ」と言うことと同じだった。それはこの一時的な流行が消え失せて欲しいと望み、この亀裂を作り出した特権が存在する事実を無視することだった。今やソーシャル・メディアとスマートフォンが普及したため、この問題を避ける術はなかった。人びとはもはや、警察の蛮行《ポリス・ブルタリティ》は問題ではないとか、インナーシティの黒人が自分が住む地域での扱われ方に現実的な懸念を感じていないかのように振る舞うことはできなかった。彼らは自分が住む地域に属していないかのように扱われ、彼らが本来はそこで住民を保護して仕えるために存在するはずの警官を、妨害しているかのように扱われた。「すべての命は大事だ《オール・ライヴズ・マター》」と言うことは、「みんな仲間だ」ということをほのめかしてはいるが、アメリカの歴史は単にそれが事実でないことを示してきた。「すべて」は「白人」を意味していたが、ブラック・ライヴズ・マターの台頭と共に、新世代の黒人は、彼らはもはや黙ってはいない、僕たち黒人の祖先の闘いは無駄にはならな

2　タグ：グラフィティ用語で、スプレーなどを使って自分のグラフィティ用の名前、クルー（自分が属するグラフィティの仲間）、出身地などを書いたもののことだが、一般的なグラフィティを意味する場合にも使われる。

かったと主張するようになった。

ジェラルドの姿勢は、アメリカで銃乱射事件が起こる度に使われた議論をそのまま繰り返していた。若い男性がアサルト・ライフル（全自動小銃）を手にして学校やショッピングモールで乱射すると、保守派は暴力的なビデオゲームかヘヴィメタル・ミュージック、または真の問題——市民はデパートでアサルト・ライフルを買えるべきではない——を回避するための対象を非難する。僕たちは死者のために祈り、遺族のために嘆き悲しむが、僕たちのリーダーは銃の購入を規制するために何も行わない。したがって、ヒップホップが人種差別以上に黒人コミュニティにダメージを与えてきたと言うことは、まったくの嘘である。ヒップホップはコミュニティを救い、声なき者の声であり、抑圧された人びとがネガティブな現実を活気あるアートに昇華したサウンドなのだ。ソウルやジャズなども癒やす力を持ち、また政治的になり得るが、ヒップホップほどのレベルではない。適切に行えば、ラップは問題に直接切り込む方法を知っているのだ。ジャズは大部分が音色に重きを置き、主にインストゥルメンタルであるため、リスナーは、カマシ・ワシントンのようなミュージシャンが楽器で何を言おうとしているかを推し量らなければならない。ラッパーは非常に直接的な言葉を使うし、ケンドリックも、少なくとも「Alright」では、その例外ではない。彼は緻密に織り込んだ詩や二重の意味を持たせた言葉でメッセージを隠すことで知られているが、ここではその言葉に想像の余地を残していない。ケンドリックとフォックス・ニュースの間の口論は、これからも起こり得るだろう。

人びとが『To Pimp a Butterfly』を理解し始めると、ケンドリックは地元のコミュニティの融合に向けて、巧妙な対策を講じた。彼は、左の靴にブルー、右の靴にレッドという言葉を入れた彼自身のオリジナル・スニーカーを発売するために、リーボックと契約を結んだ。これはコンプトンのパイルースとクリップスの間の争いに解決を強く求めようとする、ケンドリックの手段であると同時に、抜け目ないビジネス戦略でもあった。これはケンドリックが、自分がラップした世界を創造しようとする試みだった。彼にはふたつのグループが仲良くやっていく、または少なくとも、赤と青に属する人たちを同様に脅かした共通の敵と闘うために一体となるという、強い願望があった。彼の見解では、まさにギャング・カルチャーがコンプトンの黒人男性を絶滅させている最中にも――死か投獄によって――いまだに銃を撃ちたくて仕方ない警察官や闘うべき悪徳政治家はいたし、これらの闘争は、彼らが所有もしていない街の街区《ブロック》をめぐって戦うことより、ずっと重要だった。ケンドリックの計画は野心的だった。長らく続いてきたギャング・カルチャーと闘うことは、信じられないほどの精神力を要した。しかしこれは、彼個人にとって大きな突破口をもたらす兆しとなった。過去数年間、このコンプトン出身の内気な若者《キッド》は、このギャング闘争に関わったことは一度もなかったが、ケンドリックは今や世界で一番ホットなラッパーとして、様々な問題に関する認識をもたらすために、彼の名声を利用していた。彼は一二年間、技巧《クラフト》をひたすら磨き続けてきて、ついにトップに上り詰めた。彼が目にしてきたあらゆること、インジ先生の授業で書いてきたすべての詩、マット・ジーズィと歩道で繰り返したフリースタイル、プレッシャーの大きかったアンソニー・〝トップ・ドッグ〟・ティフィスとのオーディション、デイヴ・フリーと共に夢見た日々、銃で撃たれたこと、バスであちこち旅して半分空っぽのアリーナでパフォーマンスをしたこと、これらすべてが、彼をこの地点――コンプトンを背負い、大衆の十分な注目を集める日――へと導いたのだ。ケンドリックの父親のケニーは、ようやくBETアウォーズで息子のパフォーマンスを観ることができた。彼は母親に言われてきたように、大きな夢を見ていた。友達が彼に頼んだように、[2]パックが間接的に彼をせき立てたように、彼は走り続け、神を第一に優先していた。食料配給券《フード・スタンプ》に頼り、セクション・エイト[3]の賃貸に頼る日々は終わった。長年の苦悩はもうなくなったのだ。

しかし、ケンドリックの仕事上の夢は実現していたが、ある興味深い結果が現れ始めていた。不本意ではあったが、彼は政治的な人物になりつつあった。『To Pimp a Butterfly』は、主に「Alright」や「The Blacker the Berry」、「Hood Politics」のような曲があったために、とりわけ「Hood Politics」はアメリカの政治制度をあざ笑うものだったため、また違ったタイプの躍進として称賛された。ケンドリックは新たに手に入れた地位に動揺し、いまだに彼自身の政治的見解——ラップ・ミュージックやその他における——と真剣に向かい合っていた。二〇一二年に、ケンドリックは選挙で投票しなかったこと、この国の政治指導者たちやアメリカが向かっていた方向に幻滅していたことを認めた。彼は人間ではなく、神を信じていたのだ。「俺は世界で起こっていることを一切信じていない」[*3]とかつて彼は言った。「だから基本的に、やるべきことをやって、自分の同胞のために良いことをして、自分の人生を生きることだ。今起こっていることは、俺たちにはどうしようもないからだ。もし大統領にどうにもできないなら、間違いなく俺たちにはどうにもなりやしない」。「Hood Politics」という曲は、この概念を強化していた。ケンドリックは、連邦議会を、世間から悪者扱いされている自分の友人のように、縄張りを巡って戦うギャングにたとえた。「コンプトンから連邦議会《コングレス》まで、セット[4]がそこら中でバカなことしてるぜ」とケンドリックはライムした。「今に始まったことじゃないけどさ、新たな民主党クリップス《デモ・クリップス》に共和党ブラッズ《リ・ブラッド・リカンズ》[5]／赤い州（共和党）対青い州（民主党）、あんたはどっちを統治してる？」。

ケンドリックは心の奥底では、どんな類の政治ネタのきっかけにもなりなくなかった。彼は今でも一匹狼であり、いまでもむしろ部屋の隅に座って遠くから見ていたいと願う、孤高の精神の持ち主だった。彼はむしろ内省の方を好んだ。アメリカは間違った道を突き進み、彼は皆と同じ様にそれを理解しようとしていた。彼はすべての答えを持っていたわけではないが、彼の音楽は、彼が僕たちリスナーと一緒にそれを乗り越えようとしていることを証明していた。ケンドリックは新たにスターの地位を手に入れたことで、両立させることはできない、つまり人の癇に障ることなくそういう音楽を作ったり、そういうことを言うことはできないと気づいていた。彼は今や大衆の声となり、傍観者の立場を取ることはもはや選択肢にはなかった。それはやむを得ない矛盾であり、意図せぬ副作用だった。ケンドリックは『good kid, m.A.A.d city』と『To Pimp a Butterfly』に大きな期待を寄せていたが、人びとが彼のアートにこんなに早く、こんなレベルの反応を見せたり、詳細な分析をすることは見込んでいなかった。ヒップホップの流れを変えることと、右派の人たちの怒りを買うことは、まったく別のものだった。だからこそ、ケンドリックのメッセージは黒人コミュニ

3 セクション・エイト：連邦政府による、低所得者、身体障害者、年配者のアメリカ市民のための住宅サポートプログラムで、サポート対象者が暮らす地域の管轄機関が、対象者の家主に対して家賃の一部を支払うもの。

4 セット：ギャングの小集団、特に従属するギャングの派閥。ここでは民主党（青）と共和党（赤）をギャングにたとえている。

5 民主党クリップス（デモ・クリップス［Demo-Crips］）に共和党ブラッズ（リ・ブラッド・リカンズ［Re-Bloodlicans］）：元プロレスラー、俳優、ミネソタ州知事のジェシー・ベンチュラが、民主党と共和党、ギャングのクリップスとブラッズの類似点等を指摘する著書『DemoCRIPS and ReBLOODlicans: No More Gangs in Government（民主党クリップスと共和党ブラッズ：もう政府にギャングはいらない）』からヒントを得たネーミングと思われる。

ティに非常に深く響き渡った。彼は法律制定者になろうとしていたわけではないし、彼には苛めが通用しないことは、右派をさらに苛つかせただけだった。

　ケンドリックの世界は衝突し始めていた。その年の一二月に、バラック・オバマ大統領が、[*4] 二〇一五年における彼のお気に入りの曲、アルバム、瞬間について『ピープル』誌に話し、ケンドリックの「How Much a Dollar Cost」がその年のお気に入りのトラックであることが明らかになった。オバマはポップカルチャーの範囲内では大衆の味方であり、最高司令官の立場にはいたが、流行を敏感に察知していることをこのニュースが再び証明した。それはまた、彼が異なる意見を進んで取り入れ、ケンドリックが『To Pimp a Butterfly』の至るところで体現した言論の自由を尊重していることを示していた。このレコードは、政治家やこの国を分断させる社会構造を少しも喜ばせるものではなかった。しかしこの大統領は、たとえその音楽が彼やその体制を彼の都合のいいように描いていなかったとしても、その作品の中に芸術性を聴き取り、ケンドリックの観点を尊重した。オバマ大統領は、「Hood Politics」で露骨にシャウトアウトまでされている――「ヤツらは銃やドラッグを与えといて俺たちをサグ呼ばわり／好かれたくて約束を交わす／ヤツらはゴムなしで好いてくれる《ヤる》のさ、オバマが『調子はどう？』だってさ」。[6]

　大統領はYouTubeが主催したチャットで、ケンドリックとドレイクがラップ・バトルをしたらどちらが勝つかと訊かれたときに、さらに一歩踏み込んだ。「ドレイクはズバ抜けたエンターテイナーだと思うよ」[*5] とオバマは二〇一六年に言った。「でもケンドリックは、彼のリリックは……最新アルバム［『To Pimp a Butterfly』］はズバ抜けていた。去年のベスト・アルバムだと思うよ」。オバマはケンドリックがちょうど二〇歳のとき、このラッパーがまだコンプトンにいて世界を見たことがなかったときに、ホワイトハウスに選出された。ケンドリックはその頃、現実から脱け出す方法を想像することしかできず、彼の友人たちが冷酷に殺されてしまう問題を解決できる政治家はいなかった。オバマ大統領はその街にはいなかった。ケンドリックは、彼の影響に触れることも、目にすることもできなかった。だから彼の身近で起こっている苦闘を、四三四五キロメートルも離れた執務室にいるある男が解決できるかもしれないと推し量るのは難しかった。オバマはパイルースとクリップスの間に入って平和交渉をするためにそこにいなかったし、ケンドリックのおじがルイ・バーガーズで撃たれたときにそこにはいなかった。

しかしオバマの姿を直接目にすることは、またまったく違う経験だった。彼と同じ部屋に居るか、少なくとも周辺に近づくまでは、その偉大さには気づけなかった。ワシントンDCやその近郊にいる僕たちには、オバマの大統領職はまた違った影響を与えていた。僕たちは絶えずオバマの動向に目を向けていた。彼がいつ自分がいるレストランに現れるか、またはいつ自分が参加しているコンサートに彼が同席しているかは分からなかった。彼はこの国のセレブであっただけでなく、僕たち黒人のセレブだったのだ。彼とミッシェルの姿を見ることは究極のスリルであり、車でのパレードがある度に、「あれは……彼だったのかな⁉」という疑問が芽生えた。

二〇一六年一月に、ケンドリックはオバマ大統領に直接会うために、ワシントンDCに、そしてホワイトハウスに出向いた。そのわずか一年前、ケンドリックは友人たちと一緒に、まさにこの建

6　オバマが『調子はどう?』(What it do?)："What it do?" は "What's up" と同義のスラング。オバマ大統領が実際にこの言葉を言ったかどうかは定かではないが、ここではオバマが黒人庶民に近づこうと友好的なスラングで語りかけるが、空振りしている様子がうかがえる。

物の前に群がり、その芝生の上で大金を見せびらかしていた。フォトショップが合成した写真の中で、だ。しかし今や彼は実際にそこにいて、直接そのトップの男性と話をしていた。伝えられたところによれば、彼らは街づくりについて話し合うため、コンプトンやサウスサイド・シカゴのような街や、彼らが直面している難題について語るためにそこにいた。ケンドリックはこの会合の写真の中で、まるで子どもが自分のヒーローに初めて会うかのように、オバマの存在に畏敬して怯えているかのように見えた。オバマはもはや概念などではなく、このラッパーに会うことに同じように興奮し、生きて息をしている人間だった。「近頃、人びとの俺に対する見方は――それはオバマ大統領に会う前の、俺の彼に対する見方と同じなんだ」[*6]とケンドリックは『ビルボード』誌に語った。「俺たちは、特定の地位を手に入れてきた人たちも同じ人間なんだってことを忘れがちだ。大統領が俺に向かって彼の好きなレコードが何だったかを口に出したときに――俺にはそれが理解できたんだ。人はこの世でどんな高い地位に就こうとも、それでも人間なんだってことがね」。そもそもふたりは、お互いのその部分に魅かれ合ったのだった――二人の男性が思いがけないところから出発して、それぞれの職業の頂点に上り詰め、その大統領執務室での静かな時間に、ケンドリックとオバマ大統領は、どうやって彼らはここにたどり着いたのだろうかと率直に不思議に思った。

ケンドリックの道のりは少しも楽にならず、素晴らしい成果はそれを上回って、常に成功し続けるプレッシャーと共にやってきた。TDEチームは、何があっても決して自分の栄誉に頼らず、黙々と働き続け、〝金欠のように必死で働け〟という概念について率直に話してきた。そしてケンドリックは既に次のレコードについて考えている一方で、人びとからの称賛を受け入れるべく、ほんの少しだけガードを下げた。もしオバマ大統領が彼の音楽を気に入っているならば、彼は何か正しいことをやっているに違いないのだ。彼が『ビルボード』誌に語ったように、「大統領でさえあのスネアドラムを聴かないわけにはいかないんだ」。ケンドリックはこの国初の黒人大統領と知り合いになったが、祖母がそこにいて見てくれていたらよかったのにと切望した。

ケンドリックに『To Pimp a Butterfly』への称賛が押し寄せ始めた。たとえまだそのあらゆる密度を解き明かせていなかったとしても、ほぼすべての大手出版物がそのアルバムをもてはやした。二〇一六年前半までには、アルバム・リリースからほぼ一年が経っていたが、一般的にアルバムがリリースされてからほんの数カ月後にはもう古いと見なされるウェブ主導の音楽業界の驚異的なスピードの中にあって、そのレコードはチャートにしばらく留まっていた。それはミュージシャンが、一連の作品としてのフル・アルバムではなく、主にシングルに焦点を当てていたことが原因だった。僕たちリスナーはストリーミングの時代にあり、ファンはもはやアルバムをアートとして聴かなくなったという見解がある。だからミュージシャンの中には、何百万回の再生を確保し、誰かのプレイリストにたどり着ける一曲を作ることに最大限の注意を払う人たちがいた。ケンドリックはアルバムという媒体を、魂を一つの地点から別の地点へと気持ちよく誘《いざな》うように作られた音楽体験として見なしていた、マーヴィン・ゲイやスティーヴィー・ワンダーなどを思い起こさせた。彼らが創り上げた作品群は、文化を彼らの方向に向けさせるのであって、その逆ではない。これを書いている時点で、マーヴィンの一九七一年にリリースされた芸術作品『What's Going On』は四九歳を迎え、依然として驚くほど今に通じるものがある。その戦争や貧困、育児放棄への批判は、ベトナムとアフガニスタンでの戦争にも等しく向けられた。スティーヴィーの一九七六年にリリースされたダブルアルバム『Songs in the Key of Life』は、今でもおそらく史上最高のレコードとしてその名を轟かせている（一九七二年から一九七六年のどのスティーヴィーのアルバムも、その会話に参加できるという議論もあるが）。これらのアルバムは、メインストリームのレコードはラジオのトレンドに応じるべきだという恣意的な考え方には従わなかった。事実、これらのアルバムは、メインストリームに受け入れられることに過度に気を取られなかったことを示していた。『To Pimp a Butterfly』はその同類であり、ケンドリックの音楽は、文化を変え、彼らより前に現れた音楽はすべて時代遅れに感じさせてしまったアーティストとして、マーヴィンやスティーヴィーと同じ作品群に入れられるべきだ。『Butterfly』以降、あらゆるレコードにいくらかのジャズの要素、またはクリエイティブな自由さが生まれたように思われ、マーヴィンとスティーヴィーがその分野を支配して以来の、社会的意識の高いブラック・ミュージックの最も多産な時代をもたらした。例えばニューヨークのミュージシャン、ブラッド・オレンジによる『Freetown Sound』のようなレコードが現れ、八〇年代中心のファンクやポップの幅広いサウンドトラックに乗せて、黒人の命のはかなさを解き明かした。そしてバルバドス生まれ、イギリス拠点のサックス奏者、シャバカ・ハッチングスは、ヨハネスブルグに旅をして地元のジャズ・ミュージシャンと繋がり、カマシ・ワシントンの『The Epic』と同様に、薄暗い音の質感と詠唱《チャント》を通して黒人の声を反映した、『Wisdom of Elders』というアルバムをリリースした。ノウルズ姉妹は、二〇一六年で最も力強いレコードのセット——黒人女性の地位向上のテーマを掲げたビヨンセの『Lemonade』（ケンドリックはアルバム・カットの「Freedom」にゲスト出演した）と、外で燃えている黒人の激しい怒りを静めた、広大に広がったソウルの芸術作品、ソランジュの『A Seat at the Table』——をリリースした。ケンドリックのアルバムにもいくらか起因して、大衆や批評家が何を期待しようとも、彼の仲間のアーティストが切望するヴィジョンなら何でも、進んで作ってリリースしても構わないという風潮を作り出した。このようなアーティストを通して、高められた黒人の意識がポップカルチャーに現れるようになり、新種の抗議行動《プロテスト》音楽が形作られるようになった。彼らこそが新しい前衛だった。

それは馴染みある光景だった——ケンドリック・ラマーはグラミー賞授賞式に参加するために、ダウンタウン・ロサンゼルスにあるステイプルズ・センターに戻って来た。今回は、今や伝説となった第五六回の授賞式から二年経った、二〇一六年だった。ケンドリックはもはや、業界に入ったばかりの童顔の新参者ではなかった。彼は以前より年を重ね、少し賢明になって、一一の賞にノミネートされた今年の祭典に足を踏み入れた。彼は二年前に七つの賞にノミネートされたものの[*7]、ひとつも受賞しなかった。今年は『To Pimp a Butterfly』で最優秀ラップ・アルバム賞、最優秀アルバム賞、「These Walls」で最優秀ラップ／歌唱パフォーマンス賞、「Alright」で最優秀ラップ・ソング賞、最優秀ミュージック・ビデオ賞、最優秀楽曲賞、最優秀ラップ・パフォーマンス賞にノミネートされていた。そして今年は二〇一四年とは違っていた。ケンドリックはこのビジネスでより多くを見てきたため——少なくともプロとしては——もはやそこにいられるだけで嬉しそうな、控えめなクリエイターなどではなかった。彼はすべてを受け取るためにやって来たのだ。つまり、「俺はすべての賞を勝ち取りたい」とケンドリックは授賞式の前に『ビルボード』誌に語った[*8]。

しかし彼は歴史に立ち向かっていた。彼の作品より以前には、ラップでは二枚のアルバムしか——一九九九年にローリン・ヒルの『The Miseducation of Lauryn Hill』と、二〇〇四年にアウトキャストの『Speakerboxxx/The Love Below』――グラミーの最優秀アルバム賞を受賞していなかった。『good kid, m.A.A.d city』も二〇一四年に最優秀アルバム賞にノミネートされていたが、それに続くケンドリックのアルバムは、断然多くの人びとを感動させていた。『good kid』は輝かしい作品で、そのリリース後の数年間、大勢のファンがそのレコードを『To Pimp a Butterfly』より高く評価した。しかし『To Pimp a Butterfly』は多数の批評家たちから高く評価されたことを考えると、人の心を奪うライブ・セットがさらにそれを促進したこともあって、この作品には、二〇一六年にグラミーの最優秀アルバム賞を獲得できる、正当な勝ち目があるように感じられた。本作がブラック・カルチャーを変えたことを考えれば、ケンドリックがそのアルバムでその賞を獲得できたら、まさに完璧だった。

そのショウの始めに、ケンドリックは――黒縁の眼鏡と共に黒のドレス・シャツと黒のドレス・スラックスに身を包んだ――『To Pimp a Butterfly』で最優秀ラップ・アルバム賞を勝ち取った。その賞を発表して彼に授与したのは、実にふさわしいウェストコーストのレジェンド、アイス・キューブだった。テイラー・スウィフトがまたもや最前列にいて、ケンドリックがトロフィーを受け取ろうとステージに上がるときに、盛んに拍手をしていた。キューブが、ケンドリックが授賞者だと発表したときに、俳優のドン・チードルからヒップホップ・レジェンドの（有名なラン・DMC[7]の）ランまで誰もが立ち上がり、この若者の記念碑となる偉業に拍手を送った。ケンドリックはグラミーの花形で、彼の仲間は彼が勝つことを心から望んでいた。ステージに上がって、業界のリーダーと共にひとつの場所に同席し、自宅で観ているテレビ視聴者を魅了する中で、ケンドリックは満面の笑みを輝かせてその賞を受け取り、マイクに歩み寄った。

「ケネス・ダックワースとポーラ・ダックワース」[*9]と彼はスピーチを始めた。「良いことも悪いことも同時に知り、理解し、受け入れる責任を与えてくれた人たち、だからこそあなたたちのことをいつまでも愛している。ホイットニー［・アルフォード、彼のパートナー］、いつも俺を支えてモチベーションを与え続けてくれる君をいつまでも愛している……〝トップ・ドッグ〟、あなたの家庭で飯を食わせてくれたことを、俺たちは決して忘れない。この子ども《キッズ》たちをコンプトンのプロジェクト（低級所得者向の公営住宅）から連れ出して、最高の自分になるためにこのステージに連れて来てくれたことを。この賞をヒップホップに捧げる……俺たちは永遠だ、マジだぜ」。

ケンドリックはその夜、大きな勝利を収め、五つのグラミー賞を持ち帰った。そして彼は最優秀アルバム賞は獲得しなかったものの——それはテイラー・スウィフトの『1989』に贈られた——ケンドリックは間違いなくその夜の話題になった。そしてそれは、ある仲間から受け取った携帯メッセージのせいではなかった。彼はパフォーマンス——その年のグラミーの最高のパフォーマンスを行ったのだ。[*10]

このショウの前に、ケンドリックにはこの舞台演出でどんなことをやりたいかという明確なビジ

7　ラン・DMC：ラン、D.M.C.、ジャム・マスター・ジェイ（二〇〇二年、射殺されて他界）からなる、主に一九八〇年に活躍したNYクイーンズ、ホリス出身の伝説的ヒップホップ・グループであり、ロックとラップを融合したスタイルを持つ。彼らが着用したアディダスのスニーカーやカンゴールの帽子、太いゴールドチェーンは、オールドスクールのヒップホップ・ファッションの象徴になった。「Walk This Way」をオリジネイターのエアロスミスと共演したことでラン・DMCをさらに広い聴衆に紹介しただけでなく、当時落ち目気味だったエアロスミスのキャリアを復活させた。

ョンがあった。それは彼が二年前にイマジン・ドラゴンズと演ったセットより大きな、彼の壮大な社交界デビュー・パーティでなければならなかった。この二〇一六年のショウは視聴者に強い印象を与え、今までのグラミーの長い歴史の中で最も壮大なショウでなければならなかった。メッセージは大胆で、恐れ知らずである必要があった。彼をこの授賞式に送り込んだそのアルバムと同様に、もし奴隷制度の歴史や、アメリカの日常生活の一部となっている刑務所への供給ルート[8]に怒りを感じていない人たちがいるならば、彼らに気まずい思いをさせなければならなかった。

ケンドリックは、サウス・フロリダ・レセプション・センターの近くにある、マイアミのある名も無き道で、一九九五年一一月二一日に撮影された、鎖に繋がれた囚人の写真を見つけた。その集団のほとんどが黒人で、彼らの手足は手錠と足かせで縛られていた。彼はその囚人の写真を撮ると、彼のスタイリストのダイアン・ガルシアに送った。「これが俺のインスピレーションだ」とケンドリックは彼女に伝えた。「彼ら［パフォーマー］をこういう風に見せたい」。ケンドリックにとって、そのイメージには非常に重要な意味があった。彼は自分の親戚が投獄されている事実について公然と話していて、この大規模なパフォーマンスの計画を企てている間にも、彼にはいまでも獄中に閉じ込められている親戚や友達がいた。だからこのセットは、彼らや彼らのような者たち、体制に縛られている者たち、釈放されて家に帰って来たばかりで人生を再び立て直そうとしているのに、彼らをいまだに拘束し続けようとする社会と闘っている者たちのためのものだった。そのストーリーを『To Pimp a Butterfly』で聴くことと、その歴史を目の前のステージで見ることは、まったくの別物だった。最前列にほぼ白人の面々が並ぶ中で、非常に堂々とそのようなプラットフォームを使ったアーティストは、今まで一人もいなかった。

ショウの夜、彼は汗で顔を湿らせ、心配そうな表情でそこにたたずんでいた。彼はパリッとした刑務所の青いシャツにダークブルーのジーンズ、新品の白いスニーカーを身に着けていた。彼の肩は緊張し、足取りを随時急降下させながら、ステージの中央へとゆっくりと歩いていった。彼は手首と足首を輝く銀の鎖で縛られたまま、手を持ち上げた。会場は静かで——死んだように静まり返っていた——ケンドリックが動くと、人びとはその静けさの中で鎖がカチャカチャと音を立てるのが聞こえた。黒いマイク・スタンドがあり、テラス・マーティンが揃いの刑務所の青いシャツを着て、ケンドリックの左側にある監房の中でサックスを吹いていた。緊張が高まる中、ケンドリックには授賞式のショウに出席していた人たちに向かって、大胆な宣言があった。「俺は二〇一五年最大の偽善者だ」と彼は断言した。彼は同じ言葉を繰り返し、今回は前よりもっと力強く、その決意を強調していた。「俺はアフリカン・アメリカンだ／俺はアフリカン、月影のように黒い俺、小さな村から受け継いだ伝承だ／この国に住んでて悪かったたな」。

そのくだりと共に、ケンドリックのヒット曲「The Blacker the Berry」が閉演した。この曲はブラック・カルチャーを攻撃する者たちへの容赦ないクソ喰らえ《ファック・ユー》を宣言しており、このトラックはその

8

刑務所への供給ルート：一八六五年にアメリカで奴隷制度が違法となったときに、体制は有色人種を引き続き管理下、支配下に置くために他の手段が必要だったため、刑務所が奴隷制度に取って代わり、「合法化された奴隷制度」になった歴史的背景がある。ジム・クロウ法（黒人差別法：一八七〇年頃以降、アメリカ南部の黒人に対する差別的な法）や大量投獄は、彼らを特定の居場所に入れておくための多くのツールの一部となった。また、囚人は現在、ほぼ無賃に近い状態で様々な現代アメリカの労働市場を担っている。

すべての暗い不協和音と共に、グラミー賞にチャンネルを合わせていた数百万人に向かって、大胆に届けられた。「俺の同胞が嫌い、俺の文化を終わらせようとしている」。この曲はバックアップ・ダンサーやかがり火と共に活気あるナンバーへと高まっていき、ケンドリックはステージの片方から別の方向へと、まるで夢幻状態にいるかのようによろめていた。「俺のこと、嫌いなんだろ?」とケンドリックは布告した。彼は刑務所への供給ルートを、黒人男性としての彼自身のルーツとつなぎ合わせて、僕たち黒人の出自は監獄などではないというメッセージを送っていた。僕たちは単なる鎖で繋がれた囚人ではなく、僕たちを罠に仕掛けた刑務所ブルースよりも深い存在だった。社会は僕たちに平等な扱いを受ける価値などないと信じ込ませようとするが、ケンドリックは可能な限り壮大なプラットフォームで、彼の同胞の周りで起こっている話《ナラティヴ》を順を追って説明した。ケンドリックが鎖を付けてその場に現れることは計り知れない勇気を要し、何世紀にもわたる抑圧的な環境から受けた影響を元に「The Blacker the Berry」や「Alright」のような曲を生み出したことも、同様に勇敢なことだった。

ケンドリックには、そのパフォーマンスの第二構成に入ったときに、鎖で繋がれた囚人たちをアフリカン・ダンサーの一団に変えて、彼らにブラックライトの中でのみ見えるペンキを浴びせるというアイディアがあった。第三部のパフォーマンスでは、当時まだリリースされていなかったヴァースを披露した。トレイヴォン・マーティンの殺害に対する彼の本当の気持ちと、四年前のあの致命的な夜に、彼が失った魂の欠片について掘り下げたのだ――「二月二六日に俺も命を失った……/そしてこれが俺のコミュニティにどんな影響を与えるか分かるか?/憎しみの痕跡を増大させるんだ/二〇一二年のあの事件は世界中に理解させるために録音された」。その曲が進み、インストゥルメンタルがさらに激しくなると、ケンドリックはほぼ倒れ込むところまで高まり、同じくらい熱烈な小節《バー》を披露した。彼が締めくくると、すぐに照明が消えた。彼の背後には等身大のアフリカの地理の絵が浮かび上がり、真ん中には堂々としたフォントでコンプトンという一言が読み取れる。それはケンドリックの心に宿る、唯一の、そして真の首都だった。

　人びとはその夜の出来事を声高らかに話題にした。ケンドリックがラップを終えて、照明がぷっつり切れて母なる大地《マザーランド》に光が当たると、業界関係者や仲間のミュージシャンからなる聴衆は、万雷の拍手喝采で会場を埋め尽した。コモンは誇り高き父親のように拍手して叫び、レヴ・ランはにわかに信じられないといった表情を顔に刻み、じっとステージの方を見ていた。ケンドリックはじっと動かず厳格にただそこに立ちつくし、その瞬間を受け入れていた。彼は観衆を観察し、彼らの表現を見つめ、絶賛する声に耳を傾けていた。彼の表情は依然として深刻で、集中し、まだ役柄に入り込んでいた。その瞬間、再びコンプトンからほんの数キロメートル離れたステイプルズ・センターでの六分の間に、ケンドリックの人生は永遠に変わってしまった。彼が王族となり、要となる大物たちの殿堂に上がり、彼の顔立ちが音楽におけるラシュモア山[9]に向かう運命にあるように見えたのは、まさにその時だった。とは言え、これは所詮ヒップホップであり、とんでもなく黒く、必ずしもこのアカデミーに支持されてきたタイプのヒップホップではなかった。これは万人受けするよ

9　ラシュモア山：サウスダコタ州キーストーンに所在し、アメリカ合衆国の成立、発展、開発を記念して、四人の大統領（ジョージ・ワシントン、トーマス・ジェファーソン、セオドア・ルーズベルト、エイブラハム・リンカーン）の巨大な彫像が彫られた岩山。

うに作られたタイプのラップではなかった。ケンドリックは再び文化の方向を変え、私たちが二度と目にしないような、一世代に一人の才能として名を上げていた。それはアメリカがついにケンドリックのすべてを悟った夜だった。この夜、彼はキングになったのだ。

誰もその秘密を耳にするはずではなかった。少なくとも未完成の形では。『To Pimp a Butterfly』のリリースに至るまで、ケンドリックはアルバムにも入らない曲をパフォーマンスして、プロジェクトを予告していた。これらの曲はよりカジュアルで、温かさに包まれていた。たとえアイディアはまだ完全に形作られていなかったとしても、それは彼が考えていた『To Pimp a Butterfly』を初めて垣間見せてくれるものだった。

グラミー賞のパフォーマンスの後、プロ・バスケットボールのレジェンド、レブロン・ジェームズが、ケンドリックがテレビ出演したときにパフォーマンスしていた無題のトラックをリリースするよう、〝トップ・ドッグ〟にツイートした。ジェームズは間違いなく、プロ・バスケットボール協会（NBA）で最も影響力のある人物であり、地球上で最も有名なセレブのひとりだった。だから彼がティフィスにそれらのトラックをリリースするようにプレッシャーをかけると、トップ・ドッグの最高経営責任者は耳を傾けた。「くそっ、お前も俺を狙いやがって……」と彼はツイートした。「ファンにも参ったよ……数日考えさせてくれ」。一週間余りしてから、ティフィスはソーシャル・メディアを使って、『Butterfly』のセッションの間にレコーディングされた八トラックからなるEPのデモ、『untitled unmastered.』のリリースをサプライズで発表した。ラフな形で発表されたそのレコードは、ケンドリックがアコースティック・ギターや口語詩《スポークン・ワード》の形式に乗せて、アイディアを大まかに話しているものであることが分かった。時に遊び心のあるこのEPは、普段見ることのできないケンドリックのクリエイティブな頭脳や『To Pimp a Butterfly』の方向性を、リスナーに垣間見せてくれた。しかしこれらは捨て曲などではなく、彼が『ザ・コルベア・レポート』（人気深夜トーク番組）でパフォーマンスをした曲も「untitled 05｜09.21.2014」としてここに加えられていた。「untitled 05｜09.21.2014」という曲は、アナ・ワイズのヴォーカルとベースをつま弾くサンダーキャットと共にテラス・マーティンが制作した、開放的なジャム・セッションだ。マーティンはそのEPが出ることになる前の木曜日に、その噂を聞き始めた。「仲間うちで、『おい、俺たちの秘密のレコードをリリースしようとしてるんだぜ』って噂が流れていたんだ」と彼は『ビルボード』誌に語った。「俺たち、青写真をリリースしようとしているんだ」とサウンウェイヴが彼に話したことを思い返す。それはケンドリックやTDE全体としても、稀なケースだった。彼らは制作現場の裏側を決して見せしたりしなかったが、『untitled unmastered.』は、ファンがケンドリックとチームに切望した、日常の自然な姿を記録した視点を提供した。

　ケンドリックはここ数年ずっとシリアスなテーマに取り組んできたが、このプロジェクトでは、面白半分にアタマが答えになる（何の答えかはいまだに誰にも分からない）というアイディアを弄び、自分の芸術的なビジョンを完璧に担当するプロデューサーとして、よりコラボレイターたちの注目を集めていた。「ドラムは誰だ？」と彼は「untitled 02｜06.23.2014.」の終わり近くでヴォーカル・ブースから叫ぶ。「おい、あいつにドラムをやらせろよ！」。これらの曲は、マーティンが友人のロバート・グラスパーやカマシ・ワシントンをアルバムの創作に参加するように呼び出す前の、

『Butterfly』の制作過程のかなり早い段階でレコーディングされたため、ジャズを中心にしたこのレコードの要素は、ほぼ何でも屋《エヴリシング・マン》の彼が担当していた。「untitled 08 | 09.06.2014.」のトラックは、サンダーキャットとモノ／ポリー——両者ともLAのビート・シーンに繋がりがあり、友人として一〇年間一緒に音楽を作ってきた——によって共同制作された。サイケデリック・トランス・ミュージックの異世界的なブレンドで知られるモノ／ポリーは、ある日ケンドリックから、『To Pimp a Butterfly』のための音楽をいくつか送って欲しいという携帯メールを受け取った。サンダーキャットを通して、このデュオがインストゥルメンタルを一括してケンドリックに送ると、彼はヴィンテージ・ファンクのドラムに乗せてこのベース奏者がコードを演奏した、あるシンプルなループに飛びついた。

「あれは俺が作った中で一番シンプルなヤツだった」とモノ／ポリーは僕に語った。「別にケンドリックに見せるのが超楽しみだったヤツじゃなかったんだけど、彼が飛びついたのがアレだったんだよ」。この曲も、サンダーキャットと彼が共同制作した他のインストゥルメンタルも『To Pimp a Butterfly』には入らなかったが、このEPのベスト・トラックのひとつとして「untitled 08 | 09.06.2014.」に再登場した。「俺が彼をマジでもっとリスペクトするようになったのは、彼が速攻でそれに取り掛かって、俺が予想していた誰が仕上げるよりも、はるかにいいものに仕上げちまったときだね。彼らは超夜遅くまで起きていて、マジで早朝までさ、それに取り組んでいたんだ。俺はもう、『コイツ、熱心だなぁ』って感じだったよ」。

セッションでは非常に多くの音楽が創り出され、一曲が他の曲に織り交ぜられたりしながら、誰が、何を、いつ演奏したのかという経過をたどることが困難だった。「それくらいチーム全員が

『To Pimp a Butterfly』の間中、同調し合っていたんだ」。テラス・マーティンは続ける。「俺たち、同じように歩いて、同じように話して、同じように演奏して、同じように食べ始めた。まるでヴォルトロン[10]のようだったよ。一体となって、ひとつの力になった。それが正にこのレコードで聴きとれる――俺たちにどれだけ強いブラザーフッドがあったかってことがね。そのことをすっかり忘れていたよ。ブラザーたちと一緒に作った、いい音楽のぼんやりした記憶だ」。ケンドリックとマーティン、そしてこの演奏者たちは、これらのトラックをもう二年ほど聴いていなかった。彼らはあまりに早く進化していたため、いったん『Butterfly』が出ると、既に次のサウンドに取り組み、何か新しいものを探し求めていた。したがって『untitled』の曲を聴くことは、彼らが世界を変えてしまう前に、みんなが一斉にスタジオに勢揃いしていた時代へと、時間をさかのぼることだった。そんな風に『untitled』は、『To Pimp a Butterfly』の制作がもう二度と再現することのできないある特定の時間であったことを、彼らに甘く切なく思い出させてくれた。もちろん模倣者はいるかもしれないが、あのアルバムに入っている、あの演奏者たちと作った、あのアルバム・カバーの中のこれらの曲には、奇跡が起きていたのだ。彼らはいまでもみな友達で、お互いの人生とそれぞれの幸福のため時間を注いだが、次のプロジェクトのために――それがいつ届くことになろうとも――彼らは異なる人員と新たなるビジョンを必要としていた。

『To Pimp a Butterfly』と『untitled unmastered.』は、アメリカ黒人をより高い次元の意識状態へ向

10　ヴォルトロン：日本のロボット・アニメ『百獣王ゴライオン』を北米向けに再編集した往年の人気テレビアニメ『ボルトロン』のリブート版。

かわせるためのサウンドトラックとなり、この国に今起こっている闇を理解する助けとなった。しかしこれらのレコードへの興奮が落ち着き始めると、より大きく、より恐ろしい脅威が現れ始めた。そしてこれはアメリカで暮らす黒人にとっての脅威だけに留まらず、人類全体への危険性でもあった。

二〇一五年六月一六日、二〇年余りにわたる憶測に終止符を打ち、ドナルド・J・トランプがアメリカの大統領選に出馬すると発表した。「我々はこの国を再び偉大にしていくのです[*11]」と彼は地元ニューヨーク市の支持者の群衆に語った。この実業家はミッドタウンにある五八階建てのトランプ・タワーでその出馬を表明し、実に四五分の演説で現大統領にも挑み、自らを反オバマとして位置づけた。「彼は実際、負の力だ」とトランプは声明の中で主張した。「我々は文字通り、この国を引き受けて再び偉大にできる人物を必要としています。我々にはそれができるのです」。

アメリカを再び偉大な国に《メイク・アメリカ・グレイト・アゲイン》、という用語は、一九七九年に大統領選への出馬のスローガンにした、エンターテイナーから政治家に転身したもうひとりの人物、ロナルド・レーガンの口調[11]を反響させていた。彼らは二人とも、一九三〇年代に「ドイツを再び偉大な国に」したいと発言し、ユダヤ人、社会主義者、共産主義者をこの国の凋落だと考えて非難した、アドルフ・ヒトラーの言い回しを真似ていた。しかし、その歴史を知らない人たちもいたために、その言い回しは無害で、アメリカを平和と繁栄の解決策に戻してくれるように思われた。「すべての命は大事だ《オール・ライヴス・マター》」と言うのと同様に、この「アメリカを再び偉大な国に《メイク・アメリカ・グレイト・アゲイン》」という用語は、黒人男性が大統領になり、閣僚が多様化した過去八年間成し遂げた文化的発展を失墜させるための、保守派からのひと押しのように感じられた。トランプは、自分たちの仕事が消滅していると感じ、家計のやりくりの心配をしていたアメリカ中部の労働者たちの心に訴えた。彼は実際には証明できもしない、雇用市場の断片的な情報を提供することで、物事を大まかに一般化して話をした。そして彼がそれをしていないときには、単に真実ではないことを口に出した。

トランプは連邦議会、市議会の議員、教育委員会の委員を務めたことさえなかった。彼は単に、アメリカで大統領になることに対処できるほど、強い人間関係を築ける真剣さを持ち合わせていなかった。トランプは不作法で、オバマ、ビル・クリントン、ジョージ・W・ブッシュ、または以前大統領を務めたことのあるどの男性ともかけ離れていた。彼はポリティカル・コレクトネスをあざ笑い、アメリカは甘くなり過ぎたために、無情に話す方法を知っている責任者が必要だと主張した。トランプは風刺漫画のような人物であり、報道機関はおそらく彼が求めていた仕事を実現する可能性はないと考えて、彼のふざけた態度について取り上げた。彼らの考えはこんな感じだった――ひとたびヒラリー・クリントンが圧倒的な大差でアメリカ大統領の地位を手に入れたら、僕たちはみな笑いながら、トランプの立候補をレーダー画面に映った一過性の輝点としてとらえるのだ。しかしそれはメディアの過ちだった。ニュース機関はクリック数や視聴率アップを求めてそのコンテンツを流し続け、トランプは彼らにスラムダンクのような痛手を負わせた。トランプはどうにか大統領選に長居し続け、二〇一五年一一月には、長年続くNBCの寸劇コメディ番組『サタデー・ナイ

11　ロナルド・レーガンの口調：レーガンは一九八〇年の大統領選で「Let's Make America Great Again（アメリカを再び偉大な国にしよう）」というスローガンを使った。ドナルド・トランプは二〇一六年の大統領選で「Make America Great Again（アメリカを再び偉大な国に）」という、レーガンのスローガンを模倣したものを使用した。

ト・ライブ』のあるエピソードの司会を務め、彼の出演を嘆いた抗議者《プロテスター》を大いに失望させた。プラカードのひとつには「トランプはとんでもない人種差別主義者だ」、もうひとつには「NBC、後悔せよ」と書かれていた。

トランプがそのテレビ番組に出演したから大統領になれたと言うのは安易すぎるが、彼のツイッターでの異様な表向きの人格《ペルソナ》とこのような機会によって、彼はすぐに物語の一部となり、そのうち彼の姿を見たり、彼の大袈裟な言葉を聞くことが普通になってしまった。それは活動家たちが彼の立候補に抗議していた時期に誤ったメッセージを送ることになり、多くの深夜番組の司会者たちの方が、トランプが大統領職に就くかもしれない脅威をより真面目に受け止めていた。視聴者たちはそんな人物に人間味を与えたメディア評論家にネット上で激怒していた。

確かにトランプは批判を一手に引き受ける人物であり、彼の表向きの人格《ペルソナ》にへつらうことは、連帯責任で有罪だった。どうやっても彼を無視することは不可能であり、人びとは彼の優勢な立場に一層困惑した。第一に、彼は人種差別主義者だった——一九七三年に、トランプはニューヨーク市のトランプ・マネージメント・コーポレーションの代表として、黒人の借用者に賃貸させなかったとして司法省に人種差別で訴えられていた。[*12] 一九八九年、一〇代の若者の集団（五人の黒人及びヒスパニック）、いわゆる「セントラルパーク・ファイヴ」（今は「DNA鑑定で無実が証明された五人《ファイヴ》」と呼ばれている）が、セントラルパークでジョギングしていた人物を殴って強姦したと濡れ衣を着せられた事件があった。トランプはその事件における死刑の復活を求めて、『ニューヨーク・タイムズ』紙に全面広告を出していた。この少年たちは、偽りの自白を強制され、刑務所に収容されてしまった。トランプは二〇〇二年に彼らが潔白を証明された後でさえ、この少年たちはいまだに有罪であると主張し、動じなかった。トランプは謝罪することを拒否し[*13]、この事件後の何年もの間、彼の基盤を回復させるために昔と変わらない人種差別的で大袈裟な言い回しを使い、公然と憎悪を吐き出せるプラットフォームを手に入れた。彼は、もし当選すればアメリカ南部の国境に沿って壁を築き、さらにイスラム教徒の入国を禁止すると誓った。僕たちはそのような男と、この国がオバマ政権時代に成し遂げた国の友好関係をすべてつぶす可能性がある、市民と国際関係にとって完全に危険な人物と対処していたのだ。それでも真っ当な人なら、女性やマイノリティにおける彼の見解に耳を傾けたり、彼がアメリカ大統領になるべきだと考えるわけがないだろう？　すべての抗議行動《プロテスト》、彼が吐き出したあらゆる辛辣な言葉、あらゆる空虚さ、まとまりのない演説にもかかわらず、彼が勝つ可能性なんてほとんどない……そうだろう？

9　アメリカに広がる悲嘆

いまだかつて、ハイアッツヴィルがこんなに静かだったことはなかった。二〇一六年一一月九日の朝、ドナルド・トランプが第四五代アメリカ合衆国大統領に当選し世界中を震撼させた翌日に、この街は身近な親族が亡くなったかのように極めて静まり返っていた。僕たちは前の晩に起こった事件による絶望感を整理しようとしていた。僕たちはみな、愚かにも、朝目を覚ましたらこの国初の女性大統領が誕生していると思い込んでいた。僕たちは楽観的で自信過剰な気分だったが、開票結果が続々と報じられ、夜から朝に変わると、この国の方向が——少なくとも東部、西部、南部のある部分では——ゆっくりと変わり始めていた。大統領選挙日が終わりに近づくと、事態があっと言う間に悪化していて、自分たちが知っている生活が今までとはまったく違うものになってしまうことに気づき始めた。とはいえ、ハイアッツヴィルがここまで微動だにしなかったことはなかった。大抵は朝七時であっても、活気あるアーツ・ディストリクトには何らかの動きがあるように見えた。しかし空気はいつもより少し暗く、少し寒く、雲はほんの少し低く浮かんでいるように感じられた。

僕たちはいったい何が起こったのかが理解できず、それはこの街も同じだった。ハイアッツヴィルはワシントンDC北東部の境界線のすぐ外にある、小さな地域だ。この街の住民は、街を含むこの郡と同様に、過半数が黒人で大部分が民主党支持者だった。だから投票に並ぶ列には、この勝負はヒラリー・クリントンの勝ちという強い確信があった——あんなことを口にしたり、女性の例のアソコをつかんだアイツに、彼女が負けるわけがなかった。クリントンは国中のほぼすべての大手新聞に承認され、一般投票では前の晩に記録的な大差で勝っていた。一方、トランプはクー・クラックス・クランに承認され[*1]、白人至上主義の主唱者として見られていた。クリントンは当選確実で、何度も不条理に取り組み、戦い抜く試練に耐えてきた政治家であり、トランプのような人物にも太刀打ちできると思われていた。しかしそこで僕たちの多くが油断し、失敗した。僕たちは彼を軽く見て、その間にもこの大統領志望者は、投票者がいわゆるアメリカン・ドリームから取り残されていると感じていた激戦州に選挙運動の焦点を合わせた。クリントンとは異なり、彼はまるで彼らのためにそこにいるかのように見えた。労働者階級の白人は、肉体労働職より大学の学位を評価したグローバル化経済と、白人男性の力を弱めた多様化に取り残されたと感じていた。オバマ政権を八年間見てきたことも原因で、彼らがかつて知っていた、思い通りに操っていたアメリカが、静かに去っていく気配を感じていた。だからトランプが荒々しい悪口と率直な物言いで現れたときに、二〇一六年よりはむしろ、一九三六年だったらよかったのにと思っていた階層にとっては、彼は希望の光だと考えられていた。

『ワシントン・ポスト』と『ニューヨーク・タイムズ』の両紙は、「トランプの勝利」というシンプルな見出しを付けた。『ニューヨーク・デイリー・ニュース』紙は、よりドラマチックな見出し

（「恐怖の家──トランプ、アメリカ分裂国［合衆国の真逆］を手に入れる」）を選んだ。『L.A.タイムズ』紙の表紙には、大きな活字で「見事なトランプの勝利」と書かれていた。確かにそれは見事な番狂わせで、トランプはロシアの助けを借りて何らかの形でホワイトハウスを盗んだ──ソーシャル・メディアで政治的な宣伝《プロパガンダ》を広め、アメリカの民主主義に不信感を引き起こすために、クリントンの選挙運動にハッカー行為をしたと伝えられている──という感じがした。マイノリティは露骨に嘆き悲しんだ。この国がトランプを選択するという決断を下したために、僕たちはここではないどこか他の場所に行く必要があるように感じられた。トランプを支持できない者たちにとっては、もはやここに住むことは選択肢ではなくなったために、結果としてヒステリーを起こした。トランプが勝ったときに、僕たちが故郷《ホーム》だと思っていた場所が、まったく故郷《ホーム》などではなかったことがついに明らかになったために、僕たちの多くが他の国に引っ越すつもりだと口にした。僕たちにとって、いまだかつてこの国が故郷《ホーム》だったことなどなく、トランプの統治下で暮らすことが安全だとは感じられなかった。もし近年の警察が僕たちにとって脅威だったとしたら、トランプが任期を務め偏見に根差した憎悪がひどく公になってしまったら、いったい何が起こるのだろうか？　僕たちには誰も味方がいないように感じられた。僕たちは恐れ、怒り、衝撃を受け、幻滅していた。一夜にして、僕たちは現大統領に力を与えられた気持ちから、次期大統領に軽蔑されている気持ちへと変わってしまった。僕たちはこの出来事をどう処理すべきか、まったく分からなかった──この恐怖をどう

1　クー・クラックス・クラン（KKK）：南北戦争後に設立された、白人至上主義を唱える秘密結社。現在も全米各地で決起集会が行われている。

したらいいのだろうか？　この悲しみ、怒り、挫折感は？　それをどう飲み込み、困難な事態を収拾し、前に進めばいいのだろうか？　僕たちの子どもたちに、特にオバマしか大統領を知らない子どもたちに、どう伝えたらいいのだろうか？　涙というものを、どう説明すればいいのだろうか？

地元のコーヒーショップの通りで、僕たちはまるで墓場にいるような暗い表情を交わし、熱意もなく肩をすくめ、話したくない重要な問題についてなかなか人に話しかけられずにいた。僕たちは薄闇の中でもがき、それをドリップ・コーヒーやチャイ・ラテで気分を落ち着かせ、それぞれの業務に入り、最善を尽くして頑張っていた。しかしどんなにカフェインを飲んでも、これを取り除くことはできなかった——これとは、世界に悲惨な影響を及ぼす国家の悪夢だった。僕たちの冗談は裏目に出てしまい、もはや笑えなかった。

トランプの人種差別主義は、オバマ政権中に休止していた他の人種差別主義者たちをつけあがらせた。彼の国境に壁を作る話と、黒人に対して頑固な偏見を抱いてきた長い歴史の間で、人びとは突然、以前はそのような問題がなかった街で、より多くの破壊行為事件を目にするようになった。南部貧民救済法施行機関（SPLC）は[*2]、トランプ選出後の最初の一〇日間で嫌がらせ行為が即座に上昇し、八六七件の憎悪事件が集計されたと報告した。SPLCによれば、憎悪事件の件数はほぼすべての州で増加し、事件の大部分は大学のキャンパスや小学校、中学校、高校で起こった。ごく少数の事件は白人国家主義者（トランプの振る舞いを積極的に支持したグループ）に対するものだったが、これらの犯罪の圧倒的多数は、トランプの大統領選出を記念して行われた。ハイアッツヴィルから目と鼻の先にある、メリーランド州シルヴァー・スプリングという街で[*3]、エピスコパル・チャーチ・オブ・アウア・セイヴィア（我らが救世主の聖公会）のある教区牧師が、スペイン語で礼拝を提供するという標識がはぎ取られ、「トランプ国家、白人オンリー」という言葉で汚損されていたのを発見した、と『タイム』誌が伝えた。僕はモントゴメリー郡の地元の新聞社で四年近く（二〇〇七年から二〇一〇年まで）教育について報道してきたが、僕がそこにいる間に、シルヴァー・スプリングでこういう類の事件は起きたことがなかった。「モントゴメリー郡は、人種差別主義的な事件が起こるような場所ではないんですが、先週の火曜日から件数が増えているんです」と教区管理者のトレイシー・ヘンリーが、二〇一六年に『タイム』誌に伝えた。「一年前は、強い偏見のある人種差別主義者でありながら、大統領に選出されることなんてあり得ませんでした。人びとは今や、以前は言わなかった人種差別主義的なことを自由に言えると感じているんです」とヘンリーは続けた。

いやが応でも、これが新たなアメリカだった。または、古いアメリカが目を覚まそうとしていた。これは年配の人たちが僕たちによく話していた一昔前のアメリカであり、食料品店までちょっと歩いて出掛けるだけで嫌がらせを受けることを意味した。僕たち黒人の両親や祖父母はそのような人種差別と格闘してきたが、一九八〇年代や九〇年代に育ったマイノリティにとって、このレベルの差別はまったく新しいことだった。アメリカにおいて非白人の人びとは、〝その他〟と見なされて異なる扱いを受けるが、この嫌がらせは近年のどんなものよりも困難で、場所によっては外を歩くことが死活問題になりかねなかった。ハイアッツヴィルのような都市や全米の左派寄りの街では、当時はその新しい現実を完全に受け入れることに苦労していたが、それでもまだ、楽観主義のかすかな光があった。もしかしたら選挙は、単なるレーダー画面に映った一過性の輝点に過ぎず、僕たちは何とかして「きっと大丈夫」な状態になるかもしれない？　もしかしたらそれは、僕たちの先祖が準備しておいてくれたアメリカン・ドリームだったのかもしれない――地平線が暗いうちは、僕たちにできるのは理想を守り抜いて嵐を乗り切ることだけなのだ。でも誰が知り得ようか？　僕たちにはそんなはるか先のことまで見えなかったし、僕たちの感情は生々し過ぎて、将来は薄暗過ぎた。トランプが勝利をおさめた後に一つだけ明らかだったのは、彼にはそれができるからというだけで、オバマの業績をすべて取り消そうとしていたことだった。この大統領志望者は、エゴと、すべてにおいて認識されたいという、とてつもなく強い意志に駆り立てられていた。ケンドリックもアメリカで起こったことを受け入れるのに苦戦していた。「俺たちみんな困惑していたよ」[*4]と彼は当時『i-D』に語った。「それは俺たちの倫理基準を完全に無視するものだ」。オバマも、選挙で起こったことを受け入れるのに苦労していた。オバマの元アドバイザー、ベン・ローズが執筆した『The World as It Is』という本の中で、[*5]著者は大統領が落胆していたことを思い出す。彼はなぜアメリカ市民が〝漫画〟のような人物に投票するのか不思議に思い、その結果に、自分は在任期間中に計算を誤ったのだろうかと考えさせられた。それがトランプ効果だった。彼が勝利を収めたことで、僕たちが真実だと思っていたことすべてに疑問が生じた。

トランプの当選で、オバマの出発がさらに一層ほろ苦いものになった。ある程度の良識と政治的手腕のある人物にバトンを渡すことは大事だが、無情な白人至上主義者が国を運営することは極めて異例なことだった。そして次の二カ月間で、僕たちが最高司令官としてオバマに頼れるのも最後になり、次は何が来るのだろうかと思いを巡らせた。僕たちは最後のと最終のという言葉に苦しんだ――彼の最後のホワイトハウスの夕食会、彼が報道陣に言葉を掛けるのもこれで最後だ。僕たちはオバマの大統領職を当たり前に思っていたのかもしれない。僕たちはホワイトハウスで目にする優雅さと成熟度に慣れ過ぎて、それが永遠に続くものだと思い込んでいた。

この間、ケンドリックはすっかり無口で、時々インタビューであちこちに現れはしたが、ほぼ世間の目から離れていた。ケンドリックは二〇一五年にずっと多忙で、『To Pimp a Butterfly』と『untitled unmastered.』が完全に落ち着くと、次の段取りを概念化するために、実験室へ、ロサンゼルスの彼の自宅へと戻った。しかしそれが何になるのか、大手レーベルからリリースした最初の二枚の作品にどうつながっていくのかは不明だった。

「アイディアはあるんだ」とケンドリックは二〇一六年の『GQ』誌の特集記事で、プロデューサーのリック・ルービンに語った。「俺には特定のやり方がある。でも何が現れるのかを見てみたいんだ。壁にあらゆる絵の具を塗って、どうなるか見てみたいんだよ」。ケンドリックは二九歳になり、音楽業界で成功するために必死に努力していた頃からは遥かに時を隔てていたが、引き続き集中し、次にやることに耳を傾け続けていた。そこで彼は『Butterfly』で成し遂げたように、壮大なものになるか、またはまったく大したものにならないかもしれない新しい題材作りのために、あくせく働き続けていた。ケンドリックはそういう意味で科学者だった。彼は書き、投げ捨て、概念化し、アイディアをいじり回し、それらの曲は一貫性のあるプロジェクトに収まるか、二度と聴かれないように貴重品保管室に置いておくかのどちらかだった（レブロン・ジェームスが、秘密の曲をリリースしろとうるさくせがんでこない限りは）。ケンドリックには、いまだに子どもの頃のトラウマや生き残った者としての罪悪感、克服すべき孤立感があり、三〇歳に近づくにつれて、何が彼を苦しめたのか、心を癒やすには何をする必要があるのかがよりはっきりしていった。人の脳というものは、その年齢に近づくほどにこのレベルの償いへと移行していく。そのうち、青年時代に若者として探し求めていた喜びはもはや意味をなさなくなり、トラブルに足を踏み入れるばかりのクラブに出掛けるよりも、愛する人と家で過ごす夜の方が、より大きく響き渡る。ケンドリックにとって、それは彼が二〇一五年に婚約したと伝えられているホイットニーと、もっと時間を過ごすことを意味した。少なくとも三年間で初めて、ケンドリックは自分が成し遂げたものを、実際にしばらくの間じっくり楽しんだ。彼の本来の性質に忠実になり、彼は長い間休むつもりはなかった。

ケンドリックは『To Pimp a Butterfly』を制作しているときに、既に次のアルバムの話をし始めていたが、そのときはまだ、しっかりまとまっておらず、大まかなコンセプトが様々にあるだけだった。ケンドリックは『Butterfly』を黒人の人種全体のために作り、そのような熱意を生き甲斐にしていた。しかし次のアルバムは、その時点までに彼がリリースしてきたすべての集大成のようなものでありながらも神をしっかりと中心に置いたような、もう少し基礎に立ち返った作品にしたかった。これまでの注目すべき作品で、彼はある程度神聖なる存在に触れてはきたが、それについて一枚のアルバム全体で掘り下げて考えたことはなかった。『good kid』と『Butterfly』では、ケンドリックが最も必要としていたまさにその瞬間、神はちょうど彼の人生が激しく変わっているそのときに現れた。彼は、とりわけ『good kid』の「Sing About Me, I'm Dying of Thirst」と『Butterfly』の「How Much a Dollar Cost」でそのヒントを与えたが、彼自身の精神性《スピリチュアリティ》について完全に分析はしていなかった。ケンドリックはフォーカスを内側に戻し、彼が以前住んでいた地元へ、事態をより良くするための土台作りをしている人たちのところへ戻った。彼の前のアルバムが彼の仲間たちに話し掛けていたとしたら、それに続く作品は、コミュニティ・リーダーとしての彼が現在与えられた地位に取り組むためのものだった。彼には今や、異なるクリエイティブなインスピレーションがあった――テレビで彼を見るとパッと明るくなる小さな姪と、スピリチュアルな存在になることの利点を彼に勧めたヘブライ・イスラエライト[2]のメンバーである、従兄弟のカール・ダックワースだ。彼はまたしても色の違いを乗り越えようとしていた――『To Pimp a Butterfly』では、赤か青かは問題ではなく、黒――黒い肌と黒人――だけが重要だった。今や彼は、さらに深いものを探し求めていた。どんな肌の色をしていようとも、信ずる者はすべて――黒人、白人、ラティーノにかかわらず――神に応えなければならないのだ。

『good kid』と『Butterfly』のアルバムは前衛ラップとして登録されていて、ケンドリックが純粋にラップがしたくてラップをしたのは久しぶり――おそらく昔K・ドットの名で知られていた時代以来――のことだった。そして彼は特に急いでいるわけでもなかった。これら二枚のレコードを履歴書に携えた今、彼はペースを落とし、マイペースで物事を理解する時間をもう少し手に入れたのだった。しかしこれだけは確かだった――ニューアルバムは『To Pimp a Butterfly』のような印象を与えることは一切許されなかった。「俺たちの逆の思想の、そのまた逆をやる必要があったんだ」[*6]とテラス・マーティンはレコーディング・アカデミーに語った。

2
ヘブライ・イスラエライト：ブラック・ヘブライ・イスラエライト、またはブラック・ジュー（黒いユダヤ人）とも呼ばれる。自分たちは古代イスラエル人の子孫であると信じるアフリカ系アメリカ人のユダヤ教徒で、メインストリームのユダヤ人コミュニティとの関わりはない。〝イスラエライト〟は古代イスラエル人の意。

ケンドリックは無我の境地で、単に手を休めることができなかった。ひとつの思考が次に、そしてまた他の思考へと繋がった。過去数年間、彼が表立ってメンタル・ヘルス（心の健康状態）の問題で苦しんでいたときに、イエスは慰めとなり、その街で苦しんでいた彼や友人たちを襲った絶望から抜け出す手段として、そこにいてくれた。彼は他の信者と同様に、生きるか死ぬかの状況が差し迫り、緊急の命綱を必要としていた最も暗い日々に、「Bitch, Don't Kill My Vibe」（俺は罪人、また罪を犯すだろう）や「Alright」（神のご加護があれば、俺たち、きっと大丈夫さ）などでそうしたように、神に助けを求めた。ケンドリックはおそらく、政界評論家からの批判を一手に引き受ける人物となったため、また彼自身はそもそも政界評論家などにはなりたくなかったために、周りから自分を孤立させた。彼は他人のために全力を尽くし、人種全体を向上させる音楽をリリースした後でさえ、人びとは彼のことなど気に掛けていないと思っているようだった。彼は非常に多くの人たちのために祈ったのに、その同じ人たちは彼のためには祈っていないと感じていたのだ。彼はインタビューとツアーを繰り返し、絶え間なく客演への出演リクエストを受け続けて、その多くは定型的になっていった。ケンドリックが見捨てられたと感じるのは容易いことだった。二〇一五年の『ビルボード』誌のインタビューで、彼はその携挙《ラプチャー》[3]について語った――「俺たちは最後の時代に生きているんだよ――心の底からそう信じてる」と彼は言った。「既に書かれていることなんだ。聖書的な状況や祖母が俺に話してくれたことなら、いくらでも話せるよ。でも自分自身と和解して、周りの人たちに良くすることが大事なんだ」。ケンドリックの両親は特に宗教に熱心ではなく、彼は教会に通う環境では育っていない。彼のイエスや聖書についての知識の大半は祖母から教わったものであり、彼女の本音の会話と宗教的な教えが混ざり合って、彼は早熟な青年に育った。ケンドリックは音楽の中で、いかに神がすべてを通じて――人生の浮き沈み、悲劇と勝利を通して――存在しているかについて、まだ議論したことがなかった。神は心を落ち着かせるスピリット、案内人、この世とあの世の間のスピリチュアルなパイプとして存在する。ケンドリックにとって、神は祖母やコンプトンで殺された親友たちと繋がっているための手段だった。彼は神を守護人、そして世界が手に負えない状態になったときに冷静さを保つ手段として見ていた。過去数年間、彼は神をもっぱら彼の救済者として描いてきたが、なぜ人は苦しむのか、そして厳密に言えば、なぜ彼はそれほどの苦悶に耐えなければならないのかについて、崇高なる力に率直に疑問を抱いたことはなかった。それは彼がもっと分別をわきまえるようになる前にしてきた悪さに対する、因果応報だったのだろうか？　新約聖書の『ルカの福音書』第一二章四八節はこう語っている――多く与えられた者は多く求められる。彼は個人として、プロとして、非常に恵まれてきたために、おそらく彼の言葉を広め、そのような成功への同じようなアクセスや名声を持たない人たちに与えることによって、神を称賛するときが来たのだ。だから二〇一六年後半の時点では、ケンドリックにはまだ次のアルバムの全体像がなかったが、彼が今まで作り上げた中で、最もスピリチュアルな傾向のレコードになることは分かっていた。それはまた、ケンドリックの最も単刀直入で、世界情勢全体に真っ向から取り組み、『good kid, m.A.A.d city』と『To Pimp a Butterfly』を特徴づけた上辺だけの部分をいくらか剝ぎ取った作品だった。彼は初めて、今、ここで起こっていることについて書きたくなった。「俺たち

3　携挙：キリストが天から再臨するときに、地上のキリスト教徒が不死の体を与えられ、空中に持ち上げられて、キリストに会うという出来事を指す。

は、人生と呼ばれるすべてのものから、主要成分である〝神〟を除いた時代に生きている」[*7]とケンドリックはかつて『ニューヨーク・タイムズ』紙の『Tマガジン』に語った。「人が政治や政府や体制について話すときに、神の存在は世界で起こっていることとほぼ対立しているから、誰もそれについて話さないんだ」。

二〇一六年八月後半に、ケンドリックとTDE[*8]はニューヨーク市にいて、芸術的なインスピレーションを探していた。彼らはそこで、シンガーのフランク・オーシャンが新たにリリースしたスタジオ・アルバム『Blonde』のプレイ・ボタンをクリックし、このヴォーカリストのもろさと、アートを表現する飾り気のないやり方に魅了された。『Blonde』はオーシャンの前のアルバム『channel ORANGE』とは異なり、ほぼすべてがピアノと声だけで構成されていた。彼のヴォーカルは脆弱なサウンドトラックによって輝きを放ち、リスナーは彼の人生を自由奔放に垣間見ることができる。ケンドリックと同様に、フランク・オーシャンは二〇一二年に大手レーベルからデビューしてスターになった。ケンドリックとTDEは『Blonde』を一日中ぶっ通しでかけた後に、サウンウェイヴと、『good kid, m.A.A.d city』で最近一緒に仕事をしたプロデューサーのDJダヒが招集したジャム・セッションを行った。彼らは、ぼんやりとした非現実的なナンバーで、最終的に「YAH.」になった曲を録音した。ケンドリックはその曲で、「Alright」のパフォーマンスについて誤って伝えたジェラルド・リヴェラとフォックス・ニュースの名前を持ち出し、この隠とん生活を好むミュージシャンについてますます知りたがる貪欲な大衆の意向を探っている。「フォックス・ニュースは視聴率のために俺の名前を使う……／誰かジェラルドに言ってやれ、こっちには野心があるってな」とケンドリックは書いた。

ケンドリックは選挙の後間もなくして、アメリカの現状――他国と始めた戦争、ドナルド・トランプがこだわっていた国境、指導者たちが許可した殺害、僕たちを階級ごとに分断し続ける資本主義――を公然と非難する、当時はまだ無題だった曲のヴァースを書いた。「偉大なるアメリカの国旗は、爆発物に包まれて引きずられている」と彼は書いた。「ドナルド・トランプがホワイトハウス入り／俺たちはバラックを失い、もう二度と彼のことを疑わないと誓った／でもアメリカは誠実なのか、俺たちは罪に包まれているのか？」それは、単刀直入に『DAMN.』とタイトルを付けた次のアルバムの終わり近くに現れる、「XXX.」という曲の最後のヴァースになった。そのLPは、ある種のウィニング・ラン、史上最高のラッパーである可能性も高く、存命で最も偉大なラッパーのために行われる壮大な即位式になるはずだった。しかしリスナーが苦労して聴きこまなければならないような複雑なテーマなくしては、ケンドリックのアルバムにはならないため、彼はメインストリームのMCとして創作してきたどんなものよりも、このLPを一層研ぎ澄まされた感覚の作品にしつつ、リスナーがやがて何十年もかけて解き明かしていけるような思考の糧も与えたかった。『DAMN.』には、『To Pimp a Butterfly』と同じ強烈さがなければならなかった。もし彼の前のレコードが、音楽マニアやレコード・ディガーに彼の地元や人種に関するストーリーを示していたとしたら、ケンドリックの次の作品は、ナイトクラブやストリート・サイファーに向けて作られていた。「俺たちはあらゆる舞台のために作りたかったんだ――車、クラブで聴いて欲しいし、それかただそれを聴いてハイになったり、ただ聴くだけだっていい」[*9]と彼はかつてビッグ・ボーイのラジオ番組に出演して語った。「そのすべてのアプローチは最初からあったんだ。同時に、俺たちはリリックの内容の中に何かリスナーと繋がれるものが欲しかった。リリックだけじゃなくて、実際に何か感じることができるものだ。人が感じることができるストーリー、感じることができる感情、共感できる感情をね」。しばらくの間、そのアルバムは『What Happens on Earth Stays on Earth』[4]というタイトルが付けられる予定だったが、レコードの真のエネルギーをとらえるために『DAMN.』に切り替えられた。それはおそらく、ケンドリックがこの時点までにリリースした中で最も声高らかに主張するアルバムであり、そのあらゆる攻撃的な音楽と共に、このLPは評価しようとすると、まさに「DAMN《くっそー!》」と叫び声を上げるしかないものだった。そして相反する感情がLP全体を通して織り込まれている中で、「やってもダメ、やらなくてもダメだ」という言い回しが浮上し始めた。その言い回しは、その頃ケンドリックがどう感じていたかを物語っていた。彼はオープニングの「DNA.」で古い殻を脱ぎ捨て、果てしなく続くフロウが降り注ぐ中で、過去と現在の暮らしの二分法について解き明かす。これは新たなる瞑想的なケンドリックだったが、勘違いしないで欲しい。禅の精神をもってしても、即座に人に噛みつくこともできるし、彼には貧困に喘いだ日々があったからこそ、ますます熱心に音楽の世界で支配したいという思いを掻き立てられた。簡潔に言えば、彼は以前は無一文の暮しを送っていたが、もう二度とそこには戻るつもりはなかった。

　彼は自分より前に現れた先輩ラッパーたちから学んだ生徒だった。彼のヴォーカルのニュアンスを通して、イージー・E——粗野で、自叙伝スタイルのラップが同様に向こう見ずな新世代のリリシストたちに影響を与えた、攻撃的なN.W.Aの共同創立者——との繋がりを聴きとることができる。だからケンドリックは、その時代出身の人物であり、九〇年代初期にケーブル・ネットワークのHBOで放映されていた、ラッセル・シモンズの『Def Comedy Jam』のレジデントDJだったレジェンド、キッド・カプリのような人物を必要としていた。「彼は一緒に仕事がしたいですかと聞いてきたんだ」とカプリは二〇一七年にレコーディング・アカデミーに語った。「彼は、アルバムの方向性は神と精神性《スピリチュアリティ》に関するものになると言ったんだが、彼は頭の中で既にやりたいことが分かっていたし、俺の台詞の多くは彼が考えついたんだ」。カプリは『DAMN.』のナレーターを担当し、彼の声はこのレコードをオールドスクールのミックステープのような雰囲気にしていた。「俺はこのアルバムを、ヒップホップが持つむき出しの要素を感じられるようなものにしたかったんだ。俺が808を使おうと、ブーンバップ・ドラムを使おうとね」[*10]とケンドリックはビーツ・ワン・ラジオのゼーン・ロウに語った。「最初は、マジなトラップの808ものに［キッド・カプリを］迎えようと考えていた。彼が今までやったことがないものだ」。『DAMN.』はヴィンテージなサウンドのように感じられただけでなく、様々なビートやアイディアが猛烈なスピードで走り抜けているような、強烈な感じがした。「LUST.」では、ケンドリックは彼が目にしたばかりの出来事を正当化するかのように、再び最近の選挙の様子を追い掛けている――「俺たちみんな目を覚まして、TVのチャンネルをデイリーニュースに合わせてみる／（二〇一六年大統領）選挙の結果が真実じゃないことを確認しようとしてる」。自分たちは次に何が起こるかを心配していて、選挙の結果に悲しんでいると言うことで、彼はアメリカ黒人の生命線そのものに入り込んでいった。彼が人びとの声を代弁しているという事実が、そのメッセージ性を一段と強めていた。

4 『What Happens on Earth Stays on Earth』：新約聖書「テモテへの第1の手紙」第6章6：7「わたしたちは、何ひとつ持たないでこの世にきた。また、何ひとつ持たないでこの世を去って行く」というラインに基づいており、「地球で起こることはすべて地球に留まる」の意。

ケンドリックとサウンウェイヴは数カ月間スタジオに閉じこもり、リリースできるアルバムが完全に出来上がるまで、寝袋で休息した。そして彼らはレコードが完成したと思っても、また戻ってもう少し手直しを入れ、彼らにとって完璧になるまで、サウンドをさらに調整し周波レベルを加工したりした。彼らは既に成功したにもかかわらず、あるいは成功したが**ゆえに**、ケンドリックとサウンウェイヴには文字通りスタジオで寝泊まりする気迫があった。リスクは最高に高まり、音楽界はTDEに絶えず注目していた。しかし、人はカメラが回っていない、誰もインスタグラムのためにアーティストのスナップ写真を撮っていないときにこういう仕事に時間を費やすことで、史上最高のラッパーになっていくのだ。偉大さとは、ただ象徴的な存在になりたいという意思だけを創作のモチベーションにしているときに、多くの苦難を経験しながら成し遂げられる。偉大な人物はみな同じだ――ビヨンセ、セリーナ・ウィリアムズ、レブロンなど――彼らは決して現状に満足はしない。彼らは常に先を見越し、常に改善しようと試みて、常に新境地を開くことを目指している。超越しようとする意思は、決して消えることはない。ケンドリック・ラマーであるということは、そして彼と同じ街の出身で、彼と同じものを見てきた人なら、常にこの生まれ持った焦燥感があり、たとえ何度もグラミー賞を受賞しようとも、それでも偉大になるために努力しなければならない。彼には常に語るべき新たなメッセージがあり、考えを広めようとすると新たな問題が現れるのだ。

この時点で、ケンドリックは幾度となく百万長者になっていたが、彼にはそれでもまだ伝えたいことがあった。それを忠実に形にするために、彼とサウンウェイヴは――まさに彼らが『Butterfly』でやったように――再び一つになる必要があった。もし前のアルバムはテラス・マーティンが中心になって導いていたとしたら、『DAMN.』はケンドリックと共に、アルバムの音質の方向性に多大なる貢献をしたサウンウェイヴによって実現していた。『To Pimp a Butterfly』の大部分はツアー中に書かれ、異なるスタジオでレコーディングされたが、『DAMN.』はひとつのスタジオでレコーディングされ、ケンドリックがコラボしていたプロデューサーたちも、まさに文字通りそのスタジオで寝泊まりしなければならなかった。それは厳しい要求だったが、ケンドリックにはそのようなことが要求できる威信があった。「もし恋人がいたら、彼女がスタジオを訪れなければならなかった。そういう環境だったんだ」[*11]とサウンウェイヴは二〇一七年に『GQ』誌に語った。

レコード発売の二カ月前、レコードが時間通りに完成できるようにと、サウンウェイヴとケンドリックはコラボレイターたちにスタジオに留まり、食べ物を買いに出掛けることさえ諦めるように、プレッシャーをかけた。「何か食べに行きたいだって？　お前真剣じゃないな」とサウンウェイヴは『フェイダー』誌に語った。「お前はこのスタジオに残って、完璧になるまで俺たちと一緒に飢えに苦しむんだ。幸い、みんな俺たちが愛する人たちだったから、従兄弟がみんなで一緒にお泊まり会をしてるような感じだったよ」[*12]。彼らは『DAMN.』を仕上げるために、ビートをひっくり返して反転したり、ビートを入れ替えたり、最後の最後でケンドリックの声のスピードを変えたりしてサウンドを微調整しながら、可能な限り最後の瞬間まで制作に時間を費やした。実際、セッションは急速に進んでいて、ひとつ逃せば、一日分のアイディアを逃すか、まったく違うものにするためにアイディアが破棄されてしまうことを意味した。だからケンドリックのコラボレイターたちは、ほぼ姿を見せるためだけにスタジオにいなければならなかった。『To Pimp a Butterfly』の時と同様に、クリエイターたちはスタジオにいないときは主に携帯電話でコミュニケーションを取り合い、携帯メールでファイルをやり取りして、彼らがいったん同じ場所に集まると、それらに肉付けをした。

『DAMN.』はケンドリックが神との関係を評価しているアルバムだが、彼はまた自分との関係に折り合いを付け、彼の欠点——恐れ、疑い、自身の究極のサバイバルに向かう途中で生じる苦悩——を受け入れることを学んでいた。ケンドリックはほんの少数の客演のみで——「LOYALTY.」にリアーナ、「XXX.」にU2、「LOVE.」にザカリ——他は独りで取り掛かり、すでに無口なこのラッパーは、さらに孤立しているように聴こえた。しかしそれが彼がここで目指していたことだった。『DAMN.』は一連の日記の内容のような役割を果たしている。ケンドリックは初めて、世界に属しているというプレッシャーに屈しているように聴こえ、地元と彼自身の精神の中で直面した対立と組み合わさって、『DAMN.』は崇高なる力に助けを求めるケンドリックのサウンドになっていた。過去数年間、彼は文化に属し、文化のためにすべてを語ったが、誰が彼のために祈ってくれていたのだろうか？　誰が彼の苦悩を肩代わりしてくれたのだろうか？　ケンドリックは人目にさらされて生きてきた。彼はただ散歩に出掛けたり、ひと騒ぎ起こさずに急いで食料品店に行くことさえできなかった。だから自宅かスタジオでは、ケンドリックには、真の味方は誰なのか、世界はどこに向かっているのかについて考える時間ならいくらでもあった。その結果、彼が今まで作ってきた中で最も明快な音楽が創り出された。それはあまりにむき出しで、その瞬間をとらえた作品であったたため、彼は『DAMN.』の終わりで、人として、アメリカ市民として、ブラザーとして、そしてMCとしてどう感じていたかについて、何の誤解も残さなかった。彼は文化のために全力を尽くしてきたというのに——『Section.80』然り、『good kid, m.A.A.d city』然り、『To Pimp a Butterfly』然り——ケンドリックはいまだに自尊心と格闘している。彼は今もなお、自分は十分なのだろうか、これだけすべてをやり尽くしても、自分はアメリカ黒人に与えてきたものに対して感謝されているのだろうか、と疑問に思っている。長い目で見れば、そんなことは別にどうだっていいのではないだろうか？　コミュニティの人びとは気にしているのだろうか？　彼の意図を覚えていてくれるのだろうか？　それはオバマがホワイトハウスを去る時に自問したのと同じ質問であり、善意の波が彼の任期を象徴していたにもかかわらず、彼はすべての計算を誤ったのではないかと率直に感じていた。たとえ世界的に有名なグラミー賞を受賞した詩人やラッパーであっても、または退陣するアメリカ大統領であっても、自己不信はつきまとい、決して消え失せることはないのだ。

ケンドリックは「FEAR.」で、幼少期から成人するまでの間に経験してきた生命の危機について振り返る。ここで彼は、七歳、一七歳、二七歳だったときを取り上げ、人生を一〇年単位で分析する。この曲の前半で、彼はしつけの厳しい母親が彼に教え込んだ恐れについて、そしてティーンエイジャーの彼は地元の警官を恐れ、いかに当時、彼らの手によって死ぬのではないかと考えていたかを解き明かす。その後、成人男性として、ちょうど『To Pimp a Butterfly』がレコーディングされた時期に、ケンドリックはもはやプライバシーがなくなってしまったと恐れていたことについて掘り下げて考えている――「新たな人生は俺のすべてを拡大した／賛辞に対する自己否定をどんだけ遮らなくちゃならないんだ？／成功の衝撃値が俺に稲妻を落とした／こんだけのカネ、神は俺をからかってんのか？」。『DAMN.』は、ケンドリックの前のアルバム・ジャケットとはまさに対照的な、殺風景で余計な飾りが付いていないカバーで、二〇一七年四月一四日の聖金曜日[5]にリリース

5　聖金曜日（Good Friday）：復活祭の日曜日の前の金曜日で、キリストの受難と十字架の死を記念する日。

されたポラロイド写真の『good kid, m.A.A.d city』や、フォトショップされたホワイトハウスの『To Pimp a Butterfly』と比べると、『DAMN.』のカバーは、赤いレンガの壁を背景に白いTシャツを着て、首をかしげて死んだような眼差しをしているケンドリックが中心だった。彼はわざと疲れて落胆したような顔つきをしていた。トランプが既に就任した後にリリースされたこのアルバムでケンドリックがみせた表情は、僕たちが感じていたことをうまく表していた。僕たちはみな疲れて怯え、世界が間もなくどんな状況になってしまうのかを恐れていた。しかしこのカバーが公開されたときに、いくらかのファンは不意を突かれた。それは芸術的ではなく、人びとはタイトルに当惑した。恐らく『DAMN.』は何かの頭文字なのだろうか？　何らかのより深い意味があるに違いない、『DAMN.』だけじゃないよね？　ケンドリックのグラフィック・デザイナーであるヴラッド・セペトヴは、シンプルな画像で会話を始めるために、『DAMN.』のカバーを遠慮のない不快なものにしたかった。「僕はある意味、教師に教わったことの多くに抵抗したんだよね」とセペトヴはアルバム発売の三日前にツイートした。「『tpab（To Pimp a Butterfly）』みたいにすごく政治的じゃないけど、エネルギーがある」。

それからこんな噂があった。ケンドリックは『NATION.』と呼ばれる対になるアルバムをその日曜日──復活の主日[6]──にリリースする予定で、彼の二〇一七年のレコードを最終的に『DAMN. NATION.』と呼ばれるダブル・ディスクにする、という雑談だ。ケンドリックは後にその説を笑い、『DAMN.』でお終いだと述べた（復活の主日リリースの対のアルバムが出ていたら素晴らしかっただろうけれども）。これは貪欲な性分のケンドリックのファン層の存在と、彼らがどれだけこのラッパーに要求しているかを物語るエピソードだ。『To Pimp a Butterfly』が文化に与えた影響は計り知れず、ファンは彼からできるだけ多くの音楽が欲しいと思っていた。批評家も大いに楽しみ、アルバムの結びの曲で、ケンドリックの父親のケニーと、二〇年後にケニーの息子にレコード契約を与えて音楽業界のトップに導いた、ワッツ出身のアンソニーという名の男との偶然の出会いについて突飛な話を解き明かす、「DUCKWORTH.」に注意を向けた。

ケンドリックはここで彼のストーリーテリングの能力を見せつけ、次々と形を変えていく四分間を通じて、プロデューサー、ナインス・ワンダーの鋭く精密なビートの間を縫って走り抜ける。アンソニー・ティフィスが音楽業界の大御所〝トップ・ドッグ〟になるずっと前は、ストリートに身を置いていた。ある日、彼は地元のケンタッキー・フライド・チキンに足を踏み入れ、そこで「肌の色の薄いよく喋るヤツ／カーリーヘアーですきっ歯」な男を目にする。それはケンドリックの父親、ダッキーで、彼はその日、ケンタッキーの窓口[7]で働いていた。ティフィスはそのケンタッキーに強盗に入る計画を立てていて、現金を要求するためにダッキーの列に並んだ。ダッキーは、ティフィスが以前この同じケンタッキーに強盗に入って撃ちまくったことがあると知っていた（「かつて八四年に」とケンドリックはラップした。ダッキーは彼に味方するために、無料でチキンとおまけで二つのビスケットを彼に与えた）。その話によれば、ティフィスは彼のことがあまりに気に入ったため、その店を強盗するときに彼を撃たなかった。数年後に、彼らがケンドリックを通して繋がり、スタジオでケ

6　復活の主日（Easter Sunday）：春分の日の後の最初の満月から一番目にくる日曜日に、キリストの復活を祝う。
7　ケンタッキーの窓口：特定の地域のファストフード店や酒屋、食料品店では、レジ係と客の間に防衛のための保護ガラス窓を付けた窓口がある。

ンタッキー事件について笑うことになるとは、誰が知っていただろうか。「俺が彼と一緒にしばらく閉じこもっていたら、親父がスタジオにやって来たんだ」とケンドリックはビーッ・ワンのDJゼーン・ロウに語った。「彼は俺がトップ・ドッグを相手にしていることは話に聞いてたんだけど、親父は個人的に彼を〝トップ・ドッグ〟としては知らないから、彼がその部屋に入って来てトップ・ドッグがその男だってことが分かると、ぶっ飛んだよね。いまだに彼らは笑うんだ……それで興奮して、お互いに何度も同じ話を繰り返しているよ」。『DAMN.』は全体的に、ケンドリックが彼のイド[8]、自我《エゴ》、超自我《スーパーエゴ》の間で直面した個人的な闘いと、彼が直面してきた本当の対立は、いかにずっとこの中にあったのかを説明した。世界が彼のために祈っていなかったわけでもなければ、人びとが彼を苦しめようとしていたわけでもなく、彼にはまだ自分自身の中で取り組む課題があったのだった。彼はいまでも高潔であり続けようと戦い、名声の落とし穴と、スポットライトから離れたところにある悟りの道とのバランスを取ろうと苦戦していた。この一四曲を通じて、ケンドリックは暗闇と光の間で旋回し、彼の視点から見た世界の終わりや、手遅れになる前に彼自身と神に償いをしなければという危機感と戦っていた。『DAMN.』はいろんな意味で、『Section.80』、『good kid, m.A.A.d city』、『To Pimp a Butterfly』の集大成であり、彼がリリースしてきた作品の中で最も完全な形で精神性《スピリチュアリティ》を解明していた。『DAMN.』以前のケンドリックは、まだこの世に留まり、まだ道を切り開いているラップ・スターだった。彼はこのアルバムで何か別のもの、ほぼ神秘的な存在か超新星になったのだ。いや、彼は完璧ではなかったし、もちろん、まだいたって欠陥のある人間だった。しかし彼は今までとは異なるエネルギーを発していた。それはほぼ王者のようだった。

ケンドリックは『DAMN.』で、初めて自分の音楽で分身《アルターエゴ》を紹介した。カンフー・ケニーは、アクション・コメディー映画『ラッシュアワー2』に出演した俳優ドン・チードルの役柄を基にしていて、そこでのチードルの役柄（キャスト名もケニー）は、武道を学び、中華料理店を経営している。このふたりはケンドリックの「DNA.」のビデオで共演し、その後、彼は自身が主演する短編カンフー映画でデビューすることになっていたコーチェラに、チードルを招待した。チードルはその夜遅くにツイッターにログインして、誰かが彼のタイムラインに「ドン・チードル、オリジナルのカンフー・ケニー」と書き、『ラッシュアワー2』での彼の写真を投稿したツイートを目にした。「俺は、『ちょっと待てよ』って感じだった。だから［ケンドリックに］携帯メールを送ったんだ。俺は、『カンフー・ケニーって俺か?』ってさ」と彼は『エンターテイメント・ウィークリー』誌に語った。「彼は、『それがサプライズだったんだよ。くっそー《ダーム》』って感じで。俺は、『おおー、全然分かんなかったぜ』って感じさ。彼は、『ああ、それがサプライズだったんだ、だから……おめでとう!《サプライズ》』」。驚くまでもなく、グラミー賞のノミネート——最優秀ラップ・アルバム賞、最優秀アルバム賞、「HUMBLE.」に最優秀ミュージック・ビデオ賞、最優秀ラップ・ソング賞、最優秀ラップ・パフォーマンス賞、最優秀レコード賞、「LOYALTY」に最優秀ラップ／歌唱パフォーマンス賞——がその後に続いた。

　ケンドリックは今回、今や第二の故郷《ホーム》となった第六〇回グラミー賞のために、東海岸の世界的に有名なマディソン・スクエア・ガーデンにいた。彼は今度は、背後のスクリーンに巨大なデジタル処理で整版されたアメリカ国旗が勢いよく漂う中で、ショウを開幕させた。「LUST.」のギターの

8　イド：精神の奥底にある本能的衝動の源泉、原我。

コードがアリーナ中で大きくうねりながら、兵士が編隊を組んで行進した。アメリカのその時期と方向性を考えると、彼はそのパフォーマンスで、トランプ当選の傷がまだ癒えない時代のアメリカ政治と、本性を現した人種差別に、微妙とは言い難い非難をした。そのセットは「DNA.」に移行した。三分後に銃の音がして照明が落ち、この番組の司会者か、またはケンドリックのセットに何かとんでもない間違いが起こった合図のどちらかである可能性がある、コメディアンのデイヴ・シャペルをカメラが映した。視聴者である僕たちには、一体何が起こっているのか分からなかった。「やあ」とシャペルはいつもの鼻にかかった口調で言った。「私はデイヴ・シャペルです。観客のみなさんにちょっと思い出して欲しかったんですが、アメリカで黒人男性が正直になる姿を観ることより恐ろしいことと言えば、アメリカで正直な黒人男性になることです。お邪魔してすみません、続けてください」。ちょうどいいタイミングで、カメラはまたステージに戻った。そこから火が噴出した。ケンドリックがまだ誰も聴いたことのないラップをスピットしたときに、彼はカンフー・ケニーの服装に身を包み、ステージの連れは舞台の真ん中でドラムを叩いていた。もう一発銃声がして、再び照明が落ちた。デイヴ・シャペルは、今度は戸惑っているように見えた。「これ、ケーブルに映ってるのか？」と彼は尋ねた。「これCBSなのか？　彼は歌って踊ってるように見えるけどな、このブラザーはものすごい賭けに出ているぜ。戦え、若者よ、戦うんだ！」。

この時点で、デイヴはセットの一部であり、ケンドリックをけしかけていたことが明らかだった。このラッパーのパフォーマンスの最後の部分で、赤をまとったダンサーたちが暗殺者の銃弾によって一人ずつ倒れていく最中に、彼はビートを消し、アメリカは自らの行いによって危機的状態に陥っているという、さらなるメッセージを権力者に送っていた。ケンドリックは銃乱射事件を模倣していて、立っているのが彼ひとりになるまで、文字通りそれぞれの銃弾と共に、彼の仲間はみな床に倒れていった。曲が終わると、彼は無表情で毅然として、ステージの真ん中でそわそわと行ったり来たりしていた。マイリー・サイラス、ブルーノ・マーズ、ロードを含めた観衆は、彼に拍手喝采を送った。

今やケンドリック・ラマーにとってはこの種のパフォーマンスは当たり前になっていて、彼はその夜、五つのグラミー賞——最優秀ラップ・パフォーマンス賞、最優秀ラップ／歌唱パフォーマンス賞、最優秀ラップ・ソング賞、最優秀ラップ・アルバム賞、最優秀ミュージック・ビデオ賞——を持ち帰った。彼にとっては賞の獲得も当たり前になっていたが、ステージ上の彼は、いまだにあの感謝する心を忘れないコンプトンの若者《キッド》のように見えた。「おい、ヒップホップだぜ？」と彼は嬉しそうに、最優秀ラップ・アルバム賞を見詰めながら、満面の笑みで言った。「これが俺をステージの上に立たせて、これが俺が世界中をツアーで回って、家族を支えたりあらゆることを可能にしてくれた。何よりも重要なことは、アーティストになることの真の定義を俺に示してくれた。最初は称賛や車や洋服を手に入れることが大事なんだと思っていたけど、本当に大事なのは、自分を表現して、世界が次のリスナーやその後の次世代のために進化していくために、キャンヴァスに絵の具を塗ることなんだ。このトロフィーをヒップホップに捧げる」。ケンドリックは半分正しかった。確かに、それはヒップホップにとっての勝利ではあったが、そこでその瞬間に、彼はもはや彼自身のためだけに創り出し、勝っているわけではなかった。『DAMN.』の勝利は、今もなお社会的に暗い場所から抜け出そうとしている、まさにその文化そのものの勝利のように感じられた。彼の勝利は僕たちの勝利となり、それはヒップホップとクリエイティビティにおけるあらゆる正しく立派なことと、同じようなポジティブな意図で人生にアプローチしている人びとのための勝利だった。蓋を開けてみれば、これらのグラミー賞の受賞は始まりにすぎず、彼は間もなく、より名誉ある賞であるピューリッツァー賞音楽部門を彼の棚に加えることになるのだった。

ラッパーは通常、その賞を獲得しない。多くのリスナーや学者たちは、いまだにヒップホップは発展しうるアート形式だと思っていなかった。彼らはヒップホップがもたらした世界的影響など忘れ、いかにファッションや演説、音楽全体を変えたかなどは気にせず、より古い意見を持つ人たちの中には、ヒップホップの下品な部分だけを耳にして、輝く価値もない低水準のブラック・ミュージックとして帳消しにした人たちがいた。ピューリッツァー賞選定委員会が一九四三年に最初に音楽部門の賞を設けて以来、受賞者はジャズかクラシックのプロジェクトだけだった。しかし『DAMN.』がその型を破り、ピューリッツァー賞選定委員会によって以下の判断が下された二〇一八年に、そのすべてが変わったのだ――「現代におけるアフリカ系アメリカ人の暮らしの複雑さをとらえた心打つ小作品を提供する、口語のオーセンティシティとリズミカルな力強さに統一された名手のソング・コレクション」。ケンドリックがそのような賞を授与されたことは、彼のクロスオーヴァーの手腕と音楽の深さを証明していた。彼の人生とアートは――コンプトンでデイヴ・フリーと過ごした車庫から、今や伝説となったTDEのスタジオ、今や歴史上最も名誉ある賞に至るまで――大幅に進歩を遂げてきた。ケンドリックは満場一致でピューリッツァー賞音楽部門に選ばれた。それは審査員のグループが、なぜヒップホップが今までそのような大賞に考慮されなかったのかと率直に疑問に思った後のことだった。

「ある時点で彼らは言ったんです、『いいですか、私たちはヒップホップの影響を受けた作品を考慮しているのに、なぜヒップホップそのものを考慮しないんでしょうか？と』」とピューリッツァー賞管理者のデーナ・キャネディは僕に語った。「そして審査員のひとりが、ケンドリック・ラマーを検討すべきだと言ったんです。彼らはすぐその場でリアルタイムで、アルバムをダウンロードして聴いてみようと決断すると、それは技術的に非常に素晴らしく、とても重要な作品だと考えて、それをノミネートしようと決めたんです」。『DAMN.』は批評家に人気があり、驚異的な音質を持つ作品ではあったが、一部の批評家は、なぜピューリッツァー賞選定委員会は、強いジャズの要素があり、二年前に圧倒的に文化的な大評判を取った『To Pimp a Butterfly』に賞を授与しなかったのかと疑問に思った。とはいえ、ケンドリックにはピューリッツァーを受賞できる可能性のあったアルバムが少なくとも三枚はあったため、いずれにしてもこれはヒップホップにとっての功績だと判断された。彼はデーナ・キャネディに個人的に手紙を書き、彼のアートを認めてくれたことに感謝の意を述べた。「彼はその受賞の知らせを受けたときに、冗談だと思ったと言っていました」と彼女は言う。「彼はとても優しく丁寧で、謙虚でスピリチュアルな若者です。わたしは何度も自分に言い聞かせたんです、『この若者がステージでラップしている姿が想像つかない、彼は聖歌隊にいるべき人に思える』ってね。彼はとても謙虚で優しい人だけれども、ひとたびステージでスイッチが入ると、まったく異なる人格を帯びて、あらゆる点で魅力的なんです」。

ケンドリックはこの頃、もうひとつの一位を勝ち取った。二〇一八年二月に、TDEは、チャドウィック・ボーズマン、ルピタ・ニョンゴ、マイケル・B・ジョーダン主演、ライアン・クーグラー監督で大ヒットした、マーヴェルのスーパーヒーロー映画のサウンドトラック『Black Panther: The Album』をリリースした。ケンドリックとトップ・ドッグは共同でこのサウンドトラックのキユレーション[9]を務め、このLPに加わった南アフリカのミュージシャンを厳選した。それは、アフリカの架空の国を映画の舞台にしたワカンダの、彼らのバージョンをレペゼンする予定だった。

「私は彼の音楽、ミックステープを初めて聴いて以来、ケンドリックの熱狂的なファンで、彼を見つけ出そうとしていたんです」[*13]とクーグラーはNPRに語った。「最終的に私は数年前に彼に会いました――最初はレーベルを経営するアンソニー・〝トップ・ドッグ〟・ティフィスと、それから後に彼とケンドリックと膝を交えて、彼の音楽がどれだけ私に影響を与えたかを話しました。ケンドリックは彼が観た私の映画について話をして、もし機会があれば、何かでぜひ一緒に仕事をしてみたいと私たちは話したんです」。ケンドリックとトップ・ドッグ、サウンウェイヴは、『DAMN.』のツアー中の二〇一七年八月に、そのサウンドトラックの編集を始めた。『ブラックパンサー』は圧倒的な文化的評価、かつ史上最高の興行収入を上げた単独のスーパーヒーロー映画となり、大多数が黒人の配役であることを考えるととてつもない功績となった。この映画は三つのオスカー像を獲得し、ケンドリックはコラボ・ソング「All The Stars」でヴォーカリストのSZA《シザ》（その頃までには自身の能力で優れた技能のソングライター、ミュージシャンになっていた）と共に、オスカーにノミネートされた。

『DAMN.』と『Black Panther: The Album』は、僕たちがいまだかつて見たこともなければ、再び見ることもないような成功を遂げ、輝かしいアクセントとなった。確かに、ケンドリックはまだ終わっていない――彼はまだ最高のヴァースを書いていないし、完璧なアルバムも生み出していない――しかし、だからこそ彼は偉大になり、だからこそ彼のアートはこのように人びとと繋がったのだ。彼はまたすぐに姿を消し、ところどころで写真や一度限りのコンサートに現れ、僕たちは、彼は次はどんな動きを見せるのだろうかと思いを巡らせる。二〇二〇年初頭、下院がドナルド・トランプ大統領の弾劾に投票した数週間後、そしてトランプがイランの将軍ガーセム・ソレイマーニー殺害を承認したことで僕たちの命が危険に晒された後、僕たちはケンドリックの次の、いや、次のどんなものであれ、話題が浮上し始めた。『DAMN.』が業界に火をつけ、彼のアートがアメリカ黒人の魂《ソウル》に火をつけてから、随分と時が経っていた。しかし、それがケンドリックが最も得意とするところだった。彼はいつだって僕たちにもっと彼の音楽を聴きたいという気持ちにさせてきたが、僕たちは彼が充電し、自身の精神を中心に据え直し、再構築するまでもう一度待たなければならないのだ。「俺にできるのは、実際の人間であり続けることだけだ」とかつてケンドリックは述べた。「そして俺だってみんなが経験するのと同じ感情、同じ気持ちを経験しているんだってことを彼らに見せることだ。俺にできるのは、自分を表現して、そこから人びとが何かを受け取ってくれたらと願うことだけなんだ」。

9　キュレーション：情報などを特定のテーマに沿って集めること。または美術館・博物館などの展示企画。

謝辞

ここ二年で僕は随分とこの質問を受けた――なぜ、ケンドリック・ラマーを？　答えはいつだってシンプルだ――なぜ、ダメなの？　彼は（これを書いている時点では）創作活動をまだ終えていないが、彼が過去一〇年間に音楽やブラック・カルチャーに与えてきた壮大なインパクトは否定しようがない。彼のストーリーには祝福する価値があるのだから、今、彼に花を贈ろうじゃないか。なぜ彼らがまだ活動している間に彼らの影響を認められないのだろうか？　彼らが死ぬまで待つなんて冷たいし、そんな必要はないように思える。コービー・ブライアントはあまりにも早く亡くなってしまった。ポップ・スモークはちょうどスターになりかけているときに亡くなってしまった。何よりも、僕はあなたがこの作品に光を見出してくれたらと願い、良い点や悪い点を掘り下げて疑問を投げかけながら、今日の読者や未来の世代に響き渡るドキュメントとなることを意図した。

そして彼が見知らぬ人たちからの称賛を受け入れる準備ができているうちに、僕は正直で示唆に富んだアートを創り上げてくれたケンドリック・ラマーに正式にお礼を述べたい。危険を冒し、流れに逆らってもいいのだということを、あなたの世代に見せてくれてありがとう。『good kid, m.A.A.d city』の後に同じコンセプトで『good kid, m.A.A.d city II』を出すこともできたし、『To Pimp a Butterfly』の後に同様にジャズとファンクに染まった作品を出すこともできたのに、あなたは常に方向性を変え、率直だからこそ人によっては気まずく感じる音楽をクールにしてくれた。あなたからにじみ出る静けさ、あなたとTDEの人目を忍んだ振る舞いを尊敬している。あなたたちに遠くから感謝している。

この本が多くの善意に囲まれてきたことに、心から感謝している。僕の野心的なアイディアを聞いてくれた著作権管理人のウィリアム・ロターコに、そのプロセスの非常に早い段階で僕を導いてくれたジェイソン・レイノルズとトッド・ハンターに感謝している。舞台裏で大きな助けとなってくれたフォンテ・コールマン、エリック・オーティス、キム・ロビンソン、アシュリー・ディオール＝トーマスに大いに感謝している——リソースの共有であれ、励ましの言葉であれ、どれもが心に染みたし、決して忘れない。僕がちゃんと人間のままでいるかどうかをチェックしてくれたすべての友達へ、大好きだよ。みんなご存じの通り、僕は完璧主義者で、生みの苦しみに喘いだ日々もあったけれど、君たちの「ちょっと気になってさ」というメッセージが僕を助けてくれた。この本がただのアイディアに過ぎなかったときからそこにいて、あらゆる場面で僕を励ましてくれたブリアナ・ヤンガー、アンドレ・テイラー、カール・〝ゴカイ〟・ウォーカー、ユドゥ・グレイ・ジュニアのような親愛なる友達に心からの愛を。

もちろん、この本はその中に登場した人たちの善意なくしては存在しなかっただろう。この本にポジティブさを見出し、話をする時間を作ってくれたすべての人たちに、心からの感謝を。あまりにも多すぎてあなたたちの名前をすべて挙げきれないけれど（僕はアルバムのライナーノーツでそれを読むと、いつもドン引きしていたけれど、今なら理解できる）、みなさんに本当に感謝している。表紙に僕の名前が載っていることは自覚しているけれど、たとえ僕が画策したものであったとしても、本書を通して流れる素晴らしい声や視点は、『Songs in the Key of Life』（スティーヴィー・ワンダーの画期的な一九七六年のアルバム）と『Everything's Fine』（ジーン・グレイとクエレ・クリスの輝かしい二〇一八年のアルバム）が組み合わさったものだ。僕もこれだけは分かっている――特に執筆に集中している時は、多くのことに注意を向けていたから、本の趣旨をメールで説明するのは難しかった。ケンドリックに関する最初の本、または最初の本の一冊であることで、インタビューを受けてくれた人たちをいささか無口にしてしまった可能性はある。彼はとても内向的な男であり、僕がスキャンダルを暴露するんじゃないかと心配した人もいた。ご覧のとおり、本書は伝統的な意味でのセレブ伝記ではなく、クリエイティブな人たちへの表明であり、そして自分のビジョンに忠実であることで、いかに世界を変えることができるかを描いたつもりだ。

書き上がるまでにはものすごく時間がかかり、家族や同僚、助言者、僕の作品に何かを見出し、チャンスを与えようと決断した編集者なしには、僕はここまで来れなかっただろう。母親のデロリス、最初の親友であり、最も身近な支持者へ。あなたはいつも最高の親であり、幼い頃から、あなたが僕にやって欲しいことを指示する代わりに、僕の道を僕に決断させてくれた。僕がくじけたとき、あなたは僕にあえて答えを発見させて、優しく手を差し伸べて導いてくれた。パムおばさん、僕のクリエイティブな双子へ――僕はあなたのレコード・コレクションを通して世界を発見し、どこで生まれたとしても、素晴らしい音楽は素晴らしい音楽なのだと教えてくれたのは、あなたが最初だった。僕はいつだってあなたの本音で語る視点が大好きだった。それが大変なときも乗り切れるよう僕を助けてくれた。僕は音楽や文化、人生について、イトコのアイクやティファニー、エリックから多くを学んだ。子どもの頃、僕は何時間もMTVを観ては、僕が聴くには若すぎるN.W.A、ブギー・ダウン・プロダクションズ、トゥー・ショート、パブリック・エナミーなどのカセットを、彼らと一緒にかけたものだった。僕のイトコは僕に本格的な音楽の教育を与えてくれた。彼らのお蔭で、僕は今レコードを掘っている。クローディアおばさんとクローデットおばさん、ジョーおじさん、父方のすべてのおばさん、いとこ、おじさん、姪、甥たちに愛を。僕の兄弟姉妹のジュディ、フェラ、カティーナ、アンジーに大いなる祝福を。毎日話さなくても、君たちみんなのことを愛し、考えているよ。僕の義理の家族、コロマ夫妻、義姉妹のサティアとカミラ、義理の兄弟、モハメッドに愛を。スーツランド高校全体に、そして特に一九九九年のクラスに感謝を。あのクラスの卒業生から何人かスターが出たね！　ボウイ州立大学にも祝福を。あの経験は非常に貴重だった。

『プリンス・ジョージズ・センティネル』紙と『ザ・ガゼット』紙に永遠の愛と感謝を。リーダーシップとはどんなものかを見せてくれたヴァネッサ・ハリントンとウルリック・ヘッツバーガーに、この地域で最高の取材チームの同僚たちに感謝を。間違いなく、僕のキャリアでの最大の指導者は、締め切りには厳しく、素晴らしい記事を提出すれば賛美してくれる、意思が強くて愛情あふれる編集者、ミッシェル・ルコンテだった。彼女は僕に、いかに強く、そして思いやりを持ち、慎重に真実を語るかを教えてくれた。世界最高の取材チーム、ジャネル・デイヴィス、ショーン・セダム、ダグ・トールマン、クライド・フォード、アラン・ブロディ、マージー・ヒスロップに感謝を。君たちのそばで働けたことは光栄だった。君たちはみんなロックスターだ。同じスペースを共有する機会があったことがいまだに信じられないよ。僕に『Okayplayer』で書かせてくれたジニー・ジュスに感謝を（著者からの注をもうひとつ：『Boards』のアーカイブを遡ってチェックして欲しい。あのサイトに立ち寄ったたくさんの人たちが、今や文化を誘導している）。僕にDCの音楽シーンを案内してくれたガッドアラートゥルース・ホールに、僕を『ワシントン・シティ・ペーパー』紙のチームに迎え入れてくれたジョン・フィッシャーに、ありがとう。僕に今までチャンスを与えてくれたすべての媒体──『サウンドサヴィ』、『ビーツ・パー・ミニット』、『プリフィックス』、『ポットホウルズ・イン・マイ・ブログ』、『BBCミュージック』、『ローリング・ストーン』誌、『MTVハイヴ』、『ビルボード』誌、『スピン』誌、『NPR』、『ジ・アトランティック』誌、『ザ・ワシントン・ポスト』紙、『ピッチフォーク』、『エンターテイメント・ウィークリー』誌、『ザ・ネーション』誌、『ザ・フェイダー』誌、『WTOP』──に感謝を。最初にワシントンDCからブルックリンに電話をかけてくれたJ・エドワード・キーズには、感謝しないわけにはいかない。君は僕が今まで出会った中で最も音楽のニュアンスが分かる人物であり、君が認めようが認めまいが、君は素晴らしい友達、編集者であり、あらゆるものを受けるにふさわしい。『バンドキャンプ・デイリー』は最高のチームだよ。

ブルック・ホーキンスへ──君は高校以来、僕たちが九九年のクラスの卒業記念アルバムを編集したり、廊下で笑い合った頃からずっと僕の親友だった。君は人生のあらゆる大きな出来事を通して、いつも笑顔と励ましの言葉と共にそこにいてくれた。君はいつも、自分では見えない物を僕の中に見出して、僕がこのプロジェクトに取り組んでいたときにも、君はいつもそこにいて僕を応援してくれた。僕は君が素晴らしいライター、編集者、妻、そして母親になる姿を見てきたし、君はそれぞれの節目で飛躍的に成長してきたね。輝き続けて。勝ち続けて。果敢に闘い続けるんだ。

ブライアン・ウォレスへ――スーツランド高校の体育の授業で君と初めて会ったときのことを、いまだに考える。あのバスケの試合や、君がどう僕を負かしたか（仕返しはしたけどね）、そしていかに僕たちがブラザーになったかについて考えるんだ。君の家族のことや、君たちがみんな、どんなに愛情にあふれているかということを考える。トリシア、フェリシア、アレイナ、ウォレス夫妻のことをもう二十年以上も知っていて、今や君たちには美しい家族がいる。君は僕に最高なものをたくさん惜しみなく与えてくれるけれど、僕は真のスターである君に拍手を送るよ。君は内に秘めた、苦境に打ち勝つ力と強さを併せ持つ輝ける模範であり、僕もいつの日か君の人柄の十分の一でも持つことができたらと祈っている。努力はしているよ。

僕の妻、マビンティへ――君は僕の最愛の人、僕のハート、僕のソウルだ。君が人生を優美に生きる姿を目の当たりにすることができて光栄だ。君は精神性《スピリチュアリティ》と粘り強さそのもので、君のおおらかさのお蔭で僕は人間らしくいられる。僕は君の熱意を、どの部屋に入ることになってもひるむことのないところを深く敬愛している。僕は君の一番のファン、チアリーダーであり、何年も前に君と出会わせてくれた神に感謝している。君の忍耐力は計り知れない。君は僕をギュッと抱きしめながらも、僕にこの本を書くスペースを与えてくれた。君は毎日僕のためにそこにいてくれて、とても感謝しているよ。君は神聖なる光であり、君がいてくれて世界は幸せだ。

そして次は、例のお断りを（これから言おうとしていることは本気なんだけど）――もし忘れてしまっている人がいたら深くお詫び申し上げます。この二年間は別格だったんだ。ご了承いただきたい。

僕の人生に積極的に関わってくれた方には、僕が感謝しているということをどうか知って欲しいし、事情が許せば、直接あなたにそう伝えたい。この本に興味を示してくれたすべての人たちに感謝を。この本があなたのスピリットに響き渡りますように。

訳者あとがき

「神が実験しているようなものさ。俺たちは〝愛するために〟この世に生まれてきたんだってこと、いつになったら分かるんだろう？　結局それが本当の人生の目的なんだ」

　二〇一六年に行われたとあるインタビューで、ケンドリック・ラマーはそう語る。まるで成功と引き換えのように、地元コンプトンで三人もの親友を亡くし、生き残った者としての罪悪感と鬱に苛まれた後に、彼が発した言葉だ。

　キング・オブ・ラップ、彼の世代で最も偉大なヒップホップ・アーティスト、ヒップホップ界の優等生、ストーリーテリングのマスター、ピューリッツァー賞を受賞した初のラッパー、世界中のファンがその一挙一動を固唾を呑んで見守るスーパースター。しかし素顔のケンドリック・ラマー・ダックワースは、前述のコメントが象徴する愛の伝道師のような価値観をコアに持ち、父親のいる家庭にいることが非常に稀なコンプトンで両親に愛されて育ち、神を畏れ、内向的で物静かな性格の孤高の魂でありながら、心を許した人たちには茶目っ気ある笑顔で冗談を飛ばし、ソーシャルメディアには全く興味がなく、世界的な成功や名声を手に入れてもまず地元を優先するような男だ。

『バタフライ・エフェクト』の著者であるマーカス・J・ムーアは、ケンドリックの生い立ちや境遇、彼の作品に触れながら、アフリカ系アメリカ人がアメリカという国で社会から常に抑圧されてきた歴史から、現在黒人コミュニティで何が起こっているのかなどに、多岐にわたって考察する。そして図らずもブラック・ライヴズ・マター・ムーヴメントのアンセムとなった"Alight"を生み出し、アメリカ黒人の魂に火を点けた文化的リーダーとしてのケンドリックの立場と絡めて、時代の流れを紐解いている。またムーアが他の人種として外部から観察した視点ではなく、黒人ライターとしてケンドリックと同じ社会的経験を共有してきた黒人の視点からこれらのテーマについて書いている点も、本書に真実味と信頼性を与えている。

マーカス・J・ムーアは、地元ワシントンDCの新聞社で教育に関する報道に携わった経験を持つ、ベテラン音楽ジャーナリスト、編集者、キュレーター、評論家、ポップカルチャー解説者であり、彼が執筆した『カニエ・ウェストへの手紙』では、エドワード・マロウ賞（電子ジャーナリストの分野において優れた業績を讃える賞）を受賞している。筋金入りのレコードディガーであり、ジャズ・マニアでもある彼が、ソウルやジャズ、ヒップホップ、ロックについて取材した記事は、『ニューヨーク・タイムズ』紙、『ピッチフォーク』、『エンターテイメント・ウィークリー』誌、『ザ・ワシントン・ポスト』紙、『NPR』、『ローリング・ストーン』誌を始めとする数々の媒体で発表されている。そんな彼のプロフィールの中でも、ハードコアな音楽好きにはたまらないディープな情報を発信するレッドブル・ラジオで、多くのレジェンドやクリエイティブなアーティストにインタビユーをしたり、ゲスト司会者を務めた経験は、いわゆる音楽オタクの信頼を勝ち取るには十分だ。ムーアは実際、本書のためにケンドリックに直接インタビューは行っていないのだが、ケンドリックの友人や周りのミュージシャンなどに広く取材をして本書を執筆している。また彼は、この世に存在し得るあらゆるケンドリックへのインタビューをくまなく分析し、それらを主題に合わせてパズルのように見事に組み合わせて、ヒップホップ・アイコンとして、そしてひとりの人間としての「ケンドリック・ラマー像」を驚くほどの精巧さで立体化させている。

そもそもムーアは、多くの音楽ライターが取材したがるビッグネームの新作について書くよりも、アップカミング・アーティストを取材したいタイプであり、常に対象となる人びとの日常の自然な姿を観察してストーリーを書き上げることに情熱を注いできた。だから最初は『To Pimp a Butterfly』の制作ストーリーについて、彼が敬愛するサンダーキャットやロバート・グラスパーについて書く予定だったのだが、いろんな人たちにそのアイディアを話しているうちに、ブラック・アメリカやその文化という、より広い文脈でケンドリックについて伝える必要があることに気づいたと言う。そんな背景から生まれた本書は、ケンドリック初の評伝ということもあって大いに注目を浴び、アマゾンの書評や、日本ではまだメジャーではないオーディブル（プロのナレーターが朗読する、聞く本）でも、ほぼ満点の五つ星に近い高評価を得ており、本書がハードカバーで出版された一年後には、ペーパーバック版の出版にも至っている。

本書のタイトルになっている『バタフライ・エフェクト』という言葉は、日本ではあまり知られていないようなので、簡単に説明しておきたい。「バタフライ効果（チョウチョウ効果）」を意味するこの表現は、気象学者のエドワード・ローレンツが、「ブラジルでの蝶の羽ばたきは、テキサスに竜巻を引き起こすか?」と問いかけた、ある学会での講演に由来している。それが転じて、非常に些細で小さな事象が原因となり、様々な出来事を引き起こして、結果的にゆっくりと大きな出来事に変化していく様子を指すようになったという。それは正に、「いかにケンドリック・ラマーがアメリカ黒人の魂を燃え立たせたか」という原書の副題が示唆するように、ケンドリックの音楽活動が、アメリカ黒人だけでなく、広く世界に与えた影響を描写、考察する上で実に適切なタイトルだ。コンプトンの逆境で生まれ育った小さな青虫が、やがて蝶となってたくましく成長し、その羽ばたきがブラック・アメリカに、アメリカ全体に、そして今や世界中に大きな影響となって波及している。確か『good kid, m.A.A.d city』のリリース時だったか、コンプトンで行われたCDサイン会の後、地元出身らしき黒人の若者男性たちが、車の窓を全開にして、誇らしげにアルバムを爆音でかけていた様子は、今も鮮明に覚えている。声なき彼らの想いを、コンプトンの存在を、ケンドリックが世界に発信してくれたのだ。

また勘のいい読者なら既にお察しの通り、このタイトルは『To Pimp a Butterfly』にもかけていることは、著者がそもそもこのレコードの制作ストーリーについて書こうと考えいたことからも推測がつく。ちなみに「蝶をピンプ(利用)するために」を意味する『To Pimp a Butterfly』は、本書のケンドリックのインビューでも触れられている通り、彼の名声を良いことに利用すること、また彼の名声を業界に利用されないようにすることを象徴しているという。

さらに、『To Pimp a Butterfly』を理解する上で重要な点として、ムーアはロサンゼルスの偉大なるジャズの歴史とシーンにも大きく光を当てている。ジャズは南部ニューオーリンズで生まれ、その後「アメリカのクラシック音楽」となるまでに成長を重ねてモダン・ジャズとなり、その首都はニューヨークに移動した。ジャズの新たな首都の座は得られなかったものの、ロサンゼルスにもジャズが豊かに繁栄した背景には、黒人が南部から民族大移動してきた歴史があったことが深く関係している。一八九〇年代から一九一〇年代にかけて、大規模な集団の黒人人口が、奴隷制度廃止（一八六五年）後も引き続き彼らを苦しめた人種差別による暴力や偏見から逃れるため、また貧困から逃れて新天地での生活の向上を求めて、南部のテキサス州、ルイジアナ州のシュリーヴポートやニューオーリンズ（ジャズ生誕の地）、ジョージア州アトランタなどから、ロサンゼルスに移住している。その後、第二次世界大戦の軍事産業が生み出した労働力の需要から、一九四〇年には六万七〇〇〇人に増えたロサンゼルスの黒人人口は、一九七〇年には七六万三〇〇〇人と飛躍的に膨れ上がっている。[1] 彼らの民族大移動と共に、必然的にブルースやジャズも新天地に移動し、それが結果的にロサンゼルス特有のジャズ文化の繁栄をもたらしたことも想像に難くない。そしてその繁栄が、後世の黒人の子孫たちの才能の発掘、育成に力を尽くしたレジー・アンドリュースのような音楽教師を生み出した。彼のような先駆者からジャズの演奏を学んで才能を開花させたテラス・マーティン、カマシ・ワシントン、サンダーキャットのような次世代の数多くのミュージシャンが生まれ、それが『To Pimp a Butterfly』の誕生にも繋がったことを考えると、歴史の点と点が一本の線になって繋がり、実に感慨深い。

この『To Pimp a Butterfly』についてもうひとつ強調しておきたいのが、ケンドリックがブラッ

1 Kelly Simpson, "The Great Migration: Creating a New Black Identity in Los Angeles," February 15, 2012, https://www.kcet.org/history-society/the-great-migration-creating-a-new-black-identity-in-los-angeles

ク・アメリカに示した母なる大地アフリカとの繋がりだ。テクノロジーの発達により、DNAを元に自身の祖先や出自を調べる人たちが増えてきている昨今だが、四〇〇年以上前にアフリカの人びとが不本意な奴隷という身分で、家族から引き離されて異国の地アメリカに連れて来られた祖先の子孫のほとんどは、自分の出自がアフリカのどの国にあるのか、自分にはどんな歴史的背景があるのかを知らない。我が身の出自を知らないまま、何世代にもわたって生きていくことで生じるアイデンティティや文化の喪失と、そのダメージについて、想像がつくだろうか。日本に生まれ育ったわたしたちの多くは、自分の出自や祖先の歴史を知っているという絶対的な事実について、あまり疑問を抱かないだろう。わたしが生前のニプシー・ハッスルに取材した際に、彼にとってアフリカのエリトリア出身の父を持つことは、多くのアフリカ系アメリカ人とは異なり、自分が何者なのかを深く理解する助けになったと教えてくれた。そのような状況を考えたときに、ケンドリックが南アフリカに旅をして母なる大地と繋がり、そこで得た経験や、自分たちにはアフリカの王族の誇り高き血が流れている事実を、『To Pimp a Butterfly』を通して彼のホーミーたち、ひいてはアメリカ黒人の同胞たちに伝えようと試みたことは、わたしたちの想像以上に意義深いことと言えるのではないだろうか。『バタフライ・エフェクト』を訳すにあたっては、必ずしもケンドリック・ラマーについて、ひいてはヒップホップについてそれほどの知識を持たずに本書を手に取った読者の方々にも分かりやすく理解していただけるように、ヒップホップ界やアメリカ黒人の人物紹介、アメリカの文化や歴史背景などについての訳注を、できる限り多く、そして可能な限りケンドリックとの関連性を持たせて追記するように心がけた。また、ニューヨークとロサンゼルス、東西両海岸に住んできた経験を活かして、これらの都市を訪れたことのない読者にも、できる限り土地勘が伝わるような注釈を心がけた。

最後に、本書を翻訳する機会を与えてくださり、非常に根気強くサポートしてくださった編集者の岩本太一さん、丁寧に訳文を確認してくださった校正担当者の方々には大変お世話になりました。本当にありがとうございました。翻訳するにあたり、数多くの質問に丁寧に答えてくれたCJ、ブラック・カルチャーについていつもより深く理解する助けとなってくれるSammyに、どうもありがとう。わたしたちが愛してやまないケンドリック・ラマーについて、より深く理解する助けとなる素晴らしい本書を執筆してくれただけでなく、著者にしか分からない質問にも気さくに答えてくれたマーカス・J・ムーアに厚い感謝を。そして常に世界中のファンに（わたしにとっては『Overly Dedicated』の頃から）思考の糧を与え、素晴らしい音楽を通してアメリカ社会の文化、歴史、現実、精神世界をより深く理解する助けとなり、本当の自分で生きる勇気とインスピレーションを与え続けてくれるケンドリック・ラマーに、大いなる感謝と愛を。

二〇二一年一〇月　ロサンゼルスにて

塚田桂子

[原注]

1　奪われたグラミー賞

*1 Josh Eells, "The Trials of Kendrick Lamar," *Rolling Stone*, June 22, 2015, https://www.rollingstone.com/music/music-news/the-trials-of-kendrick-lamar-33057/.

*2 Rob Markman, "Kendrick Lamar's *good kid, m.A.A.d. city* Is Now Certified Gold," MTV News, December 2, 2012, http://www.mtv.com/news/2499851/kendrick-lamar-good-kid-maadcity-certified-gold/.

*3 Angel Jennings, "Compton Selected to Receive Federal Aid to Reduce Violent Crime," *Los Angeles Times*, September 28, 2015, https://www.latimes.com/local/lanow/la-me-ln-compton-selected-to-receive-federal-aid-20150928-story.html.

*4 "2013 Grammy Winners," Grammy Awards, Recording Academy, accessed March 24, 2020, https://www.grammy.com/grammys/awards/56th-annual-grammy-awards-2013.

*5 Breihan, "Read Macklemore's Apology Text to Kendrick Lamar for Winning Best Rap Album Grammy," *Stereogum*, January 27, 2014, https://www.stereogum.com/1644301/read-macklemores-apology-text-to-kendrick-lamar-for-winning-best-rap-albumgrammy/news/.

*6 "Kendrick says Macklemore went too far + who 'i' is for & the state of HipHop," YouTube video, posted by "HOT 97," November 3, 2014, https://www.youtube.com/watch?v=tItZsMcLSRM.

*7 "Drake Calls Macklemore's Grammy Apology Text 'Wack as F--k,'" *Rolling Stone*, February 12, 2014, https://www.rollingstone.com/music/music-news/drake-calls-macklemores-grammy-apology-text-wack-as-f-k-81580/.

*8 "Kendrick says Macklemore.".

*9 Rebecca Tucker, "Macklemore on Kendrick Lamar's Grammy Snub: 'I Had an Unfair Advantage Due to Race,'" *National Post*, January 28, 2014, https://nationalpost.com/entertainment/music/macklemore-on-kendrick-lamars-grammy-snub-i-think-i-have-an-unfair-advantage-due-to-race.

*10 Elias Leight, "Macklemore on Hip Hop & Cultural Appropriation: 'I Need to Know My Place, and That Comes from Me Listening,'" *Billboard*, December 30, 2014, https://www.billboard.com/articles/news/6422361/macklemore-race-hip-hop-cultural-appropriation-hot-97.

*11 Gil Kaufman, "Adele's '25' Hits Diamond Status in Less Than a Year," *Billboard*, September 27, 2016, https://www.billboard.com/articles/columns/pop/7525493/adele-25-hits-diamond-status-10-million-less-than-a-year.

*12 Joe Coscarelli, " 'More Artists Are Going to Boycott': The Grammys Face Fallout after Fraught Grammys," *New York Times*, February 13, 2017, https://www.nytimes.com/2017/02/

13/arts/music/beyonce-adele-grammys-backlash.html.

＊13 "OK Ken and David...," フランク・オーシャンのTumblr（二〇一七年二月一一日）より。https://frankocean.tumblr.com/post/157125310721/ok-ken-and-david-as-much-as-i-hate-to-make-you.

＊14 Joe Coscarelli, "The Boycott Before: Rap and Resentment at the 1989 Grammy's," *New York Times*, February 11, 2016, https://www.nytimes.com/2016/02/11/arts/music/the-boycott-before-rap-and-resentment-at-the-1989-grammys.html.

＊15 "Grammy Awards Voting Process," Grammy Awards, Recording Academy, accessed April 3, 2020, https://www.grammy.com/grammys/awards/voting-process.

＊16 Melinda Newman, "Jay-Z Honored as Clive Davis' Pre-Grammy Gala Draws Performances from Alicia Keys, Migos & More," *Billboard*, January 28, 2018, https://assets.billboard.com/articles/news/8096635/jay-z-honored-as-clive-davis-and-recording-academys-pre-grammy-gala-beyonce-alicia-keys.

＊17 Rob Kenner, "Hate Me Now: What It's Like to Be a Grammy Voter," Complex, January 20, 2014, https://www.complex.com/music/2014/01/how-does-grammy-voting-work.

＊18 Kelsey McKinney, "The Grammy Voting Process Is Completely Ridiculous," Vox, February 15, 2016, https://www.vox.com/2015/2/4/7976729/grammy-voting-process.

＊19 Melinda Newman, "Recording Academy Invites 900 New Voting Members Based on Task Force Recommendations to Increase Diversity," *Billboard*, October 4, 2018, https://www.billboard.com/articles/news/8478236/recording-academy-invites-900-new-voting-members-task-force.

＊20 Christopher R. Weingarten, "Macklemore Talks 'Gemini,' His Upcoming Career Reset without Ryan Lewis," *Rolling Stone*, September 14, 2017, https://www.rollingstone.com/music/music-features/macklemore-talks-gemini-his-upcoming-career-reset-without-ryan-lewis-124464/.

＊21 Sahm Venter, ed., *The Prison Letters of Nelson Mandela* (New York: Liveright, 2018).

＊22 Dave Chappelle, "Kendrick Lamar by Dave Chappelle," *Interview*, July 12, 2017, https://www.interviewmagazine.com/music/kendrick-lamar-cover.

＊23 Christopher John Farley, "On the Beach with Dave Chappelle," *Time*, May 15, 2005, http://content.time.com/time/arts/article/0,8599,1061415,00.html.

＊24 "LA's Most Wanted: Murder Victim Chad Keaton," Fox 11 Los Angeles, September 11, 2016（the incident occurred July 12, 2013）, https://www.foxla.com/news/las-most-wanted-murder-victim-chad-keaton.

＊25 Dorian Lynskey, "Kendrick Lamar: 'I am Trayvon Martin. I'm All of These Kids,'" *The Guardian*, June 21, 2015, https://www.theguardian.com/music/2015/jun/21/kendrick-lamar-interview-to-pimp-a-butterfly-trayvon-martin.

＊26 Andreas Hale, "'To Pimp a Butterfly': Kendrick Lamar shares history," Grammy.com, May 15, 2017, https://www.grammy.com/grammys/news/pimp-butterfly-kendrick-lamar-shares-history.

＊27 Sabelo Mkhabela, "Hip-Hop & Kwaito's Long Love-Hate Relationship," *OkayAfrica*, April 20, 2017, https://www.okayafrica.com/south-african-hip-hop-kwaito-long-love-hate-relationship/.

＊28 Refiloe Seiboko and Simon Allison, "AKA, Burna Boy and the African Unity Concert That Wasn't," *Mail & Guardian*, November 22, 2019, https://mg.co.za/article/2019-11-22-00-aka-burna-boy-and-the-africanunity-concert-that-wasnt/.

2 「カリフォルニア・ラヴ」

＊1 コンプトンについての統計資料はアヤラ・フェダー＝ホガーブックによる以下の著作を参考にした。"Compton, California (1867–)," *Black Past*, August 20, 2017, https://www.blackpast.org/african-american -history/compton-california-1867/.

＊2 Celeste Fremon, "Behind the Crips Mythos," *Los Angeles Times*, November 20, 2007, https://www.latimes.com/archives/la-xpm-2007-nov-20-et-book20-story.html.

＊3 "Pirus," United Gangs, accessed April 3, 2020, https://unitedgangs.com/bloods-2/pirus/.

＊4 "N.W.A on Their Legacy: 'It's the World before N.W.A and the World after N.W.A,'" *Billboard*, online video, November 23, 2017, https://www.billboard.com/video/nwa-on-their-legacy-its-the-world-before-nwa-and-the-world-after-nwa-6663745.

＊5 一九六五年のワッツ暴動についての情報は以下の著作を参考にした。"Watts Riots," Civil Rights Digital Library, March 3, 2020, http://crdl.usg. edu/events/watts_riots/?Welcome, and "Watts Riots," History.com, August 21, 2018, https://www.history.com/topics/1960s/watts-riots.

＊6 ラターシャ・ハーリンズとトゥ・スンジャについては様々なメディアで語られているが、エンジェル・ジェニングスによる以下の記事が最も有名である。"25 Years Later, Vigil Marks Latasha Harlins' Death, Which Fed An- ger during Rodney King Riots," *Los Angeles Times*, March 16, 2016, https://www.latimes.com/local/california/la-me-0317-latasha-harlins-vigil-20160317-story.html.

＊7 "Kendrick Lamar: 'I Can't Change the World Until I Change Myself First,'" *Morning Edition*, National Public Radio, December 29, 2015, https://www.npr.org/2015/12/29/461129966/kendrick-lamar-i-cant-change-the-world-until-i-change-myselffirst.

＊8 Jessica Hopper "Kendrick Lamar: Not Your Average Everyday Rap Savior," *Spin*, October 9, 2012, https://www.spin.com/2012/10/kendrick-lamar-not-your-average-everyday-rap-savior/2/.

＊9 "Kendrick Lamar In High School Rapping," YouTube video,

posted by "Entertainment Scoop," July 23, 2015, https://www.youtube.com/watch?v=un-W1qsKC1Q.

＊10 Elias Leight, "10 Things We Learned from Jay-Z's Interview with David Letterman," *Rolling Stone*, April 6, 2018, https://www.rollingstone.com/tv/tv-news/10-things-we-learned-from-jay-zs-interview-with-david-letterman-629627/.

＊11 "Life & Rhymes: Kendrick Lamar," YouTube video, posted by "Google Play," October 23, 2012, https://www.youtube.com/watch?v=Tse4hze7Au4.

＊12 "New Juice: 8 Influential People to Watch," *Vibe*, August 26, 2013, https://www.vibe.com/photos/new-juice-8-influential-people-watch.

＊13 Datwon Thomas, "Kendrick Lamar and Anthony 'Top Dawg' Tiffith on How They Built Hip-Hop's Greatest Indie Label," *Billboard*, September 14, 2017, https://www.billboard.com/articles/news/magazine-feature/7964649/kendrick-lamar-anthony-tiffith-interview-billboard-cover-story-2017.

＊14 Kris Ex, "More Levels, the Brains behind Top Dawg Entertainment," *XXL*, October 24, 2012, https://www.xxlmag.com/news/2012/10/tde-sidebar-kendrick-coverage/.

＊15 "Bounty Hunter Bloods," United Gangs, accessed April 3, 2020, https://unitedgangs.com/bounty-hunters/.

＊16 Touré, "Snoop Dogg: America's Most Lovable Pimp," *Rolling Stone*, December 14, 2006, https://www.rollingstone.com/music/music-news/snoop-dogg-americas-most-lovable-pimp-67188/.

＊17 "Jay Rock On Meeting Kendrick, His Motorcycle Accident, & 'Redemption,'" YouTube video, posted by "HOT 97," June 20, 2018, https://www.youtube.com/watch?v=OSrn52pynsQ.

＊18 Megan Garvey, "Compton Killings Highest in Years," *Los Angeles Times*, January 2, 2006, https://www.latimes.com/archives/la-xpm-2006-jan-02-me-compton2-story.html.

＊19 Jeff Weiss, "Sounwave: How the Kendrick Lamar and 'Black Panther' Producer Quietly Made America's Soundtrack," *Rolling Stone*, May 29, 2018, https://www.rollingstone.com/music/music-features/sounwave-how-the-kendrick-lamar-and-black-pantherproducer-quietly-made-americas-soundtrack-629632/.

＊20 Insanul Ahmed, "Who Is Ab-Soul?," Complex, July 10, 2012, https://www.complex.com/music/2012/07/who-is-ab-soul/.

＊21 Insanul Ahmed, "Who Is ScHoolboy Q?," Complex, February 3, 2012, https://www.complex.com/music/2012/02/who-is-schoolboy-q/.

＊22 Jordan Darville, "Top Dawg Entertainment's Hilarious Studio Rules Should Be the New Constitution," *Fader*, June 7, 2017, https://www.thefader.com/2017/06/07/top-dawg-studio-rules-shut-up-and-look-ugly-for-the-homies.

3　ケンドリック・ラマーの誕生

＊1 Shawn Setaro, "Strange Days: How Kendrick Lamar Became a

Star with Help from Tech N9ne," Complex, March 22, 2019, https://www.complex.com/music/2019/03/kendrick-lamar-became-star-help-from-tech-n9ne-strange-music.

*2 Nerisha Penrose, "Kendrick Lamar & Kobe Bryant Talk Career Growth & Defining 'Greatness' at Complexcon 2017," *Billboard*, November 7, 2017, https://www.billboard.com/articles/columns/hip-hop/8029975/kendrick-lamar-kobe-bryant-interview-complex-con-video.

*3 スコロマによる以下記事からの引用。"Ice Cube Explains Why He Refuses to Work with New Rappers," HipHopDX, March 26, 2010, https://hiphopdx.com/news/id.10902/title.ice-cube-explains-why-he-refuses-to-work-with-new-rappers.

*4 "Flying Lotus on His New Album 'Flamagra,' Solange Changing His Studio Habits & the Beauty of Dr. Dre's Elusive 'Detox' Album," *Billboard*, May 20, 2019, https://www.billboard.com/articles/columns/hip-hop/8512211/flying-lotus-interview-flamagra-solange-mac-miller-dr-dre-kendrick-lamar.

*5 Charles Holmes, "Kendrick Lamar Reveals That He Got His First Call from Dr. Dre in a Chili's," MTV, December 12, 2017, http://www.mtv.com/news/3052718/kendrick-lamar-dr-dre-chilis-phone-call/.

*6 "Kendrick Lamar + The Maccabees," *Future Sounds with Annie Mac*, BBC Radio 1, https://www.bbc.co.uk/programmes/b05xqnf4.

*7 Jayson Greene, "The Compton Sessions: How Dr. Dre Created His Comeback," *Pitchfork*, August 12, 2015, https://pitchfork.com/features/overtones/9703-the-compton-sessions-howdr-dre-created-his-comeback/.

*8 "Dr. Dre FULL INTERVIEW (Part 1) | BigBoyTV," YouTube video, posted by "BigBoiTV," March 26, 2015, https://www.youtube.com/watch?v=xoQy2BUdxhg.

*9 "Kendrick Lamar – GGN News S. 2 Ep. 2," YouTube video, posted by "SnoopDoggTV," August 16, 2011, https://www.youtube.com/watch?v=wpW5dDJzBas.

*10 "Kendrick Lamar," uDiscoverMusic, accessed April 3, 2020, https://www.udiscovermusic.com/artists/kendrick-lamar/.

*11 Erika Ramirez, "Kendrick Lamar Talks 'Section.80,' New Album and Upcoming Videos," *Billboard*, September 2, 2011, https://www.billboard.com/articles/columns/the-juice/467608/kendrick-lamar-talks-section80-new-album-and-upcoming-videos.

*12 "Kendrick Lamar Gets Passed Down Torch HiiiPower Live Music Box Los Angeles, CA 8/19/11," YouTube video, posted by "hawaiiangroove," August 21, 2011, https://www.youtube.com/watch?v=KYjyVjI2-z0.

*13 Tom Breihan, "Kendrick Lamar: Section.80," *Pitchfork*, July 21, 2011, https://pitchfork.com/reviews/albums/15653-section80/.

*14 Adam Fleischer "Kendrick Lamar, Section.80," *XXL*, July 5, 2011, https://www.xxlmag.com/rap-music/reviews/2011/07/kendrick-lamar-section-80/.

4　スター誕生

＊1 Lizzy Goodman, "Kendrick Lamar, Hip-Hop's Newest Old-School Star," *New York Times*, June 29, 2014, https://www.nytimes.com/2014/06/29/magazine/kendrick-lamar-hip-hops-newest-old-school-star.html.

＊2 "Studio Life: Kendrick Lamar talks Club Paradise Tour & 'Cartoons & Cereal,'" YouTube video, posted by "3 Little Digs," February 27, 2012, https://www.youtube.com/watch?v=pLLznVTQI5Q.

＊3 Steven Horowitz, "Kendrick Lamar Explains Why He Signed to Aftermath & Interscope," HipHopDX, August 13, 2012, https://hiphopdx.com/news/id.20777/title.kendrick-lamar-explains-why-he-signed-to-aftermath-interscope.

＊4 Insanul Ahmed, "The Making of Kendrick Lamar's 'good kid, m.A.A.d city,'" Complex, October 23, 2012, https://www.complex.com/music/2012/10/the-making-of-kendrick-lamars-good-kid-maad-city/before-the-album.

＊5 "Chart History: Kendrick Lamar," *Billboard*, accessed April 6, 2020, https://www.billboard.com/music/kendrick-lamar/chart-history/HSI/song/753377.

＊6 Benjamin MeadowsIngram, "Kendrick Lamar: The Story Behind 'good kid, m.A.A.d city,'" *Billboard*, October 22, 2012, https://www.billboard.com/articles/news/474529/kendrick-lamar-the-story-behind-good-kid-maad-city.

＊7 Jody Rosen, "good kid, m.A.A.d city," *Rolling Stone*, October 22, 2012, https://www.rollingstone.com/music/music-album-reviews/good-kid-m-a-a-d-city-185646/.

＊8 Jayson Greene, "Kendrick Lamar: *good kid, m.A.A.d city*," *Pitchfork*, October 23, 2012, https://pitchfork.com/reviews/albums/17253-good-kid-maad-city/.

＊9 『good kid, m.A.A.d city』のビルボード・チャート履歴は以下を参照した。"Chart History: Kendrick Lamar," *Billboard*, accessed April 6, 2020, https://www.billboard.com/music/kendrick-lamar/chart-history/TCL/song/762071, and Bryan Rolli, "With 'Good Kid, M.A.A.D City,' Kendrick Lamar Tops Eminem for Billboard 200's Longest-Charting Hip-Hop Studio Album," *Forbes*, September 18, 2019, https://www.forbes.com/sites/bryanrolli/2019/09/18/kendrick-lamars-good-kid-maad-city-surpasses-eminems-the-eminem-show-to-become-longest-charting-hip-hop-studio-album-on-billboard-200/?sh=37a6bbf47bb5.

＊10 Victoria Hernandez, "Eminem Declares Kendrick Lamar's 'good kid, m.A.A.d city' A 'Masterpiece,'" *HipHop DX*, October 22, 2016, https://hiphopdx.com/news/id.40965/title.eminem-declares-kendrick-lamars-good-kid-m-a-a-d-city-a-masterpiece.

＊11 スティーヴン・ホロウィッツによる以下記事からの引用。"Nas Begins Recording Twelfth Studio Album, Names Favorite

Albums of 2012," *HipHopDX*, January 9, 2013, https://hiphopdx.com/news/id.22477/title.nas-begins-recording-twelfth-studio-album-names-favorite-albums-of-2012 .

＊12 "Exclusive: Kendrick Lamar Reveals He Wanted Nas on 'Sing About Me,'" *Vibe*, March 22, 2013, https://www.vibe.com/news/entertainment/exclusive-kendrick-lamar-reveals-he-wanted-nas-sing-about-me-143936/.

＊13 Kendrick Lamar, "Writer at War: Kendrick Lamar's XXL Cover Story," *XXL*, January 6, 2015, https://www.xxlmag.com/news/2015/01/writer-war-kendrick-lamar-own-words/.

＊14 Jaleesa Jones, "Georgia Students Study Kendrick Lamar for Class," *USA Today*, September 1, 2014, https://www.usatoday.com/story/college/2014/09/01/georgia-students-studykendrick-lamar-for-class/37395771/.

5　黒人の命のための闘い

＊1 Dan Barry et al., "Race, Tragedy and Outrage Collide after a Shot in Florida," *New York Times*, April 4, 2012, https://www.nytimes.com/2012/04/02/us/trayvon-martin-shooting-prompts-a-review-of-ideals.html, and Daniel Trotta, "Trayvon Martin: Before the World Heard the Cries," Reuters, April 3, 2012, https://www.reuters.com/article/us-usa-florida-shooting-trayvon/trayvon-martin-before-the-world-heard-the-cries-idUSBRE8320UK20120403.

＊2 "Prosecute the Killer of Our Son, 17-Year-Old Trayvon Martin," Change.org, accessed April 6, 2020, https://www.change.org/p/prosecute-the-killer-of-our-son-17-year-old-trayvon-martin.

＊3 "President Obama's Remarks on Trayvon Martin（Full Transcript）," *Washington Post*, July 19, 2013, https://www.washingtonpost.com/politics/president-obamas-remarks-on-trayvon-martin-full-transcript/2013/07/19/5e33ebea-f09a-11e2-a1f9-ea873b7e0424_story.html.

＊4 Michael Cooper, "Officers in Bronx Fire 41 Shots, and an Unarmed Man Is Killed," *New York Times*, February 5, 1999, https://www.nytimes.com/1999/02/05/nyregion/officers-in-bronx-fire-41-shots-and-an-unarmed-man-is-killed.html.

＊5 Jill Tucker, Kelly Zito, Heather Knight, "Deadly BART Brawl — Officer Shoots Rider, 22," SFGate, January 2, 2009, https://www.sfgate.com/bayarea/article/Deadly-BART-brawl-officer-shoots-rider-22-3178373.php.

＊6 Joseph Goldstein and Nate Schweber, "Man's Death after Chokehold Raises Old Issue for Police," *New York Times*, July 18, 2014, https://www.nytimes.com/2014/07/19/nyregion/staten-island-man-dies-after-he-is-put-in-chokehold-during-arrest.html.

＊7 "A Death on Staten Island," *New York Times*, May 15, 1994, https://www.nytimes.com/1994/05/15/nyregion/one-neighborhood-two-lives-special-report-death-staten-island-2-paths-cross.html.

＊8 "What Happened in Ferguson?," *New York Times*, August 13, 2014, https://www.nytimes.com/interactive/2014/08/13/us/ferguson-missouri-town-under-siege-after-police-shooting.html.

＊9 Joseph Shapiro, "In Ferguson, Mo., Before Michael Brown There Was Henry Davis," *All Things Considered*, National Public Radio, September 12, 2014, https://www.npr.org/2014/09/12/348010247/in-ferguson-mo-before-michael-brownthere-was-henry-davis.

＊10 Julie Bosman and Joseph Goldstein, "Timeline for a Body: 4 Hours in the Middle of a Ferguson Street," *New York Times*, August 23, 2014, https://www.nytimes.com/2014/08/24/us/michael-brown-a-bodys-timeline-4-hours-on-a-ferguson-street.html.

＊11 Ryllie Danylko, "Cleveland Police Officer Fatally Shoots 12-Year-Old Tamir Rice: The Big Story," Cleveland.com, November 24, 2014, https://www.cleveland.com/metro/2014/11/cleveland_police_officer_fatal.html, and "Officer Who Killed Tamir Rice Found Unfit in Previous Police Job," NBC News, November 27, 2014, https://www.nbcnews.com/news/us-news/officer-who-killedtamir-rice-found-unfit-previous-police-job-n261111.

＊12 "Killer Mike's pre-show Ferguson Grand Jury speech," YouTube video, posted by "Stephen Bolen," November 24, 2014, https://www.youtube.com/watch?v=MQs7CWKHM9w.

＊13 Maud Deitch, "Exclusive: Kendrick Lamar Sings Taylor Swift's 'Shake It Off,'" *Fader*, November 4, 2014, https://www.thefader.com/2014/11/04/kendrick-lamar-interview-halloween-taylor-swift.

＊14 Chloé Cooper Jones, "Fearing for His Life," *The Verge*, March 13, 2019, https://www.theverge.com/2019/3/13/18253848/eric-garner-footage-ramsey-orta-police-brutality-killing-safety.

＊15 Marcus J. Moore, "Kamasi Washington Says the Moment Is Right for His Three-Hour 'Epic,'" *Washington Post*, August 20, 2015, https://www.washingtonpost.com/express/wp/2015/08/20/kamasi-washington-says-the-moments-right-for-his-three-hour-epic/.

6　キング・ケンドリック

＊1 Patrick Bowman, "Sounwave Details the Making of Kendrick Lamar's Landmark 'To Pimp a Butterfly,'" *Spin*, April 24, 2015, https://www.spin.com/2015/04/sounwave-interview-kendrick-lamar-to-pimp-a-butterfly/.

＊2 Peter Walsh, "Kendrick Lamar's Producers Talk the Making of 'To Pimp a Butterfly,'" *XXL*, April 30, 2015, https://www.xxlmag.com/news/2015/04/kendrick-lamars-producers-talk-making-pimp-butterfly/.

＊3 "Kendrick Lamar Breaks Down Tracks From 'To Pimp a Butterfly'（Pt. 1）| MTV News," YouTube video, posted by

"MTV," March 31, 2015, https://www.youtube.com/watch?v=AUEI_ep9iDs.

*4 Joe Lynch, "Kendrick Lamar Talks Ferguson: 'What Happened Should've Never Happened,'" *Billboard*, January 8, 2015, https://www.billboard.com/articles/news/6436333/kendrick-lamar-on-ferguson-police-michael-brown.

*5 Adam Fleischer, "How Do You End Up Featured on Kendrick Lamar's Album? Rapsody Tells Her Story," MTV News, March 16, 2015, http://www.mtv.com/news/2106673/rapsody-kendrick-lamar-complexion-a-zulu-love-to-pimp-a-butterfly/.

*6 Jeff Weiss "Kamasi Washington on the Music That Made Him a Jazz Colossus," *Pitchfork*, October 3, 2017, https://pitchfork.com/features/5-10-15-20/kamasi-washington-on-the-music-that-made-him-a-jazz-colossus/.

*7 "Kendrick Lamar on How He Wrote 'King Kunta,'" YouTube video, posted by "NME," June 5, 2015, https://www.youtube.com/watch?v=vm_Xb9c6__Q.

7 「俺たち、きっと大丈夫さ」

*1 Kory Grow, "See Kendrick Lamar Perform Death-Defying Stunts in 'Alright' Video," *Rolling Stone*, June 30, 2015, https://www.rollingstone.com/music/music-news/see-kendrick-lamar-perform-death-defying-stunts-in-alright-video-74253/.（現在はリンク切れ）

*2 "Kendrick Lamar Talks to Rick Rubin About 'Alright,' Eminem, and Kendrick's Next Album," *GQ*, October 20, 2016, https://www.gq.com/story/kendrick-lamar-rick-rubin-gq-style-cover-interview.

*3 Andres Tardio, "Exclusive: We Got All the Answers about Kendrick Lamar's 'Alright' Video," MTV News, June 30, 2015, http://www.mtv.com/news/2201127/kendrick-lamar-alright-video-colin-tilley/.

*4 Kory Grow, "Riot on the Set: How Public Enemy Crafted the Anthem 'Fight the Power,'" *Rolling Stone*, June 30, 2014, https://www.rollingstone.com/feature/riot-on-the-set-how-public-enemy-crafted-the-anthem-fight-the-power-244152/.

*5 Natalie Sherman, Chris Kaltenbach, and Colin Campbell, "Freddie Gray Dies a Week after Being Injured during Arrest," *Baltimore Sun*, April 19, 2015, https://www.baltimoresun.com/news/crime/bs-md-freddie-gray-20150419-story.html.

*6 Katie Rogers, "The Death of Sandra Bland: Questions and Answers," *New York Times*, July 23, 2015, https://www.nytimes.com/interactive/2015/07/23/us/23blandlisty.html.

*7 Sharon Cooper, "Sandra Bland's Sister: She Died Because Officer Saw Her as 'Threatening Black Woman,' Not Human," *USA Today*, May 13, 2019, https://www.usatoday.com/story/opinion/policing/spotlight/2019/05/13/sandra-bland-sister-police-brutality-policing-the-usa/1169559001/.

*8 Dusty Henry and Alex Young, "Cleveland State University

Conference Attendees Chant Kendrick Lamar's 'Alright' in Protest against Police," *Consequence of Sound*, July 29, 2015, https://consequenceofsound.net/2015/07/cleveland-state-university-protesters-chant-kendrick-lamars-alright-in-protest-against-police/.

＊9 Andrew Barker, "How Kendrick Lamar Became the Defining Hip-Hop Artist of His Generation," *Variety*, November 2017, https://variety.com/2017/music/features/kendrick-lamar-career-damn-to-pimp-a-butterfly-1202619725/.

8　ケンドリック、王位継承の夜

＊1 Farhana Hossain et al., "The Stimulus Plan: How to Spend $787 Billion," *New York Times*, accessed April 3, 2020, https://www.nytimes.com/interactive/projects/44th_president/stimulus.

＊2 Colin Stutz, "Kendrick Lamar Responds to Geraldo Rivera: 'Hip-Hop Is Not the Problem, Our Reality Is,'" *Billboard*, July 2, 2015, https://www.billboard.com/articles/columns/the-juice/6620035/kendrick-lamar-responds-geraldo-rivera-alright-bet-awards.

＊3 Steven Horowitz, "Kendrick Lamar Addresses Backlash over Refusal to Vote," *HipHopDX*, August 28, 2012, https://hiphopdx.com/news/id.20924/title.kendrick-lamar-addresses-backlash-over-refusal-to-vote.

＊4 Tierney McAfee and Sandra Sobieraj Westfall, "Kendrick Lamar Vs. Bruno Mars: POTUS and FLOTUS' Favorite Songs, Movies and Moments of 2015," *People*, December 9, 2015, https://people.com/books/barack-obama-and-michelle-obamas-favorite-songs-movies-and-moments-of-2015/.

＊5 Keith Wagstaff, "Obama Picks Kendrick over Drake in YouTube Interview," NBC News, January 13, 2016, https://www.nbcnews.com/tech/internet/obama-picks-kendrick-over-drake-youtube-interview-n497571.

＊6 Adelle Platon, "Kendrick Lamar Opens Up about Meeting President Obama: 'No Matter How High-Ranking You Get, You're Human,'" *Billboard*, February 4, 2016, https://www.billboard.com/articles/news/magazine-feature/6866105/kendrick-lamar-meeting-president-obama.

＊7 "Kendrick Lamar," Grammy Awards, Recording Academy, accessed April 3, 2020, https://www.grammy.com/grammys/artists/kendrick-lamar.

＊8 Mesfin Fekadu and the Associated Press, "Diddy Calls Out Grammys for Not Respecting Black Music 'To the Point That It Should Be,'" *Fortune*, https://fortune.com/2020/01/26/diddy-grammys-hip-hop-black-music-clive-davis-gala/.

＊9 "Kendrick Lamar Wins Best Rap Album: 'To Pimp a Butterfly,'" Grammy Awards, Recording Academy, February 15, 2016, https://www.grammy.com/grammys/videos/kendrick-lamar-wins-best-rap-album-pimp-butterfly.

＊10 Micah Singleton, "Grammys 2016: Watch Kendrick Lamar's

Stunning Performance," *The Verge*, February 15, 2016, https://www.theverge.com/2016/2/15/11004624/grammys-2016-watch-kendrick-lamar-perform-alright-the-blacker-the-berry.

*11 "Here's Donald Trump's Presidential Announcement Speech," *Time*, June 16, 2015, https://time.com/3923128/donald-trump-announcement-speech/.

*12 Jonathan Mahler and Steve Eder, "'No Vacancies' for Blacks: How Donald Trump Got His Start, and Was First Accused of Bias," *New York Times*, August 27, 2016, https://www.nytimes.com/2016/08/28/us/politics/donald-trump-housing-race.html.

*13 Jan Ransom, "Trump Will Not Apologize for Calling for Death Penalty over Central Park Five," *New York Times*, June 18, 2019, https://www.nytimes.com/2019/06/18/nyregion/centralpark-five-trump.html.

9　アメリカに広がる悲嘆

*1 Scott Detrow, "KKK Paper Endorses Trump; Campaign Calls Outlet 'Repulsive,'" NPR, November 2, 2016, https://www.npr.org/2016/11/02/500352353/kkk-paper-endorses-trump-campaign-calls-outlet-repulsive.

*2 Mark Potok, "The Trump Effect," *Intelligence Report*, February 15, 2017, https://www.splcenter.org/fighting-hate/intelligence-report/2017/trump-effect.

*3 Katie Reilly, "Racist Incidents Are Up Since Donald Trump's Election. These Are Just a Few of Them," *Time*, November 13, 2016, https://time.com/4569129/racist-anti-semitic-incidents-donald-trump/.

*4 Touré, "An In-Depth Conversation with Kendrick Lamar," i-D, October 16, 2017, https://i-d.vice.com/en_us/article/j5gwk7/an-in-depth-conversation-with-kendrick-lamar.

*5 Ben Rhodes, *The World As It Is*（New York: Penguin Random House, 2019）.

*6 Andreas Hale, "Kendrick Lamar, Pluss, Terrace Martin & More On Making 'DAMN.' | Album of the Year," Grammy Awards, Recording Academy, January 25, 2018, https://www.grammy.com/grammys/news/kendrick-lamar-pluss-terrace-martin-more-making-damn-album-year.

*7 Wyatt Mason, "Three Iconic Musicians on Artistic Creation," *T: The New York Times Style Magazine*, March 1, 2017, https://www.nytimes.com/2017/03/01/t-magazine/beck-tom-waits-kendrick-lamar.html#:~:text=kendrick%2Dlamar.html-,Three%20Iconic%20Musicians%20on%20Artistic%20Creation%20%E2%80%94%20and%20Its%20Importance%20Now,Credit.

*8 David Browne, "Kendrick Lamar's 'Damn.': Inside the Making of the Number One LP," *Rolling Stone*, May 1, 2017, https://www.rollingstone.com/music/music-features/kendricklamars-damn-inside-the-making-of-the-number-one-lp-128446/.

*9 "Kendrick Lamar on Damn., His Sister's Car & Being The

G.O.A.T.," YouTube video, posted by "BigBoyTV," June 29, 2017, https://www.youtube.com/watch?v=fYFkBSo2mg.

*10 "Kendrick Lamar: 'DAMN' Interview | Apple Music," YouTube video, posted by "Beats 1," April 27, 2017, https://www.youtube.com/watch?v=zwNhoyDjAPg.

*11 Dan Hyman, "Why Kendrick Lamar and Sounwave Camped Out in Sleeping Bags to Make *DAMN.*," *GQ*, April 22, 2017, https://www.gq.com/story/sounwave-kendrick-lamar-damn.

*12 Ben Dandridge-Lemco, "Sounwave Explains Every Song He Helped Produce on Kendrick Lamar's *DAMN.*," *Fader*, April 24, 2017, https://www.thefader.com/2017/04/24/sounwave-interview-kendrick-lamar-damn-track-explainer.

*13 Daoud Tyler-Ameen and Sidney Madden, "Here's How 'Black Panther: The Album' Came Together," The Record, NPR, February 6, 2018, https://www.npr.org/sections/therecord/2018/02/06/582841574/heres-how-black-panther-the-albumcame-together.

（URLは二〇二一年八月四日に確認した）

マーカス・J・ムーア
Marcus J. Moore

音楽ジャーナリスト、編集者、キュレーター、ポップカルチャー解説者。『カニエ・ウェストへの手紙』でエドワード・マロウ賞を受賞。『ザ・ネーション』誌、『エンターテインメント・ウィークリー』誌、『ジ・アトランティック』誌、ピッチフォーク、バンドキャンプ・デイリー、NPR、BBCミュージック、MTVなどに寄稿している。Googleで全国シンジケートのプレイリスト作成し、FMラジオやポッドキャストに出演し、レッドブル・ラジオでのライブ・インタビューなどでゲスト司会者を務める。2009年には、ワシントンD.C.、メリーランド州、バージニア州北部の音楽とエンターテインメントを扱うサイト「DMVスペクトラム」を立ち上げる。ワシントンD.C.出身で、現在はニューヨーク州ブルックリン在住。著書に『The Butterfly Effect』がある。

塚田桂子
Tsukada Keiko

ヒップホップ・ジャーナリスト、翻訳家。95年に渡米し、ラマポ・カレッジ・オブ・ニュージャージーで音楽、アフリカン・アメリカン・スタディーズを専攻。音楽専門誌で取材やコラム執筆を行うほか、ヒップホップ／R&Bのアルバム・リリック対訳、ライナーノーツ執筆等を手がける。ケンドリック・ラマーへは、デビュー当時よりインタビューを重ね、メジャーデビュー作『good kid, m.A.A.d city』以降のアルバム日本盤のリリック対訳を務める。LA在住。訳書に『ギャングスター・ラップの歴史――スクーリー・Dからケンドリック・ラマーまで』(DU BOOKS、2019年）がある。

バタフライ・エフェクト
ケンドリック・ラマー伝

2021年11月20日　初版印刷
2021年11月30日　初版発行

著　者　マーカス・J・ムーア
訳　者　塚田桂子
装　幀　大倉真一郎
発行者　小野寺優
発行所　株式会社河出書房新社
〒151-0051
東京都渋谷区千駄ヶ谷2-32-2
電話03-3404-1201（営業）
03-3404-8611（編集）
https://www.kawade.co.jp/
組　版　株式会社キャップス
印　刷　三松堂株式会社
製　本　三松堂株式会社

Printed in Japan　ISBN978-4-309-29171-0